"冲突"与"共舞"

一所民办学校的治理叙事

顾秀林 著

上海人民出版社

本书为 2024 年江苏省高校哲学社会科学重大课题

（2024SJZD071）、江苏省 2024 年教育科学规划

高校青年专项课题（JSSJY202406158）阶段性研究成果

本书由苏州大学"十四五"江苏省重点学科

（教育学）资助出版

目录

表目录

图目录

序

秀林是一位好学、谦逊的青年才俊。2018 年至 2021 年期间,他在南京师范大学跟随我攻读教育学博士学位。前不久,他告诉我,他的以博士学位论文为基础而拓展完善的著作《冲突与共舞:一所民办学校的治理叙事》,即将由上海人民出版社出版,我非常高兴。他要我写几句话,我欣然领受。

秀林著作关注的主题与新时代民办教育的发展和民办学校的治理有关。近年来,我国的民办教育在波动中发展,民办教育政策也始终在不断地调整、完善之中。早在 1993 年,中共中央、国务院在印发的《中国教育改革和发展纲要》中就提出了有关民办教育发展的十六字方针,强调国家对社会团体和公民个人依法办学予以"积极鼓励、大力支持、正确引导、加强管理"。不难看出,十六字方针涵纳了发展民办教育和举办民办学校的"扶持"和"监管"两种态度。长期以来,对民办教育,究竟是"扶"还是"管"? 是多扶少管还是少扶多管? 政策实施中多少存在着一定的变动伸缩空间。在 20 世纪 90 年代初的民办教育起步阶段,相关民办教育政策总体偏向于积极鼓励和大力扶持,各级各类民办学校、教育培训机构如雨后春笋般出现。大量民办教育机构的出现,推动了我国教育体量的扩大,同时也带来了不少监管问题。1997 年,我国颁布了第一个民办教育行政法规——《社会力量办学条例》。该《条例》加强了民办教育组织办学的规范管理,使之发挥了"民办教育法"的作用。2003 年《中华人民共和国民办教育促进法》颁布,民办教育开始步入依法办学、依法施教的法制化时期。由于民办教育的复杂性，我国分别于 2013 年、2016 年、2018 年先后对《民办教育促进法》进行了三次修订，对民办教育分类管理、民办教育产权制度、民办教育投资者合理回报进行了调整和规范，并于 2021 年 5 月颁布了新修订的《中华人民共和国民办教育促进法实施条例》。回顾整个民办教育的发展，可以发现我国民办教育发展经历了较长时间的规范化调整，逐步建立起民办教育的法律法规体系。

随着民办教育法律法规体系的建立和完善，社会对于民办教育研究也有了更高的期待。面对宏观政策不断完善的新时代，社会呼唤更加具体、细致、生动、多元的民办教育研究。秀林不满足于传统的纯粹理论研究取向，立志到民办学校现场做细致深入的实地调研，以便更深度地理解民办教育者的所思所想。他的这部著作就是在一所民办学校扎根实地调研 19 个月后而形成的成果。秀林在实地研究的过程中产生了很多新的想法，特别是创新性地生成了学校治理中的治理范型概念。秀林多次提到，他所说的范型不同于库恩所讲的范式，库恩范式英文用的是"paradigm"，而他则用"type-model"，即范型，来与之相区分。虽然我强调不要在"type-model"抑或"paradigm"这样一些字词上花费过多的争辩功夫，但是当今的教育领导管理研究需要融入新视角、新理论和新的概念解释工具，这一研究主旨无疑是值得鼓励和提倡的。

秀林博士从治理范型的视角分析了民办学校内部治理中存在的企业型治理、教育型治理、参与型治理，并且刻画了三种治理范型治理相互博弈、竞争、制衡的动态图景。在我看来，这本著作有三点值得教育领导管理研究者充分重视：

第一，本著以个案叙事的形式呈现了一所民办学校在 25 年办学历程中的发展危机及其治理叙事。这种扎根实地的叙事研究能摆脱大样本调研无法避免的同质平面化弊端。近几年实证研究兴起，让我们习惯了以数据看问题、做决策，但是学校治理的很多问题是无法用数据呈现的，学校治理场域的博弈行为更无法用单一的决策模型予以解释。叙事研究能够弥补实证研究的不足,本著也为现代学校治理研究引入了新的思路。

第二,本著构建了治理范型的概念模型并成为了学校治理研究的一种新视角。尽管治理范型的意涵、意义还可以也需要进一步研究讨论,但它确实是分析学校治理问题的一种全新视角。学校治理是一个持续不断的动态变化过程,学校治理中存在着非常多的治理事件、治理行为。所有治理行为的依据都源于治理主体所秉持的价值立场。因此,透视治理行为背后的行动逻辑是开展学校治理研究的关键,而治理范型就是一个以治理价值为核心的十分有用的学校治理行为分析框架。

第三,本著提出了走向"复调组织"的学校组织变革新路径。"复调组织"是著名社会建构论者肯尼斯·格根(Kenneth J. Gergen)在《关系性存在——超越自我和共同体》中所创构的一种组织形式,意在强调组织内部不同声音要共同发声。学校治理是一个多主体共同参与的过程,但是在学校治理实践中"家长式"治理还一定程度地存在着,这一问题在民办学校表现尤为明显。如何通过制度建设、组织文化变革实现学校治理中"多声部"地共同发声,是学校治理变革的难点所在。本著受肯尼斯·格根提出的"4D—行动"模型的启发,富有成效地探讨了学校治理的复调组织变革路线,给人启发。

是为序。

南京师范大学教育领导与管理研究所　所长
中国教育发展战略学会现代教育管理委员会　理事长
2024 年 12 月
于滁州碧桂园欧洲城

绪　论

研究必须如其所是地研究,而不是按照我们所期望的那样。

——洛伦·S.巴里特:《教育的现象学研究手册》

第一节　研究背景

80年代以来,我国民办教育事业快速发展。民办教育实现了从公办学校的有益补充,到教育事业的重要组成部分,再到民办学校与公办学校共同发展的地位转变。民办学校在丰富办学形式,吸引办学资金,扩大教育机会等方面作出了显著贡献,但在高速发展的"加速社会"中,民办学校自身存在的危机不断显现。2018年,《民办教育促进法》完成第三次修订。与此同时,"公民同招"政策①、"双减"政策②等民生关切的民办教育新政策陆续出台。民办教育新政背景下,民办学校面临新的政策规范与社会期待。当前,民办学校正处于"两个大局"③的"交汇期"、高质量发展的"爬坡期"、技术变革的"转型期"。"三期"叠加为民办学校治理提供了新的时代机遇。在"新时代、新政策、新机遇"的形势下,民办学校需要回应时代要求,把握政策导向,抓住改革机遇,提高学校治理水平,推进民办学校治理体系与治理能力现代化。

---

① "公民同招"是指国家于2020年颁布的公办学校、民办学校同时招生的要求。

② "双减"政策是教育部2021年发布的要求减轻学生课后作业和课外辅导的政策。

③ "两个大局"指的是实现中华民族伟大复兴的战略全局和世界百年未有之大变局。

一、"加速社会"中的民办教育危机

新时期以来，我国社会经历了经济、技术、文化等多方面的高速发展。社会的高速发展带来了思想、价值、文化等方面的冲突。这种全方位、多要素的高速发展构成了一种社会特征，哈尔特穆特·罗萨称之为"加速社会"。①伴随着社会的加速发展，我国教育实现了从"穷国办教育"向"大国办教育"的跨越式发展，民办教育经历了从恢复到发展，从野蛮生长到规范引领，从公办学校的有益补充到公民办学校共同发展等多方面的阶段性飞跃。②民办学校的发展改变了我国公办学校一家独大的状况，盘活了有限的教育资源，促进了学校办学类型多样化。民办学校的发展为我国教育事业作出了巨大的贡献，但是在加速发展过程中，民办学校自身存在的许多问题不断显现：第一，民办学校公益性与营利性之间的冲突是困扰民办学校发展的根源。教育是一项公益性事业，但当教育成为稀缺的商业服务，教育可以成为一门"有利可图"的生意。2018年新的《民办教育促进法(修正案)》明确了非营利性和营利性民办学校分类管理的政策方向，但地方政府存在"选择性执行"、"模糊执行"等应对性行动，导致民办学校分类管理政策在实施过程中出现偏离。在法律法规不完善的情况下，部分学校在"非营利性"的名义下，行"营利"之实。此类行为正危及民办教育新政的政策目标。第二，民办学校内部管理制度不规范，不利于民办学校的长期发展。民办学校内部管理制度具有较大的灵活性。在缺乏监管的情况下，民办学校的灵活性演变为领导个人意志左右决策，监事制度流于形式等问题。在家族性民办教育集团中，家族意志左右学校办学，家族人员掌控民办学校办学的现象时有发生。第三，民办学校扩大了教育机会，拓宽了教

---

① ［德］哈尔特穆特·罗萨：《加速：现代社会中的时间结构的改变》，董璐译，北京大学出版社2015年版。

② 董圣足：《从有益补充到共同发展——民办教育改革发展之路》，华东师范大学出版社2018年版。

育经费的来源渠道,但优质的民办教育收费高,无法惠及普通民众。许多高端民办学校成为普通民众无法触及的"贵族学校"。民办教育带来的教育差异、阶层壁垒,并没有消除教育不平等,反而扩大了优质教育机会分配的不均等。在民办教育快速发展的今天,民办教育需要为"办人民满意的教育"提供有力支撑,在学校办学特色、优质教育服务、优质教育均等化等时代课题上作出时代贡献。一方面要发挥民办教育新政的引领作用,规范民办学校办学,另一方面要求民办学校完善董事会/理事会制度、监事制度、产权制度,推进民办学校治理现代化。

二、 民办教育新政下学校治理的新要求

近几年,民办教育法律法规不断完善。2018 年 12 月 29 日,第十三届全国人大常务委员会通过《中华人民共和国民办教育促进法(2018修正)》,完成"民办教育促进法"的第三次修正;并于 2021 年 5 月公布修订后的《民办教育促进法实施条例》。新的《民办教育促进法实施条例》明确民办学校分类管理具体措施,禁止公办学校参与民办学校办学(以下称禁止"公参民"政策)。与此同时,一系列新的民办教育政策相继出台,规范民办教育发展。2019 年 7 月,《中共中央 国务院关于深化教育教学改革全面提高义务教育质量的意见》提出公办学校、民办学校同步招生,不得跨区域招生、掐尖招生等要求(以下称"公民同招"政策)。2021 年 7 月 24 日,中共中央办公厅、国务院办公厅印发《关于进一步减轻义务教育阶段学生作业负担和校外培训负担的意见》(以下称"双减"政策)提出校外培训机构不得在节假日时间为学生提供学科类教育培训,减轻学生校外培训负担,同时学校要提供放学后托管服务。民办学校分类管理、禁止"公参民"政策,"公民同招"政策、"双减"政策是近几年国家规范民办教育的新政。民办教育新政旨在为公办教育、民办教育共同发展提供公平的办学环境,杜绝恶性竞争。民办学校分类管理是根据学校性质差异,按营利性与非营利性分别管理,防止部

分学校以非营利性办学为名,行营利性办学之实。禁止"公参民"政策是限制公办学校借助公办学校品牌开设或参与民办学校办学,造成办学资源上的不公平分配。"公民同招"政策是为了限制民办学校跨区域招生、掐尖招生,破坏区域教育生态。要求民办学校不能通过争抢优质生源提高名义上的办学水平,而是要通过师资建设、教学改革等内涵建设提高民办学校真实的办学水平。"双减"政策是规范校外培训机构办学,禁止超前教学、超纲教学,减少学生校外培训负担。总的来说,民办教育新政为民办学校办学提供了良好的政策环境。民办学校新政要求民办学校减少政策投机行为,注重学校内涵式发展,提高学校治理水平,办高品质民办学校。

三、"三期"叠加中民办学校治理新机遇

当今社会,日新月异,民办教育正处于"两个大局"的交汇期,教育高质量发展的爬坡期、新技术变革的转型期。习近平总书记在中共十九届五中全会上的讲话中指出,当前我国正处于"两个大局"的交汇期,一个是中华民族伟大复兴的大局,一个是世界百年未有之大变局。[1]在中华民族伟大复兴的大局中,我国于 2020 年 11 月实现全面脱贫,全面建成小康社会。在"后小康时代",2021 年 3 月,全国人大通过《乡村振兴促进法》,助力国家乡村振兴战略。世界百年未有之变局是国际形势与国际格局的深刻变化,新兴国家将在国际格局中发挥更重要的作用。在"两个大局"的交汇期,民办学校要发挥教育的独特作用,为民族复兴作出教育贡献。《中华人民共和国国民经济和社会发展第十四个五年规划和 2035 年远景目标纲要》指出要"建设高质量教育体系"。高质量的教育体系要形成一批办学水平高,办学特色明显,社会声誉好的高质量民办学校。民办教育正处于从规模扩张的高速度发展向内涵提升的

---

① 《办好自己的事,心中要有这"两个大局"》,人民网,https://baijiahao.baidu.com/s? id = 1682046602777688801&wfr = spider&for = pc,2024-09-05。

高质量发展转变的爬坡期。民办学校发展要从重视规模扩大、生源争夺、资本投入、硬件升级等外生发展转向注重教学水平提升、师资专业发展、校园文化创建的内生发展。在智能时代,人工智能、互联网＋、5G、区块链等新技术的出现正深刻地改变着社会形态。技术革命引发的学校教育变革正颠覆传统的学校、课堂、教学。未来教育、未来学校、未来课堂成为教育变革的新引擎。智能时代的技术变革不仅挑战着传统的教育样态、学校样态、课堂样态,也对学校治理提出新要求。民办学校能否在技术变革的转型期,抓住技术变革的新机遇,实现学校治理体系新变革。"两个大局"的交汇期,高质量发展的爬坡期,技术变革的转型期,三期叠加为民办学校治理提供了新机遇,民办学校要顺应形势,在治理观念、组织结构、治理方式等方面有所突破。

第二节　研究基础

一、 立论基础:三个方面的思考

(一)范式理论的反思——范型的视角

尽管"范型"是我在进入江州世界外国语学校实地扎根调研后产生的概念,但对范式理论的反思是我进入博士生学习阶段的长期思考。库恩(Thomas Samuel Kuhn)在《科学革命的结构》中极力强调范式是一个连接理论与实践,融通观念与行动的复合性概念,但后人对范式的运用远远超出了库恩的范畴。总体来说,范式是一个"观念性有余,行动性不足"的概念。大部分学者使用范式的概念更多的是发挥"范式"的抽象性。治理是一个实践性很强的研究领域,治理旨在组织管理不断优化,效能不断提升。分析治理问题,尤其是扎根实地的质性研究,应当使用实践性、行动性较强的概念工具,不能停留于抽象性过高的"大概念"(Big Concept)。基于这样的思路,我一直在思考超越范式的概念框架,寻求治理领域行动性较强的一般性解释概念。范型是具有一定普遍解释力,同时具有较强实践导向的行动性概念。在江州世界外国语学校的实地考察中,我对治理现象的思考不仅仅停留于表面的某种现象,通过大量的学校治理现象的考察,发现所有的治理行为背后都有某种特定治理观念主导。观念主导着不同主体对学校治理的参与行动,观念与行动的联结,即是范型概念的雏形。

(二)实地扎根中的线索——三类治理观念

实地研究是一种沉浸式研究。在"进入现场"后,我以江州启航民办学校发展研究院协管的身份在江州世界外国语学校进行了为期 19 个月的挂职。在驻校期间,我以局内人的身份进入现场,获得观察该校治理的窗口。在与校领导、教师的对话中,我发现有三类观念主导着该校不同的学校治理行为,分别是:以集团企业经理人为代表的市场思维,以校长、教师为代表的育人思维和以家长、学生、相关利益主体为代表的参与思维。这三类观念源于不同主体差别化的利益诉求,引发了不同的治理行为。三种观念间的冲突、碰撞衍生出了学校场域中的种种治理故事。三类观念与其相对应的行动构成本研究企业型治理、教育型治理、参与型治理的分析框架。

(三)进入现场的理论建构——治理范型的尝试

进入现场并不仅仅是为了观察或者描述,每一个个案研究者不仅仅只对个案感兴趣,更希望通过个案,看到更多。①从经验到理论是实地研究的一次惊险跨越,透过江州世界外国语学校的种种治理现象,我尝试用范型的概念,解释其治理现象背后的行动逻辑。治理范型是连接该校三类治理观念及其行为的一个解释性概念。治理范型不仅可以解释该校治理中的多种不同类型的治理行动,也可以描述三种治理观念间的冲突、互动、博弈的过程。治理范型是学校治理研究中具有一定

---

① 吴康宁:《个案究竟是什么——兼谈个案研究不能承受之重》,《教育研究》2020 年第 11 期。

解释力的概念工具。借助治理范型,描述发生在该校治理中的诸多事件,发现学校治理不仅仅是一个声音一家独大的独角戏。而是多种声音共同发声的交响乐。不同治理范型间的相互作用、互动、博弈,共谱学校治理的乐章。

二、 研究目的

在组织管理中,市场化改革是一个世界范围影响深远的浪潮。市场化被认为是一种能优化、提高组织运行效率的有效手段。与此相对应的,政府的科层管理体制被认为是一种低效的组织形式。为什么会出现这样的状况?若市场化真是一剂千金良方,为什么在市场化极度发达的国家会推动加强中央集权的改革?市场与政府并非简单线性关系。在复杂的治理现象中,什么样的理论框架具有普遍性的解释力?

以上一系列问题引起了我对民办学校治理的兴趣,并开展研究。综合来看,开展本研究的目的有以下几个:

1. 形成一个对民办学校治理现象具有解释力的理论分析框架。民办学校治理现象复杂多变,认识民办学校中的治理现象需要一个有"高度、深度、广度、力度"①的理论解释工具,深刻分析民办学校治理问题。

2. 回应民办教育中的政策热点问题,对民办学校实施新政提供参考。民办学校分类管理、"公民同招"政策、"双减"政策,反映了政策对民办教育发展的新期待。本研究形成的叙事,涉及民办学校对民办教育新政的应对策略。从实地研究的视角,揭示民办学校新政的实施表现,能对民办学校新政实施的进一步完善,提供政策参考。

3. 对学校治理提供可能的实践指导。深入民办教育实践,挖掘民办学校办学过程中的深层问题。对什么是民办学校治理、如何实现民

---

① 程晋宽:《学校管理难题求解——基于概念、构念与解释力的视角》,《江苏教育》(教育管理版)2021 年第 8 期。

办学校治理提出思考,对民办学校治理实践具有一定借鉴意义。

三、 研究的问题域及关键问题

一项严谨的学术研究,并非从一个单一问题出发,而是在一系列关键问题组成的问题域(problem domain)中生成研究的主题。问题域(problem domain)是指研究问题的范围,问题之间的相互关系及研究逻辑的可能空间。[①]

确定问题域能敞视多个问题之间的内在关系、逻辑结构,确定不同问题的逻辑顺序,厘清各问题的前因后果。[②]问题域的确定能分析关键问题背后的多种脉络关系,系统化分析问题的根源与出路,避免碎片化地肢解研究领域,或者零碎化地解决局部问题。

本研究的问题域是研究对象和研究视角构成的研究主题——民办学校治理。在民办学校治理的问题域中,存在诸多民办学校治理的研究问题,其中关涉研究过程与结论的问题为关键问题,关键问题又分为主关键问题和子关键问题,每个关键问题又可衍生出几个相关问题。关键问题与相关问题的交织构成了本研究的问题网络。

关键问题由主关键问题和子关键问题两部分组成:

1. 主关键问题:民办学校需要什么样的治理?

与这个问题相关的问题为"什么是民办学校的'治理'?","'治理'需要什么样的组织形式?"前一个问题是治理论问题,后一个问题是组织论问题,治理的最终目的是为了促进组织的健康有序地发展,因此治理论问题最终要回到组织论问题,才能让治理见于实践。本研究以治理论问题为引导线索,分析民办学校治理中的治理现象,最后从组织论(什么样的组织形式能促进民办学校"善治"?)的视角为民办学校治理

---

① 褚宏启:《〈中国教育现代化 2035〉的关键词与问题域》,《中小学管理》2019 年第 4 期。

② 褚宏启:《新时代需要什么样的教育公平:研究问题域与政策工具箱》,《教育研究》2020 年第 2 期。

问题寻求可能的实践变革路径。

2. 子关键问题

(1) 什么是治理范型?

与此相关的问题是"范型内涵是什么?"、"治理范型的概念结构是什么样的?"、"范型这一概念对民办学校治理具有什么样的解释力?"三个相关问题层层递进,深挖"治理范型"在民办学校治理研究中的理论意义。

(2) 民办学校有哪些治理范型?

与此相关的问题是"治理范型有哪些类型?"、"治理范型划分的依据是什么?"、"每个治理范型有什么样的优缺点?"、"不同范型之间是什么关系?"四个问题围绕治理范型的类型、标准、意义、关系探讨治理范型的实践样态。

(3) 民办学校理想的学校治理是什么样的?

与此相关的问题是"什么样的治理是'善治'""什么样的组织形式能实现民办学校的'治理'?","如何实现民办学校的'治理'?"三个问题从治理论到组织论再到实现治理的行动路径,探讨实现民办学校"治理"的可能方式。

四、 研究的意义

（一）理论意义

本研究以"范型"为视角,提炼分析民办学校治理现象的理论框架。通过对范型概念的溯源、比较、梳理,厘清范型与范式、范型与模式、范型与范例之间的关系,区分范型与范式（paradigm）的差异。提炼的学校治理概念框架为学校治理研究提供具有一定解释力的概念工具。

（二）实践意义

可以为民办学校治理实践提供指导。通过对民办学校治理的个案叙事,审视民办学校中治理现象,围绕"什么是学校治理?"、"民办学校需要什么样的治理？"等核心问题,提出研究的结论,能为当前学校的治理实践提供参考。

（三）政策意义

基于江州世界外国语学校的实地研究,在叙事生成过程中,再现"公民同招"政策、民办学校分类管理、限制跨区域招生等民办教育新政策背景下,一所民办学校的应对策略。这些叙事呈现了民办教育新政背景下,民办学校、家长、地方教育局之间的互动关系与行动模式,对民办教育新政实施的进一步完善提供参考。

第三节　核心概念

一、治理

治理是一个泛化得十分严重、模棱两可（slippery）的概念,[1]乔恩·皮埃尔（Jon Pierre）和盖伊·彼得斯（Guy Peters）把这种概念称为伞状概念（umbrella concept）,意指容易从原始意义不断被引申、分化成不同意义的概念。治理是作为"统治"的对立面产生的,它被赋予了民主、协商、共治等诸多美好制度的理想属性,治理在组织管理民主化改革中不断被赋予多种意涵,以至于在组织管理研究中出现了"言必称治理"的热潮。

那么治理究竟是什么？我们应该在什么样的维度中认识治理,我从现有文献中梳理了关于治理的几个界定维度,即:作为结构的治理、作为制度的治理、作为过程的治理、作为结果与目的的治理。

（一）作为结构的治理

治理最传统的定义为治理是某种组织结构或者权力结构的关系

---

① ［瑞典］乔恩·皮埃尔、［美］盖伊·彼得斯：《治理、政治与国家》,唐兴贤、马婷译,格致出版社（上海人民出版社）2019 年版。

体,结构是以解决问题为中心的。《治理、政治与国家》一书介绍了历史上出现的主要的四种治理结构:科层结构、市场结构、网络结构与社群结构。科层结构是现代组织管理中的理想类型,科层结构由韦伯创立,其核心精神是法治。管理者通过不同权限的层级结构关系,塑造一个令行禁止、执行高效的层级组织结构。科层制是现代组织的原型,但科层制在运行过程中弊端不断,如组织臃肿、决策单一、体制僵化等问题,因此出现了一系列反对科层结构的呼声。市场结构是作为科层结构的对立面产生的一种治理结构,是"去科层化运动"中最受欢迎的一种组织结构形式。盖伊·彼得斯在《政府未来的治理模式》中将市场治理作为第一种模式介绍。在许多场合,大部分人认为市场是一种最有效的分配机制,市场不仅是一种经济制度,也是一种组织制度。科层组织结构中的部分职能外包给市场,能实现组织效率的优化,以市场需求调整组织结构,选聘组织人员,设计组织架构能防范科层结构带来的组织臃肿与决策低效。市场结构解决了科层结构带来的许多问题,但是市场化改革不是一剂"万能良药"。市场带来了组织运作效率的提高,但导致资本裹挟组织决策,组织的公益性受损等问题。网络结构是将国家机构、利益团体、社会组织、公民等治理主体看作是具有一定联系的政策网络体。管理者通过增加网络中不同主体间的联结关系,能打破传统科层结构中的层级关系,形成一个各主体平等的扁平化网络结构。网络结构的倡导者提出"网络缩短了民主的进程"。①社群结构是一种无政府主义,"没有政府的治理"就是社群主义者提出的一种组织结构方案。②社群主义者倡导一种以利益团体为主体的治理结构,强调在民主、协商、对话中共同参与治理,它排斥政府参与社会治理。社群主义旨在培育没有政府参与的公民精神。

---

① ② [瑞典]乔恩·皮埃尔、[美]盖伊·彼得斯:《治理、政治与国家》,唐兴贤、马婷译,格致出版社(上海人民出版社)2019年版。

（二）作为制度的治理

作为制度的治理，是一套明确的规章制度。组织中存在不同主体利益冲突、组织内部多元价值观、决策理性不足等问题，制度是在复杂情境中，均衡多元主体利益，规避价值冲突，实现组织目的的关键因素。①治理的制度一般是明文规定，形成文本的正式制度，但随着治理研究对治理过程的关注，治理过程中的非正式制度逐渐成为治理研究的重要领域，非正式的习俗、习惯、规范也是治理制度的一部分。

（三）作为过程的治理

治理不仅是一种规章制度，更是一个动态的过程。盖伊·彼得斯称"我们需要的是动图，而不是快照"②。有关组织的规章、制度是对治理运作过程的一种预设，治理的实施与治理的制度安排常常不完全一致。治理的过程常常会受非正式制度、文化因素影响，实践中的治理遵循一种实践逻辑。治理的过程主要有协商与调控，协商是各利益主体根据现实关系协商调配利益与权力的过程。调控是政府依据治理目标对社会治理中偏离政策目标的行为进行干预、纠偏，以维持政府的有效决策。协商体现了多主体间的平等、共治，调控是政府动用行政力量维持政策目标的手段。

（四）作为目的与结果的治理

作为目的的治理是指治理要达到的理想形态，作为结果的治理是治理过程之后的现实成效。一般来说，治理结果与治理目的都会有一定偏离。作为目标的治理是强调治理者对治理活动的预期。

治理的结构、制度、过程最终是为了实现治理目的，因此本研究将治理界定为寻求实现共同利差最大化过程中形成的组织结构、规章制

---

① 李立国、王梦然：《制度与人：大学治理的建构与演进》，《中国高教研究》2021 年第 9 期。

② ［瑞典］乔恩·皮埃尔、［美］盖伊·彼得斯：《治理、政治与国家》，唐兴贤、马婷译，格致出版社（上海人民出版社）2019 年版。

度及其治理的全过程。

（五）什么是学校治理？

学校治理是实现学校持续性品质提升的过程，学校治理的目的是实现学校的"共同利差最大化"。好的学校治理是一个结构有序、权力配置与信息分布匹配的层级结构。学校治理需要现代化学校中制度建设为保证，形成权威的学校治理章程，规范化的权力主体边界和治理参与制度。学校治理是一个动态化的过程，不仅是静态的规划、制度或者治理结构，学校的治理是一个持续不断追求卓越品质的过程。

二、 范型

范型是本研究的第二个核心概念。相比于治理，范型是一个学术界相对冷门的概念，学界使用更多的是范式。本研究范型的概念源于对范式的反思，由于范式在学术界被运用得更广泛，相关论述较多，因此本文在界定范型的过程中，将范式作为范型的母概念进行内涵梳理。此外，范例、模式两个概念与范型的内涵相似，在文献中常常存在通用、混用的情况，在此也做了一定梳理。概念被嵌套于层层关系中，我尝试用关系思维来理解核心概念背后的关系丛，从核心概念与相关概念的关系中理解核心概念在研究场域中的具体内涵。

（一）范式

在这四个概念中，范式是在人文社会科学中流传最广，使用最泛的一个概念。与此同时，范式也是一个内涵最广、歧义较多的概念。范式的广泛使用是由于这一概念具有较高的抽象性与丰富的解释力，仅库恩本人在《科学革命的结构》中的用法就达 21 种之多[①]。概念泛化会给人一种模棱两可的感觉，因此有人强烈批判其内涵模糊、边界不清。从现有的研究看，可以肯定的是后库恩时代的范式，早已脱离库恩对范

---

① 张新平：《教育组织范式论》，江苏教育出版社 2001 年版。

式所做的经典定义。比如,库恩认为范式是不可通约的,即两种不同的研究范式无法并存。新的科学范式是在常规科学遇到解释困难,无法解决新的问题后出现的范式革命的成果。新范式是在对常规科学的革命后产生的。不过,大部分后人在使用范式的概念时,常常是以不同范式并存的方式使用的。《教育大百科全书》主编、瑞典学者胡森(Torsten Husen)就把教育研究的范式分为人文的范式与自然科学的范式。[1]后人的对库恩范式的离经叛道,并没有妨碍这一概念使用的合法性,反而让范式以更多样态出现在人文社会科学的研究中。关于范式的研究主要集中于研究方法的探讨,有的研究者将范式作为某种研究方法的类型。有学者将范式作为教育学研究方法体系的分类维度[2],其中关于实证研究与思辨研究关系的讨论较多[3],多数研究者认为实证研究和思辨研究可以融合、互补[4],也有研究者对实证研究范式的泛滥导致的科学至上、数据为王的现象进行批判[5]。在教育研究范式的讨论中,许多研究者探讨了某个二级学科的或者某一研究领域的研究范式,如批判教育学研究范式[6]、教育管理学研究范式[7]、教育政策研究范式[8]、教

---

① 冯建军:《西方教育研究范式的变革与发展趋向》,《教育研究》1998年第1期。

② 马凤岐、谢爱磊:《教育知识的基础与教育研究范式分类》,《教育研究》2020年第5期。

③ 马勇军、姜雪青、杨进中:《思辨、实证与行动:教育研究的三维空间》,《中国教育科学》(中英文)2019年第5期。

④ 王卫华:《教育思辨研究与教育实证研究:从分野到共生》,《教育研究》2019年第9期;李琳璐:《教育研究范式的祛魅:思辨与实证的融合共生》,《大学教育科学》2021年第3期。

⑤ 姚计海:《教育实证研究方法的范式问题与反思》,《华东师范大学学报》(教育科学版)2017年第3期;李均:《教育实证研究不可陷入"统计主义"窠臼》,《高等教育研究》2018年第11期。

⑥ 卢朝佑、扈中平:《美国批判教育学的范式》,《教育学术月刊》2018年第4期。

⑦ 余凯、杨烁:《教育管理研究的范式问题与方法变革:一个技术倡议》,《教育学报》2020年第5期;程晋宽:《西方教育管理实证研究范式:形成、原则与贡献》,《外国教育研究》2020年第7期。

⑧ 孙绵涛、冯宏岩:《教育政策研究范式及其方法论探析》,《现代教育管理》2020年第2期;林小英:《中国教育政策研究:艰难形成中的研究范式》,《教育学术月刊》2018年第12期。

育史研究范式①、教育社会学研究范式、②职业教育研究范式③。有的研究者关注某个研究方法或某类研究方法的范式,如现象学研究范式④、教育人类学研究范式⑤、驻校研究范式⑥、质性研究范式⑦、文化学研究范式⑧。有的研究者关注某些教育改革与实践中的范式,如教学范式⑨、教师教材理解范式⑩。还有某些的研究热点的范式,如教育公平范式⑪、创新创业范式⑫。如上所述,范式在教育学研究中使用范围大到整个教育学研究方法体系的分类,小到教育学的二级学科、某个研究领域,甚至是某个新兴的研究热点都能用范式来阐述某种不同传统的研究形态。这其中,部分研究对范式的使用是一种泛化或"误用"。

库恩对范式的经典定义是:"一方面,范式代表着某一科学共同体的成员所共同分享的信念、价值、技术以及诸如此类东西的集合;另一

---

① 周洪宇、刘来兵:《70 年教育史学科体系、研究范式与发展反思》,《华中师范大学学报》(人文社会科学版)2019 年第 6 期;杨伟东、胡金平:《教育文化史:新文化史视域下的教育史学新范式》,《大学教育科学》2021 年第 4 期。

② 程天君:《从"教育/社会"学到"教育社会"学——教育社会学研究范式的转换》,《北京大学教育评论》2017 年第 2 期。

③ 吴晓英:《概念、框架、范式:中国职业教育学科逻辑的缺失与走向》,《贵州社会科学》2021 年第 2 期。

④ 刘志忠:《现象学:教育技术研究的第三种范式》,《电化教育研究》2020 年第 2 期。

⑤ 钱民辉:《中国教育人类学本土研究的不同范式及意识三态观的提出》,《西北师范大学学报》(社会科学版)2020 年第 6 期。

⑥ 张羽:《驻校教育研究范式初探》,《清华大学教育研究》2020 年第 3 期。

⑦ 宋萑:《质性研究的范式属性辨》,《全球教育展望》2018 年第 6 期。

⑧ 满忠坤:《教育研究的文化学范式及其方法论阐释》,《中国教育学刊》2021 年第 4 期;姜勇、庞丽娟、柳佳炜:《文化存在论教育学纲——文化存在论教育学产生的时代背景与基本主张》,《湖南师范大学教育科学学报》2020 年第 1 期。

⑨ 钟启泉:《能动学习:教学范式的转换》,《教育发展研究》2017 年第 8 期。

⑩ 李广、孙玉红:《教师教材理解范式的深度变革》,《教育研究》2019 年第 2 期。

⑪ 黄忠敬、孙晓雪、王倩:《从思辨到实证:教育公平研究范式的转型》,《华东师范大学学报》(教育科学版)2020 年第 9 期。

⑫ 王建华:《创新创业与大学范式革命》,《高等教育研究》2020 年第 2 期;王战军:《创新评估范式 引导大学评价》,《教育发展研究》2020 年第 19 期。

方面,范式又指集合中的一种特殊要素——作为模型或范例的具体解决问题的方法。"①库恩对范式的阐述主要包含两个要素:观念与行为,即范式是一种观念与行为的组合,是在某种共同共享观念下的操作方法与行动逻辑。

(二) 范例

范例本是一个单独的词,但受德国瓦根舍因(Martin Wagenschein)范例教学理论的影响,范例在教学论中成了范例教学理论的专用名词。根据瓦根舍因的定义,范例是"隐含着本质因素、根本因素、基础因素的典型事例"②。在范例教学法中,范例是在有限的案例中挑选出来,为了获得教学中一般性、本质性、结构性、原创性、典型性的跨学科知识。③范例与案例有一定区别,从内涵上看范例教学是学习已解决的问题,而案例教育是解决待解决的问题;从效果上看,范例教学侧重于思维能力提升,而案例教学侧重于解决问题;从事例的选择上看,范例教学倾向于选择具有典型性的事例,而案例教学则是选择正在发生的事例。④范例是一种象征,它是能指代某种总体性的东西,范例的凸显是有指向的,它通过边缘化、遮蔽某些属性,来凸显范例的某个方面的属性。⑤范例教学中的范例的含义具有特定的理论背景,范例的英文翻译是"example"。一般来说范例是指一种具有典型特征的个案代表。

(三) 模式

《现代汉语词典》对模式的解释是"某种可以让别人模仿着做的标准样式",这个解释与范例的概念很相似,但具体用法仍有不同。模式

---

① Kuhn, T. S., *The Structure of Scientific Revolution*, University of Chicago Press, 1962.

②③ 顾明远、孟繁华:《范例教学:举一隅以三隅反》,《教育理论与实践》2008 年第15 期。

④ 王青:《初中思想政治课范例教学法研究》,洛阳师范学院 2021 年硕士学位论文。

⑤ 凯瑟琳·埃尔金、高振宇:《范例的特征及其在教学中的有效应用》,《教育发展研究》2013 年第 8 期。

的英文翻译为"model",模式指的是一种固定的流程与操作程序,如教学模式是指构成课程、选择教材和教学活动的一种计划①,人才培养模式是指在一定教育思想指导下,实现培养目标而采取的标准化运行方式。②总的来说,模式是为了实现某个目标而采取的特定的流程与行动方式。

(四)范型

迄今为止,学术界对范型的讨论相对较少,对范型的讨论多与范式混合使用,对范型具体内涵的表述也非常杂乱。注意到不同学者对范型的英文翻译并不统一,从对应的英文翻译可以看出学者在使用"范型"一词的具体含义。有的学者将范型与范式等同,均译作"paradigm",如石中英、刘铁芳(2013),有学者将范型视为一种模型,译作"model"(李枭鹰,2017;龙宝新,2017,2020),也有学者将范型看作是一种行动方式,译作"mode"(王荣生,2003)。李枭鹰认为范型(model)是一种大学与城市存在的一种关系,集中表现为系统与环境、整体与局部、合作与竞争、哺育与反哺等范型。范型是分析城市与大学互动关系的一种有效理论框架。③范如国认为范型是一种治理诊断、协同、仿真、监控、评价的一系列(治理)行动流程化的机制。④邓凡茂和齐永芹认为课程改革中理论哲学理路和实践哲学理论两种理论和思维方式相互交织构成的知识核心论、经验核心论、实践核心论、精神自由论四种理念范型,范型是基本哲学思维方式在实践中的理论形态。⑤王荣生认为范型(mode)是新课程改革背景下语文课标建设、教材教师与教

① 布鲁斯·乔伊斯等:《教学模式》(第8版),兰英译,中国人民大学出版社2014年版。

② 龚怡祖:《论大学人才培养模式》,江苏教育出版社1999年版。

③ 李枭鹰:《大学与城市的生态关系范型》,《现代教育管理》2017年第9期。

④ 范如国:《复杂性治理:工程学范型与多元化实现机制》,《中国社会科学》2015年第10期。

⑤ 邓凡茂、齐永芹:《关于课程改革理念范型的哲学思考》,《上海教育科研》2005年第8期。

师专业化建设中的改革逻辑转换。①王一军认为（质量）范型是国家实施义务教育质量标准的价值取向，我国的义务教育质量分为精英质量范型、标准质量范型、多元质量范型三个阶段。王一军从教育输入、教育过程、教育结果建构了一个义务教育优质发展质量范型框架。②郭建芹认为范型是一种社会治理的体制机制。③龙宝新认为（课堂）范型（model）是一种以任务驱动、平台搭建、主题探究、灵感诱导、表达展示的"五环模型"为基础循环展开的课堂实践结构④，师生协同共生体是文科研究生学术指导的理想范型⑤。刘铁芳认为范型（paradigm）是一种理想的典范性实践，教师的学校生活实践应该是秉持爱与正义的德性，保持日常生活的价值自觉，持守个体的教育实践。⑥邓友超认为范型是一种相对于"言说"理论性概念行动框架，在理解教育实验中提出了"按水平分组—轮流发言—反思理解—跟踪理解"的"理解操"范型。⑦王振宇将范型界定教学模式中理论与创新（实践）的中间桥梁，分为提供学习指导（示范）、诱发行为（模仿）、评定行为、提供反馈四个环节。⑧张华认为理论范型是相对于实践模式的一种观念形态，多元文化教育理论范型有文化同化论、激进同化论、温和多元文化论、激动多元文化论，文化的发展应该不仅是多元的，而且是统一的，最终将会走向

① 王荣生：《语文课程标准所预示的范型转换》，《教育研究》2003 年第 2 期。
② 王一军：《优质均衡发展：义务教育现代化的质量范型》，《教育发展研究》2012 年第 22 期。
③ 郭建芹：《复杂网络结构范型下的社会治理协同创新》，《中国市场》2019 年第 2 期。
④ 龙宝新、焦龙保：《缩微学术训练：文科研究生课堂的理想范型》，《研究生教育研究》2020 年第 4 期。
⑤ 龙宝新：《师生协同共生体：文科研究生日常指导的科学范型》，《学位与研究生教育》2017 年第 11 期。
⑥ 刘铁芳、曹婧：《学校公共生活中的教师：教师作为公民实践的范型》，《教师教育研究》2013 年第 2 期。
⑦ 邓友超、李小红：《"范型—言说"教学策略论》，《教育评论》2002 年第 3 期；邓友超、李小红：《"范型—言说"：后进生转化教学策略的逻辑发展》，《四川师范大学学报》（社会科学版）2003 年第 3 期。
⑧ 王振宇：《"理论范型创造"教学模式析》，《课程·教材·教法》1999 年第 5 期。

一种"多元统一"的文化教育理论范型。①高文认为范型是某种理论下的具体形式,一个理论可以延伸出不同范型。高文介绍了建构主义理论中六种范型中的三种:社会文化认识论、信息加工建构主义、控制系统论。②

由上可知学术界对范例的界定分歧较多,共识较少。目前,范型还不是一个严谨的独立概念,尚处于含糊、歧义的"准概念"、"前概念"阶段。厘清范型的界限,将其从一个模糊的"准概念"发展为一个精确的"真概念"是本研究立论的逻辑起点。

概念并非一个真空的存在,所有概念都嵌套在各种情景、意义和关系网络中。人文社会科学中的概念往往具有多重意义,原因在于概念使用的情景、意义和关系网络不同。故此,精准理解概念所指的可能方式是——厘清概念背后的情景、意义和关系网络。从概念所处的关系丛中理解一簇概念间的关系。

本研究试图从范式、范例、模式、范型这相近的一簇概念的关系中,把握"范型"的内涵。在上文的概念梳理中,可以看到这四个概念都是一种"观念"与"行动"两个要素的组合,概念间的差异在于观念和行动两种要素的结构配比不同。因此,如果将四个概念置于一条"观念"与"行动"之间的连续光谱上,可以清晰看出四个概念的相对关系。

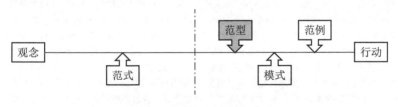

图 0-1　范型与相关概念图谱

①　张华:《"多元文化教育"的理论范型和实践模式探析》,《比较教育研究》1998 年第 3 期。

②　高文:《教育中的若干建构主义范型》,《全球教育展望》2001 年第 10 期。

从图 0-1 可以看出范式是一个"观念导向"的概念，整体偏向于观念一侧，范式具有较高的抽象性与统摄性，而范型是"行动导向"的概念，范型是比模式和范例抽象，但下属于范式的概念。

在许多现有的文献中"范型"与"范式"作为同义词使用，英文的对应翻译词为"paradigm"。不过，在汉语的语境中范型与范式差别很大，难以将范型与范式画作等号。通常情况下，范式作为一种抽样的理念、模型或者模板，而范型作为一个具有典型代表意义的案例。与范式相比，范型更加具体，以及范型更强调某种典型的聚类（type）特性，同时他更多地强调某种观念指导下的特定的行动方式（model），所以范型是在某种共享观念指导下，具有某种典型聚类特性的行动方式。为避免语言翻译上带来的歧义，我认为范型的英文对应词不应该是"paradigm"，而是"type-model"这样的合成词表达，更为恰当。①

（五）治理范型

治理范型（type-model）是具有某种典型类属（type）特征的治理观念及其行动模式（model）。治理范型包括治理观念、治理内容、治理方

---

① 本研究尝试性地将"范型"的英文界定为"type-model"，在摘要与正文中均用"type-model"表示范型。两种语言之间没有绝对的一一对应关系。陈嘉映 2018 年南京系列讲座中提到，翻译是在一种语言中损失一部分（意义），从而获得与另外一种语言的等效。"范型"通常被翻译为"paradigm"是损失了中文意义中的具体性、行动性，换取了与"paradigm"形式上的等效。这种损失产生中英文之间的"意义差"。为减少翻译带来的意义损耗，将两个意义相近的英文对应词组合成一个合成词，不失为一种减少翻译的意义损耗，获得更贴切的中英文对应关系的有效方式。本研究试着寻找到与中文"范型"对应的英文表达，确定"type-model"为研究中范型的确切意义。其中关于"类型"的英文表达，除了"type"还有"category"也表示类型，笔者查阅了柯林斯电子词典，发现两者用法有一定差别，"category"因为相同而属于一个类别，"category"是一种系统化的类目划分，如图书目录；"type"是有因显著代表意义而被分为一个类别，两者相比，type 更为接近本研究中范型代表的典型意义的特征。此外鲍俊逸博士跟我讨论，认为范型的确切翻译为"typical model"，不需要重构合成词。查阅的"typical model"的用法，发现其确实有"典型的范例"的意思，但一方面学术界并没有把范型翻译为"typical model"，而是将范型翻译为"paradigm"。此外根据查阅的资料"typical model"是统计学中的一种统计模型，为专用名词，因此并未采纳"typical model"的用法。就"范型"能否翻译为"type-model"的问题征询了两位"双一流"高校专家的建议（一位为比较教育研究方向，一位为分析教育哲学方向），两位教授对我做的词义分析与合成词翻译表示认可。

式三个要素。治理观念是关于"什么是治理"、"如何实现善治"的价值取向。治理观念是治理范型的核心要素,有什么样的治理观念就会产生什么样的治理行动,最终产生相应的治理结果。治理内容是治理行为的范围与边界,治理是在一定范围内的治理。不同治理范型存在不同的适用范围,超出了适用范围就会导致治理秩序的紊乱,产生治理失败。实现善治的主要方式就是厘清不同范型治理的范围与边界,使不同治理范型"各就其位"。治理方式是治理行为的整体性样态与特征,是治理行动背后的行动逻辑。治理方式是治理观念能否落地的关键,所有的治理观念都要通过具体的治理方式得以实施、落地。

图 0-2　治理范型的概念结构

治理范型的三要素中,治理观念是核心要素。治理观念决定了治理内容的范围与治理方式的特征,因此治理观念是区分不同治理范型的标志。

三、 民办学校

民办学校是我国教育改革发展历程中形成的特定概念,它原来是指乡村地区农民集资办学的学校(也叫耕读学校)。[①]民办学校最初指的是捐资办学,而非投资办学。在不同的历史阶段,民办学校有不同的含义。民办学校的概念在历史上有许多不同的表达,当前民办学校的用法是 20 世纪 80 年代以来形成的表达。在古代,称之为私学,与官府

---

① 陈桂生:《中国民办教育问题》,教育科学出版社 2001 年版。

举办的官学做区分。民办学校在 20 世纪 40 至 70 年代是指群众集资举办的学校；到了 80 年代，是指所有非政府机构与个人举办的学校；90 年代以后，民办学校又将原来的群众集资办学的学校排除在外，民办学校的概念一直在模糊之中。①在政策文件中，书面的称谓为社会力量办学。可见，民办学校有多重不同的表达。

对于民办学校的不同表达不同学者有不同的看法。总体来看，有三类典型的观点，第一类认为应该将民办学校改成国际上通用的"私立学校"。持有这种观点的学者一般有三个方面的理由。第一，私立学校的称名方式与国际接轨，便于国际交流与国际合作办学；第二，私立学校与我国古代的"私学"具有名称上的延续性，应该继承传统的称名方式；第三，"私立"的称呼明确了资金来源，便于依法管理，不容易产生歧义。在很长一段时间里，将民办学校改称私立学校的呼声很大，但仍然没有改，其原因是私立学校与民办学校存在一定的差异，不能完全等同。这就产生了关于民办学校的第二类观点，私立学校不是民办学校，民办学校的称名方式符合我国的国情，其主要的理由有以下几个：第一，私立学校与民办学校的外延不同，私立学校仅仅是个体或私人团体举办的学校，民办学校还包括国有企事业单位、社会团体举办的学校；第二，教育具有公益性，私立学校的称名方式不利于突出民办教育的公益性；第三，民办学校的称名方式已经为公众接受。在概念的外延上，私立学校的外延确实小于民办学校，民办学校在当前有更高的认可度。民办学校的第三类观点是将私立学校与民办学校的说法并用，并且用"立"（私立、公立）来表示学校所有权，用"办"（公办、民办）表示经营权。陈桂生提出了将学校分为公立学校、公立民办学校、社会团体与企业附属学校、私立学校、联立学校 5 类，用"立"标示学校的举办主体，用"办"标示学校的经营形式。②陈桂生对民办学校的概念做了考证，指出民办

---

①② 陈桂生：《中国民办教育问题》，教育科学出版社 2001 年版。

学校与公办学校并非一套概念,"民"是与"官"对举的,"公"是与"私"对举的,民办教育与公办教育的说法是将两套概念错位使用。①此外,"民办"中的"办",也没有指明是举办(所有权),还是经办(经营权)。

民办学校概念的争议与划分民办学校的标准不同有关,是否为民办学校通常有两种标准:一种是按照经费的来源划分,将经费来源于国有资金的学校称为公办学校,其他学校称为民办学校。不过,随着教育经费来源的多样化,公办学校和民办学校都在以各种方式拓展办学经费来源渠道。公办学校与民办学校的经费来源差异正在不断缩小。②另一种标准是以学校的经营形式来划分。③胡卫认为经营权不是区分民办学校、公办学校的标准,产权是区分民办学校与公办学校的唯一标准。胡卫认为民办学校的本质是管理体制的灵活性。民办学校的灵活性体现为三点:第一,为教育市场提供从纯公共产品到纯私人产品的不同教育服务选择;第二,民办学校拥有办学自主权,受行政管制较少;第三,民办学校是以特色办学为主要特征的,所有成功的民办学校都是以某种其他学校无法模仿的特征来吸引家长选择的。

本研究讨论的民办学校主要是产权属于私人或者社会团体的民办学校,因此,将民办学校定义为产权为私人或者社会团队所有的学校。

第四节 研究方法

一、研究的方法论

方法论是对方法本身的看法。教育研究方法论在学术界一直处于"仁者见仁,智者见智"的状况。叶澜在《教育研究方法论初探》中指出

---

① 陈桂生:《中国民办教育问题》,教育科学出版社 2001 年版。
② 胡卫:《民办教育的发展与规范》,教育科学出版社 2000 年版。
③ 冯建军:《私立、民办学校的概念、类型与特色》,《民办教育动态》1998 年第 10 期。

教育研究方法论有"教育研究—方法—论"、"教育—研究方法—论"、"教育研究—方法论"三种理解方式。教育研究方法论是一个复杂概念。

方法论是对方法本身的看法，即"方法是什么"，"如何选择方法"，"如何使用方法?"等基本问题的看法。"对于方法论是什么的探讨"是方法学的范畴，本研究不对方法论问题做方法学视角的探讨。对于方法论问题，本研究认为：(1)方法论是一个价值选择问题，不存在正确的方法论与错误的方法论之分；(2)学术研究活动需要多元的价值观共同发展，任何一方价值观的膨胀或萎缩都不益于学术研究的长久发展；(3)学术研究活动应协调不同价值取向之间的方法论冲突，"偏执于一隅"或者"两边讨好"、"和稀泥"都不利于学术研究活动本身。

接下来，将对人文主义与科学主义、价值无涉与价值载赋、"局内人"与"局外人"、"把自己作为方法"、"三角互证"与"多维共生"等教育研究中涉及价值取向的问题做一定讨论，阐发本研究的方法论立场。

(一) 人文主义与科学主义

科学主义与人文主义是两种基本的方法论价值取向。科学主义者认为研究是通过科学手段，收集教育场域中的事实，揭示教育规律的过程。科学主义认为教育研究具有客观性、规律性、真实性。教育研究追求的是寻找推之四海而皆准的"真理"。然而，迄今为止教育研究中发现的"真理"并未具有推之四海而皆准的普适性。人文主义一反科学主义对客观事实的追求，转而关注个体的经验、情感、价值，将研究视角从关注教育规律转向教育活动中的体验、经验、情感、价值、意义等因素。石中英在《教育学的文化性格》中阐述了教育学具有不稳定、多变的人文特点。科学主义与人文主义的争论仍将持续，盲目讨论科学主义与人文主义孰优孰劣无益于学术研究。

科学主义与人文主义的冲突带来了研究中主观性与客观性的争论。实验科学的兴起引发学术界对"剔除主观性"的热潮。"主观性"被视为研究中的偏颇、臆测、断想,被贴上了"谬误"的标签,而客观性是中立、确证、科学的,被视为"真相"的表现。[1]这种将主观性等于谬误,客观性等同于"真相"的简单思维,歪曲了主观性与客观性的关系,抹杀了主观性在学术研究中的积极意义。作为认识世界的关键能力,主观能动性是人特有的认识客观世界和改造世界的行动能力。主观性是主观能动的表现形式。主观性在学术研究活动中有两类表现,一是通过概念、命题、推理等理性认识活动把握世界,产生准确的认识;二是以情绪、臆测、断想等形式,产生学术研究活动中歪曲的认识。实验科学所要剔除的是主观性的消极方面,而非全部。将主观性全部剔除的倾向,最终只会导致学术研究过程中主观能动性的缺失,取消人的认识活动,终止学术研究。科学主义的膨胀带来了两种极端的倾向——极端的科学主义与保守的人文主义。极端的科学主义将研究活动中的主观性视为"洪水猛兽",剔除研究中的主观性是保证研究科学性、合理性的"千金良方"。保守的人文主义为了获得学术研究的"合法性",改变了思辨、经验等纯正人文主义的传统,用编码、程序、规范等科学主义的逻辑,形成了保守人文主义的研究。

极端的科学主义与保守的人文主义带来了危机,使当前的质性研究陷入了许多陷阱:

1."绝对真实"陷阱。极端科学主义将自然科学的思维方式用于社会学科研究,将社会科学视为寻找社会"真相"的过程。将自然科学的研究方式迁移到社会科学是不现实的。自然科学研究客观现象,社会科学关注的是现象背后的价值、意义、情感、经验。社会现象是动态变化。赫拉克利特说"人不能两次踏入同一条河流"。所谓的真实并非

---

[1] 洛伦·S.巴里特、托恩·比克曼、汉斯·布利克、卡雷尔·马尔德:《教育的现象学研究手册》,刘洁译,教育科学出版社 2010 年版。

一种绝对的存在。从理论上看，实地研究中看到的真实是相对的，而看到的谬误却是绝对的①。这是研究现场的边域无限，而实地研究入场的有限所决定的②。

2. "正确的废话"陷阱。极端的科学主义片面强调研究程序上的规范性，寻找所谓客观证据。严格的程序规范、证据标准，将许多有价值的研究材料排除在外，人为地缩小研究视野。用所谓严谨的程序，证明一些不需要过于复杂思考就能获得的结论。譬如所在单位高层次人才对青年教师学术发表的影响等③。学术研究是一项高投入的活动，将大量的研究精力投入于"正确的废话"的研究，消耗大量的人力、物力，却得出一些老生常谈的结论，研究的价值性匮乏。

3. "精确的错误"陷阱。极端科学主义倡导寻求社会科学中的精确证据，然而社会是一个模糊系统。众多研究现象是一种灰色的边缘地带，片面地强调研究的精确性，只会产生"精确的错误"。工程科学中一个小数点的轻微变动，就能引发整个系统的严重错误。精确的错误带来的后果是不可设想的。实地现场是一个充满模糊、混乱的经验场。盲目自信"互证"能收集到全部信息是不可靠的。在理性有限、资源有限的条件下，盲目地寻求精确，只能得到"精确的错误"，最终导致研究结论对事实的歪曲。叶海卡·德罗尔（Yehezkel Dror）在《逆境中的政策制定》中指出在复杂情境中，"大致的正确比精确的错误重要"④。

4. "方法主义"陷阱。方法主义的兴盛致使一部分人产生了"只要

---

① 实地研究中，对材料的转述，不可避免地会出现与实际不相符的情况，不存在绝对真实的实地研究，反而实地研究的谬误却是不可避免的状况。

② 理论上，实地研究现场在时间、空间、有价值信息都是无限的，但实地研究者是有限地扎根实地所能看到的空间，所能花费的时间都是有限的，研究者带着有限理性与有限视野去"看"无限的"研究现场"，必然会出现看不全、看不够、看不透的现场，实地研究中的谬误就是在看不够、看不全、看不透中产生的。

③ 鲁世林、杨希：《高层次人才对青年教师的科研产出有何影响——基于45所国家重点实验室的实证研究》，《中国高教研究》2019年第12期。

④ 叶海卡·德罗尔：《逆境中的政策制定》，王传满译，上海远东出版社1996年版。

程序是科学的,结果就是可信赖的"①的错觉,认为只要找到了恰当的方法就能发现社会经验中的真实。渠敬东曾系统地批判了方法主义在中国社会科学中的四种表现:第一,认为方法能形成一个明晰的社会问题的解决方案。科学研究方法能精准地识别社会问题,并提供科学的解决方案。第二,认为科学的方法能促进社会科学知识的积累。方法的技术化可以产生被证实的结论,促进社会科学知识的积累与迭代。第三,方法主义形成一种迷信:认为精巧的方法能解析一切生活经验。当前社会科学研究中计量模型盛行、指标体系泛滥,科研积分、大学排名、论文指标成为衡量"科研 GDP"的精准手段,方法主义渗透了社会科学研究的方方面面。方法直接转化为工具,形成社会科学研究方法炼金术。第四,方法主义形成对人心灵的伤害。社会中人的价值、情感、意义、体验被窄化为种种"均值"。做学问成了一个"不动情感"、"不讲情怀"、"方法至上,内容式微"、"手段为王,目的隐退"的形式化学术再生产。②

"方法主义"是将研究方法的规范置于研究目的之上,"方法主义"者混淆研究中的程序规范与实体规范,导致了研究中程序规范对实体规范的僭越。研究规范可以分为程序规范与实体规范。程序规范是指研究中研究方法的程序、操作是否符合标准化的规定,实体规范是指研究的结果是否与研究目的的旨趣相符。严谨的程序规范能保证实体规范的落实,但唯"程序是举"会导致实体规范被程序规范僭越,以至于陷入"方法越严谨,反而偏离研究目的"的"方法主义"陷阱。

5."数字游戏"陷阱。极端科学主义产生了庸俗的量化研究,即注重数据统计过程的呈现,忽视研究结论的思想性,出现了大量数据为王的数字游戏。庸俗的量化研究,以数据为中心,"无数据,不研究","非

---

① 洛伦·S. 巴里特、托恩·比克曼、汉斯·布利克、卡雷尔·马尔德:《教育的现象学研究手册》,刘洁译,教育科学出版社 2010 年版。

② 渠敬东:《破除"方法主义"迷信:中国学术自立的出路》,《文化纵横》2016 年第 2 期。

数据,难研究"。不少学者提出"让数据说话"①,但数据是没有那么好说话的,于是有学者研究"让数据好好说话"的标准②,但这没有改变"统计主义"带来的问题③与数据的真实性风险④。"让数据说话"的说法是一种偷换概念,所谓的"用数据说话",本质上只是"借数据说话",数据从来不说话,说话的永远是使用数据的人。

6."文字游戏"陷阱。 保守的人文主义带来了思辨研究的庸俗化。在关注现实的浪潮下,思辨研究出现了"问题空虚"、"艰涩难懂"、"论证主观"等现象⑤。部分研究者执着于宏大观念的拆解,似是而非的论断,华而不实的结论。文字游戏是一种注重概念新颖、辞藻华丽、标新立异,不注重学术研究思想性的学术现象。

7."流量学术"陷阱。 随着学术大众化,网络流量产生的冲击力影响了学术研究方式。人文社科研究出现了许多以社会热点为噱头,为夺人眼球、蹭流量的学术成果。诸如《好男人都结婚了吗？——探究我国男性工资婚姻溢价的形成机制》⑥、《结婚影响博士生科研发表吗?》⑦等研究以社会热点为噱头,得出华而不实的研究结论。流量学术让学术研究成为一种网络热搜,将严肃的学术研究置于流量为王的网络舆论,将严肃的学术研究庸俗化。

本研究摒弃极端的科学主义与保守的人文主义的思维方式,警惕"绝对真实"、"正确的废话"、"精确的错误"、"方法主义"、"数字游戏"、

---

① 顾小清、黄景碧、朱元锟、袁成坤:《让数据说话:决策支持系统在教育中的应用》,《开放教育研究》2010 年第 5 期。

② 王淑清:《如何让数据"好好说话"?》,《中小学管理》2019 年第 7 期。

③ 李均:《教育实证研究不可陷入"统计主义"窠臼》,《高等教育研究》2018 年第 11 期。

④ 刘晓红、李醒东:《教育研究过程中的失真性问题反思》,《中国教育学刊》2018 年第 11 期。

⑤ 余清臣:《论教育思辨研究的时代挑战与应对》,《教育学报》2018 年第 5 期。

⑥ 王智波、李长洪:《好男人都结婚了吗? ——探究我国男性工资婚姻溢价的形成机制》,《经济学》(季刊)2016 年第 3 期。

⑦ 罗蕴丰:《结婚影响博士生科研发表吗——基于 2016 年首都高校博士生调查数据的实证分析》,《研究生教育研究》2020 年第 4 期。

"文字游戏"、"流量学术"等学术陷阱。坚持求实的科学主义与人文关照的人文主义路线,力图以科学和人文的双重视角,寻求研究现场中有意义的真相。

(二)价值无涉与价值载赋

马克斯·韦伯曾提出了社会科学客观性的原则,认为"价值判断应该从经验科学的认识中剔除"。韦伯认为社会科学中存在两类问题,第一类是一个具体地给定的现实形势是不是有可能向哪一个方向发展?第二类是人们是否影响某种形势向某一方向发展。前者是有关经验的事实,后者是一种价值判断。韦伯视前者为经验科学研究的对象,认为经验科学只告诉人们"事实怎么样?",以及"可能怎么发展?",但不告诉人们应该怎么发展。要形成关于社会科学的认识必须坚持社会科学作为经验认识的科学性,拒绝承担价值判断的任务。在韦伯的观念里,社会事实是什么与社会科学该怎么样是不同学科的问题。社会科学只关心是什么,关于应该怎么样的问题是价值性学科该做的事情。

不过,韦伯很快认识到了是什么和怎么样这两个问题不能完全分开。价值无涉在他那里只是一种社会科学研究的规范研究,本质上是一个行动原则,而非社会科学研究的规律。[①]"价值无涉"是一种"理想类型",价值载赋则是社会科学研究的现实。社会是一个复杂系统,纯粹的"价值无涉"是一种学术研究的理想追求。

在人文社会科学研究的现实场域充斥着各种情景脉络、制度规约、文化濡染。研究者不是一个"文化真空"中蹦出来的"研究者",社会科学研究的场域不是一个"价值真空"的社会科学"实验室","价值无涉"的研究结论缺乏社会科学的价值意义,妄求社会科学研究的价值无涉是一种不尊重科学,不尊重事实的武断。本研究坚持"价值载赋"的立场,关注学校治理场域中的价值意义。

---

① 〔德〕马克斯·韦伯:《社会科学方法论》,韩水法译,中央编译出版社 1999 年版。

（三）"局内人"与"局外人"

"局内人"与"局外人"是研究主体与研究对象的两种关系。"局内人"是研究者与研究对象属于同一文化,对研究群体内在习俗、语言、行为方式非常熟悉,研究者与研究对象属于同一文化群体。"局外人"是研究者与研究对象在文化上不属于同一文化圈,研究者以一个外来参与者的身份参与研究群体的活动,以旁观者的身份开展研究活动。"局外人"和"局内人"在质性研究中具有各自的优势和不足。

在一个严谨的质性研究中,研究者通常要成为研究群体的一员,以"局内人"的视角考察研究群体的行为方式。研究者在质性研究中要以一定的方式"进入现场",扎根于研究群体日常生活的"田野"中。由于"局内人"与"局外人"有各自的利弊,本研究在研究过程中研究者的角色经历了**"局外人—局内人—局外人"**这样的阶段变化。借助研究者所在系所与江州世界外国语学校的合作项目接触到江世外。研究者在合作项目中,因工作关系得以进入江州世界外国语学校。进入现场后,研究者在前 2 个月主要熟悉该校的组织结构、人员情况。其间,研究者将通过参与式观察、半结构化访谈,参与校部级工作会议、教师教研活动、学校文化活动,查阅档案室等方式开展研究活动。在收集完研究所需要的材料后,研究者将跳出"局内人"的视线,以"局外人"的视角审视该校在学校治理方面的优势与不足,挖掘民办学校治理的"本土概念",探索其学校治理活动的学理意义。

在具体的研究中,任何研究者都不可能是一个纯粹的"局内人"或者"局外人"(陈向明,2000)。研究者往往兼具**"局内人"和"局外人"**两种特征,以两种视角开展研究活动。

"局外人"与"局内人"的双重身份要求在质性研究过程中,把握好研究者与田野的关系,在不同场景和研究阶段中灵活地"离身"与"抽身"。"离身"是要研究者离开熟悉的研究身份,以学校的一员参与校园生活,"抽身"是指研究者在深入"田野"中,能随时抽离学校身份,以学术之眼审视零散的经验材料。在驻校考察期间,我常常在这两种身份之间转换,有时如一名学校的行政人员,全勤参与学校的工作会议,组织研究院工作;有时,又像一名外来人员,仅仅是"在学校"办公,独居于学校给我安排的办公室,学校的事物和我没有任何关系。这种角色的变换常常是在顷刻间。

(四)"把自己作为方法"

质性研究是以研究者本人为研究工具,在自然情境下收集资料建构理论的研究活动。①研究者是质性研究最重要的研究工具。尽管"把自己作为方法"在社会科学研究中尚未取得共识,但在质性研究中,"把自己作为方法"已经是见怪不怪的陈词滥调②。2020年《把自己作为方法——与项飙谈话》出版,将"把自己作为方法"这一话题抛到了学术界的公众视野。

"把自己作为方法"在本研究中体现为三个方面:

第一,个人经验的问题化。③ 质性研究是以个体经验的展开为生成叙事的主要方式。研究问题是个体经验生活中关心的问题。在研究展开的过程中,以"我"经验到的关键事件、关键人物为话题展开,以可经验到的事件生成问题④,循着问题探索实地中的真相。

第二,以"我"为第一视角展开叙事。以"我"的第一视角展开叙事⑤。以"我"为第一视角的优势主要有三:其一,标示了研究叙事的主观生成性,避免借用"上帝视角"叙事带给读者"绝对事实"的假象。其二,以经验的方式还原经验到的现象。质性研究遵循奥古斯特·孔德

---

① 陈向明:《质的研究方法与社会科学研究》,教育科学出版社2000年版。

② 郭建斌、姚静:《"把自己作为方法"——兼谈民族志文本中作者的"主体性"》,《南京社会科学》2021年第1期。

③ 项飚、吴琦:《把自己作为方法——与项飚谈话》,上海文艺出版社2020年版。

④ 本研究在进行的过程中,经常会碰到与"常识"相左,或者与他人论述不同的"惊异事件",笔者从惊异事件中引发"疑问",在解决疑问的过程中,扎入研究现场的"深处"。

⑤ 除了绪论、第六章和正文脚注等非正文内容。

实证主义传统,研究"可经验到的事实"①,对不可经验到的事物"悬置",保持敬畏。其三,触及研究对象间的脉络关系、情感、意义、价值等"研究现场"的深处。探寻研究现场深层的脉络关系、情感、价值、意义是质性研究的诉求,但研究对象精神层面的考察,具有相对性,无法以"上帝视角"展开确证性的阐释,以"我"的第一视角,能发挥"我"的理解、共情、同理心等主观性的积极因素,触及"研究现场"的深处。

第三,寻找意义确证的相对"真实"。"意义确证"是比"事实确证"更重要的质性研究价值诉求。致力于研究现场中研究对象间意义关系的挖掘,在"可确证的事实"之外,挖掘更广泛的"意义确证"。排除"上帝视角"的"天真"与"自信",以"我"的视角描绘"研究现场"的意义图景。

(五)三角互证与多维共生

1. 三角互证

三角互证(Triangulation)是质性研究中常用的一种研究方法。在田野考察中,若只是用单一的数据源、资料源、研究方法,很难推断研究结果的可靠性,甚至会出现歪曲的情况。为了确保获得的数据、资料的可靠性,研究者可通过多种渠道收集信息、数据,运用多种研究方法、研究工具,多方面求证信息的可靠性。这种相互印证信息可靠性的方法,学界称为"三角互证"。"三角互证"是为了避免质性研究中单一资料、方法,带来的视域盲区。

三角互证源于英文"Triangulation",其词源是中古拉丁语"triangulare",其原意是做三角的意思②。它最早被运用于土地测量、航海测距、军事探查,在几何学中"Triangulation"直译为"三角测量"。唐纳

---

① 〔法〕奥古斯特·孔德:《论实证精神》,黄建华译,商务印书馆 1996 年版。
② 沈晖:《三角校正法的意义及其在社会研究中的应用》,《华中师范大学学报》(人文社会科学版)2010 年第 4 期。

德·坎贝尔和唐纳德·费斯克在政治学中介绍了三角互证法(Trian-gulation),即通过多样化的路径分析,相互印证观点的可靠性,减少理论解释中的偏差。①其后,诺曼尔·邓津等人将三角互证细分为数据三角互证、研究者三角互证、理论三角互证、方法三角互证等多种三角互证类型。②

2. 三角互证的反思:质性研究的危机

三角互证具有许多显著的优点,孙进指出了三角互证的五大优势:其一,避免单源资料带来的视野窄化,主观臆测,观点扭曲;其二,多元视角、手段、方式,能呈现更全面的"田野现场",尽可能地还原经验的全貌;其三,主张多角度地理解某个焦点问题,能打开视野,整体性分析某个问题;其四,能撇开量化研究与质性研究的分歧,较好地融合两者优点;其五,在复杂的社会变革中,能对复杂的社会现象有更多的解读。③

然而,三角互证并不是质性研究寻求研究结果可靠性的唯一路径。从其思想的来源来看,三角互证是自然科学的思维方式在社会科学中的运用。质性研究是一种人文主义的研究方式,质性研究的目的是理解人的行为与经验。④实证研究的兴起掀开了社会科学研究科学化的浪潮,质性研究在顺应社会科学研究科学化的浪潮,出现了研究方法科学化的倾向。扎根理论的出现让质性研究的科学化成为现实,大量质性研究者放弃了原有纯正的人文主义传统,转而投向科学主义的大潮。叶启政称这个现象为社会科学的"数学化"与"均值人"研究。冯立刚、

---

① Donald Campbell, Donald Fiske. Convergent and Discriminant Validation by the Multitrait-multimethod Matrix, Psychological Bulletin, 1959.

② Norman Denzin, The Research Act: A Theoretical Introduction to Sociological Methods, New York: McGraw-Hill, 1978.

③ 孙进:《作为质的研究与量的研究相结合的"三角测量法"——国际研究回顾与综述》,《南京社会科学》2006 年第 10 期。

④ 丁钢:《教育叙事的理论探究》,《高等教育研究》2008 年第 1 期。

苏庆国从现象学的视角批判了扎根理论中主客二元认识论的局限,主张质性研究要"回到事物本身"(Zur Sach selbst)。①朱德全、曹渡帆认为扎根理论在运用的过程中要具有人文关照,不能无限放大研究工具的作用。②质性研究并非唯"扎根理论"是举,质性研究产生的初衷也并非如此。"人应该如其所是地研究,而不是人们所期望的那样子",还原事物本身的面貌是质性研究的核心精神。《全球教育展望》在 2018 年第六期设置了"质性研究"专题特刊。质性研究专题主持人刘畅在引言中引用了伊丽莎白·亚当斯·皮埃尔(Elizabeth Adams Pierre)对这一现象的评论。

> 我认为我们都忘记了一件事,那就是,质性研究是我们几十年前为了批判实证主义传统的社会科学而编造出来的,它并不真的存在。但我们现在为质性研究制定了一个结构、一个标准、一个统一的流程:找一个问题,设计一个研究、访谈、观察、编码,然后写出来。这种保守的人文主义研究与其说是质性研究,不如说是准实证主义研究。③

伊丽莎白·亚当斯·皮埃尔认为数据不该被等同于"可转录、可编码、可分类"的文本。④

"三角互证"、"扎根理论"让质性研究获得了研究方法上的规范性,产生了一批优秀的研究成果,但研究者过度依赖三角互证与研究工具,反而陷入"方法主义"的思维困境,给质性研究带来危机:

(1) 研究视野的窄化危机。三角互证让研究者只关注能被互证的

---

① 冯立刚、苏庆国:《对扎根理论的现象学方法批判》,《湖南广播电视大学学报》2020 年第 3 期。

② 朱德全、曹渡帆:《教育研究中扎根理论的价值本真与方法祛魅》,《清华大学教育研究》2021 年第 1 期。

③④ 刘畅:《作为复数的质性研究》,《全球教育展望》2018 年第 6 期。

经验,而对无法多方确证的经验束之高阁,存而不论。实地研究现场中的经验是杂乱无章的,许多实地研究的中的经验材料并不能完全被互证。这其中不乏一些非常有研究价值的经验材料。

(2) 质性研究的自然科学化。自然科学与人文社会科学遵循不同的逻辑。弗里德里希·哈耶克(Friedrich Hayek)曾表示用自然科学的研究方法去分析社会科学问题是完全错误的。[①]自然科学是寻求事物的共同性,而人文社会科学关注的是生活中的"差异"。实地研究在叙事生成过程中应关注调研中不能互证的差异事件,深挖多方视野差异的根源,形成研究现场有意义的真实再现。

(3) 质性研究中"脱离现场"的危机。质性研究要求深度"进入现场",但严苛的证明思维让研究存在"脱离现场"的风险。互证要求多场景、多主体的求证,但不同的研究场景属于研究现场的不同圈层,强行进行互证是破坏了原有现场的完整性,将寻得的证据放在真空中求证,存在"身在现场,神在场外"的形式化入场。

3. "多维共生":叙事研究的想象力

赖特·米尔斯(Wright Mills)"社会学的想象力"引发了学术界关于"想象力"的讨论。所谓社会学的想象力是用社会学的视角分析日常社会世界,以社会学视角透视社会事件本质的思维方式。[②]近几年,关于"想象力"的讨论遍地开花,教育基本理论[③]、德育[④]、课程论[⑤]、教学论[⑥]、

① [英]哈耶克:《科学的反革命——理性滥用之研究》,冯克利译,译林出版社 2003年版。

② 张燕婷、赵洪萍:《"社会学想象力"与教育社会学研究范式的整合》,《济南大学学报》(社会科学版)2021 年第 3 期。

③ 张晓阳:《大数据迷潮下的教育研究及其想象力》,《基础教育》2015 年第 4 期。

④ 高德胜:《道德想象力与道德教育》,《教育研究》2019 年第 1 期。

⑤ 左璜、莫雷:《课程想象力:内涵及其培育》,《华南师范大学学报》(社会科学版)2013年第 4 期。

⑥ 姜艳、李如密:《教学想象力:内涵、价值及其激发策略》,《课程·教材·教法》2017年第 2 期。

教育史①都有相关成果。教育管理研究也需要发挥教育管理的想象力。余凯认为教育领导与管理研究应在资料收集、处理、呈现等环节更具有想象力，要敢于突出常规思维，寻找更贴近实践的教育领导与管理研究。②叙事研究能在资料收集、整理、呈现过程中较好的发挥研究的想象力。

(1) 多维聚焦：超越"三角"的多维视野

三角互证是严格的搭建"三角"，从三点或者三个视角构建"证据三角"吗？大部分的研究者认为"三"只是一个概数，其意义是强调证据来源的多样性，并非严格的"三"。③但也有学者认为三角互证就是基于三个视角的证据，"三"是确数。格雷·金（Gary King）、布莱恩·乌齐（Brian Uzzi）、彭玉生等人认为三角互证是基于三点定位，其定位的原则是从理论、个案研究、统计分析三者构成的证据三角中寻求共同的事实。④邓津本人认为三角互证是研究同一现象时多种方法的运用，其目的是帮助社会科学家超越个人偏见，避免单一方法、证据的不足。⑤质性研究中的三角互证源于几何学的三角测量，但并非完全意义上的"三角"，所谓的理论三角、方法三角、研究者三角、资料三角并非几何学意义上的稳定性三角形架构，更多是指理论、方法、主体、资料上的多元。

"多维共生"不拘泥于材料的"三角"聚焦，以开放的视角关注研究现场多维度的视野。一般的维度有如下几个：第一，主体的多维共生。本研究主张不同主体对同一事件或对象的"共话"。譬如，在第二章"进

① 郑砚秋：《教育史的想象力——读〈跨国学术网络〉有感》，《北京大学教育评论》2008年第2期；涂诗万：《"必要的乌托邦"：改造主义的"教育学想象力"》，《现代教育论丛》2021年第4期。

② 余凯、杨烁：《教育管理研究的范式问题与方法变革：一个技术倡议》，《教育学报》2020年第5期。

③ 张炼：《"三角互证"在教育案例研究中的应用》，《教育与教学研究》2014年第10期。

④ 李春华：《定量与定性：社会学研究方法的困境与超越》，《中国社会科学报》2012年3月5日。

⑤ 尤韦·弗里克：《三角互证与混合方法》，郑春萍译，上海人民出版社2021年版。

入现场"的第三节,研究者通过学生、教师、领导和"我"的多个维度共同描绘的江州世界外国语学校的印象。在多维聚焦中,生成江州世界外国语学校的具体形象。第二,视角的多维,本研究主张以开放的视角分析材料,对于同一对象或事件,采取多维视角理解对象的多重意义。第三,空间的多维。本研究中的"现场",并不是一个封闭的"绝对空间",而是包括研究对象的公共空间与私人空间、价值空间与事实空间、工作空间与生活空间等多维复合空间,研究者尝试在多维空间中理解研究对象的不同"真相"。"多维共生"是一种开放视角,其维度可以无限生成,在具体的分析中有不同的表现,在此不一一列举。

(2) 意义生成:在"互证"基础上把握意义世界

本研究的意义生成是通过"材料间的互补"、"合理的补白"、寻求"本土概念"等方式形成研究叙事。

材料间的互补。实地研究的材料不仅仅是相互证明的,而是相互补充。珍妮弗·C. 格林、瓦莱丽·J. 卡拉切利、温迪·F. 格雷厄姆等人认为异质证据源间不仅可以互证,还可以互补、发展、启发、扩展等多种关系①。

合理的补白。实地研究中需要研究者"合理的补白"。由于研究者对实地的卷入是一种有限的卷入,因此,实地研究会出现许多研究线索的缺失。此时,实地研究需要动用叙事研究的"想象力",进行合理的补白。合理的补白有两种情况:第一种情况是事实的缺失或事实模糊,即收集到了一个事件的大致轮廓,但其细节模糊,无法寻找到确证的证据。这种情况下合理补白是依据现有可靠的信息,对事件进行廓清式补白,即猜测事件的大概情况,并说明猜测的依据。本书第三章的"学段制"改革部分,并没有找到关于"学段制"结构的确证。根据当事者的

---

① Jennifer C. Greene, Valerie J. Caracelli & Wendy F. Graham. Toward a Conceptual Framework for Mixed-method Evaluation Designs, *Educational Evaluation and Policy Analysis*, 1989(3).

描述,绘制了一个"学段制"的可能结构图。这种事实补白,并不影响意义的解读,同时方便读者理解。第二种情况是意义的缺失或模糊。这种情况的补白比较复杂。意义补白的目的是增加叙事的可读性、生动性。刘良华认为叙事研究存在"虚构"的情况。叙事研究并不因为叙事的虚构而贬低叙事的价值,反而虚构的叙事更有人愿意读。①张新平认为讲故事比讲道理更能打动人,讲故事比口号更能激励人,故事是人类认知的基本且有效的形式。②"虚构"的叙事是一种严肃的研究方式,"讲故事"具有学术研究价值。意义的补白需要在对话中寻找可确证的意义。研究现场中的意义、价值,并不是被证明的,而是在对话中确证的。意义生成要求研究者不仅仅是形式上的"在场",更要在与"现场"主体的对话、互动中,通过理解、共情,进入对话者之间的内在世界,实现"我在现场"。本书第四章在追问"方校长为什么要离开"研究者动用了想象力,对可能的情况进行了意义的补白,最终在与唐校长的访谈中找到了可确证的意义"真相"。"合理的补白"不是搬弄是非、混淆事实、自说自话。补白需要在一定可能的意义与事实上,不能无事生非。

寻找本土概念。本土概念是内嵌在研究现场的概念,是研究场域自发生成的话语系统。质性研究要摆脱理论研究中的"前置概念",在实地现场中发现现场的本土概念。以理论的视角解释本土概念的深层意义,串联不同本土概念之间的关系,形成基于本土概念的理论建构与创生。

4. 三角互证与多维共生的关系

三角互证和多维共生是科学主义与人文主义的冲突在质性研究中的表现。三角互证是遵循科学主义的路线,寻求质性研究中可确证的事实,多维共生是发现质性研究中不可被证实(或者不可完全被确证)

---

① 刘良华:《教育叙事研究:是什么与怎么做》,《教育研究》2007 年第 7 期。

② 张新平、柳世玉:《从领导故事到故事领导——故事时代的校长领导力》,《中小学管理》2017 年第 12 期。

的事实背后的意义脉络。三角互证与多维共生是质性研究方法论的一体两面。质性研究要寻求研究现场的真实,但只有确证的材料生成的叙事是支离破碎的,因此应当在"互证"与"补白"的交替中生成质性研究的完整叙事。

(1) 在互证的基础上寻找真实

进入现场之后,研究者要多方位收集研究对象的线索,通过方法三角、研究者三角、资料三角聚焦可确证的事实。

(2) 在补白中生成完整叙事

用三角互证廓清研究现场关键人物、关键事件的关系脉络。通过事实补白、意义补白,运用叙事的想象力,生成清晰、完整、有价值的研究现场叙事。

二、 研究的方法

(一) 实物收集法

实物收集法是在进入研究现场后,收集研究对象相关的实物资料的方法。本研究收集的实物主要以江州世界外国语学校办学过程中出现的文件、会议纪要、新闻纪录、规划、决议、通知、照片。

具体的实物收集活动如下:

1. 图书馆资料。研究通过高校图书馆、电子期刊、期刊检索系统等多种方式,收集到著作、学术期刊、学位论文、会议材料、法律法规、教育政策等文献。从文献中确定研究的问题域,凝练研究主题,生成本研究的关键问题。

2. 档案室实物收集。档案室的实物收集共有两次。第一次是我作为"卓越学校发展研究"项目的主要参与人员组织了一次针对江州世界外国语学校的集体调研活动。2019 年 12 月 21 日至 28 日,我带领项目组成员对学校的档案室进行了系统的实物资料查阅,获得了学校办学方案、学校章程、学校组织沿革史、学校大事记、校刊(《攀登》)等共计 333 份文件。这次实物收集获得了大量江世外校史、管理制度、关键事件的实物资料。这构成本研究中主要的实物资料来源。第二次实物收集是我在实地调研中，发现第一次调研中有些线索的实物资料有些遗漏，于 2020 年 4 月对档案室做了补充资料收集，获得校史、管理制度等方面的补充资料。实物收集资料如表 0-1 所示：

表 0-1　江州世界外国语学校实物搜集汇总

序号	文件类型	文件内容	数量（份）	编码范围
1	教育思想	学校领导人重要讲话、校领导照片、教育理念论文、学校战略读本、学校档案等文件	38	Z-SX-01～Z-SX-38
2	管理制度	班主任工作制度、德育工作制度、公寓岗位制度、家长委员会制度、家长学校制度、升旗制度、外语教学中心制度、校园文化建设等文件	52	Z-GL-01～Z-GL-52
3	教师管理	教师队伍建设规划、年度教学计划、绩效考核办法、优秀教师评选办法、星级教师评选办法、青蓝工程计划、菁英教师发展计划等文件	94	Z-JS-01～Z-JS-94
4	教学改革	理念教学科研工作计划、历次教学改革方案、现代教学改革思路、各学科教学改革计划等文件	75	Z-JX-01～Z-JX-75
5	课程建设	各版本课程方案、课程改革计划与研讨论文、礼仪校本课程等文件	16	Z-KC-01～Z-KC-16
6	学校发展	历次学校发展规划、10 年办学总结、校史档案全宗卷、学校组织沿革史等文件	28	Z-FZ-01～Z-FZ-28
7	校园文化	历次校园文化节日计划、新闻、照片、校园五大节日介绍等文件	30	Z-WH-01～Z-WH-30
合计			333（份）	

3. 研究现场中的实物

除了档案室系统的实物收集,还在实地调研中不断地收集研究现场中的实物。此类实物收集,不是有计划地系统收集,而是随着实地研究的展开,不断发现新的线索。收集到的实物资料有关键人物的著作、演讲稿、工作手记、演讲 PPT、教学论文、活动计划书、活动总结、新出的校刊(《卓越教育》)等实物资料。此外,研究现场有许多有价值的网络资料。通过外国语学校的公众号、官网、微信推送等渠道获得新闻通讯稿、活动宣传、通讯记录等实物资料。

表 0-2　研究过程中的实物资料汇总

类　　型	项　　目	编码
网络资料	世界联合学院简介	P-N-01
	桂湖学院简介	P-N-02
	家长讲坛新闻稿	P-N-03
	研究院成立新闻稿	P-N-04
规则制度	江州世界外国语学校办学方案(1995 年)	P-Z-01
	江州世界外国语学校组织沿革史	P-Z-02
	中学部学生市章程	P-Z-03
	中学部学生市干部任免办法	P-Z-04
	中学部学生市干部值班制度	P-Z-05
	家长委员会章程(2000 年)	P-Z-06
合作项目	唤醒·卓越——江州世界外国语学校 25 年发展	P-X-01
	江州世界外国语学校五年发展规划(2021—2025)	P-X-02
各类文档	我和我亲爱的孩子们	P-W-01
	曲老师工作日志	P-W-02
	秦老师给唐校长的感谢短信	P-W-03
	张老师的工作日志	P-W-04
	鲍校长微信课题培训 PPT	P-W-05

类　　型	项　　目	编码
各类文档	咬尾课总结1	P-W-06
	咬尾课总结2	P-W-07
	咬尾课总结3	P-W-08
	鲍校长在研究院成立大会上的发言稿	P-W-09
	微型课题指南	P-W-10
	微型课题预期成果范例	P-W-11
会议记录	"卓越讲坛"记录	P-D-01
	中层会议记录(20191218)	P-D-02

实物收集法在实地研究中具有重要意义：第一，获得研究对象当下和历史中的实物。其他的实地研究方法具有间接性，实物收集法能收集到研究现场中的"活化石"。实物收集法是一种"直接"与研究现场接触的方法。第二，实物收集法具有直接"确证性"。实物是研究现场中的产物，访谈和观察到的"现场"不一定是"真相"，需要多方"确证"。实物是历史、现实直接的印证，不需要多方"确证"，就能保证实物反映现象的确定性。第三，实物研究在收集、整理、呈现过程中具有"现场感"。实地研究要在资料收集、整理、呈现过程中，将自己所经验到的"研究现场"带到读者面前，实物研究的收集、整理、呈现具有很强的"现场感"。

（二）观察法

观察法是一种源于人类学的研究方法，通过实地浸入式观察，发现研究对象内部的种种联系、关系，从而达到逼近研究现场中事实的方法。

观察法分为参与式观察与非参与式观察。参与式观察是研究者以"局内人"的身份参与到研究现场活动中。参与式观察的优点是研究者是活动的参与者，能避免由于暴露研究者身份而带来的疏离感，规避研究对象因处于被观察地位而出现的回避、提防、表现心理。参与式观察的不足是"成功地"卷入现场，与研究对象融为一体，需要一定的现场卷入成本。非参与式观察是以旁观者的身份旁观研究现场中的活动，以不介入的方式观察研究现场中的现象。非参与式观察的特点是操作简单，研究者不需要花费太多的卷入成本，同时作为旁观者可以以相对中立的视角看待观察到的现象。不过，非参与式观察的缺点也是明显的，暴露研究者身份，以旁观的姿态观察很难卷入研究现场的内部。参与式观察和非参与式观察是本研究应用的两类观察法。在具体操作过程中，研究者深入现场内部，以挂职的身份参与江州世界外国语学校的日常工作。

本研究过程中具体有以下几类观察：

1. 工作会议的观察。 2019 年 12 月到 2020 年 12 月，对江州世界外国语学校的工作会议进行观察。观察的会议有学校中层例行会议、小学部行政会议、中学部行政会议、文明班级标准研讨会议、星级教师标准研讨会议、微型课题推进会议等。

2. 学校活动的观察。 观察了江州世界外国语学校的咬尾课教研活动、"卓越讲坛"活动、科技节活动、迎宾节活动、学校运动会、校级公开课活动、活动单导学案示范课活动等。

3. 校外活动的观察。 跟随鲍校长，以非参与型观察的形式，观察了鲍校长在江州教育科学研究院的校长培训活动。

表 0-3　参与式观察与非参与式观察活动汇总

观察对象	观察方式	观察内容	编码
校级公开课	非参与式观察	2019 年 12 月 14 日，观察小学部三年级两节语文课公开课及其课后的集体研讨活动。	G-F-20191214
中层干部会议	非参与式观察	2019 年 12 月 18 日，观察学校中层干部会议，施校长分析了学校面临的民办教育宏观政策的变化及应对措施，鲍校长代表学校宣读了学校近期干部任命书。	G-F-20191218

观察对象	观察方式	观察内容	编码
领导校外活动	非参与式观察	2019 年 12 月 24 日以鲍校长助理身份，参与鲍校长受江州教师教育发展研究院邀请的市级校长培训活动。	G-F-20191224
迎宾节活动	参与式观察	2020 年 1 月 5 日至 7 日，参与学校迎宾节活动，观察学生才艺展示，家长对学校文化活动的参与，教师与家长、学校的互动等情况。	G-C-20200105
名师工作室活动	非参与式观察	2020 年 5 月 13 日，旁听中学部数学名师工作室田主任的名师工作室读书活动。	G-F-20200513
中层述职	非参与式观察	2020 年 6 月 30 日，全校中层干部述职，观察了中学部中层干部述职、校级处室干部述职、后勤干部三场述职。	G-F-20200630
咬尾课教研	非参与式观察	2020 年 2 月 27 日到 3 月 4 日，参与观察小学部英语组咬尾课教研活动，观察咬尾课中教师间的相互点评、磨课等活动。	G-F-20200227
卓越讲坛	参与式观察	2020 年 12 月 29 日，参与国际部德育组程老师和中学部数学组田老师两场"卓越讲坛"主题演讲，观察"卓越讲坛"中主讲教师与听众教师的互动。	G-C-20201229
活动单导学案示范课	非参与式观察	2020 年 10 月 16 日，观摩学校邀请 R 市教学名师的活动单导学案示范课《天上的街市》。	G-F-20201016
星级教师评定会议	非参与式观察	2020 年 1 月 6 日，参与鲍校长组织的星级教师评定标准的研讨会议。	G-F-20200106
文明班级研讨会议	非参与式观察	2020 年 1 月 9 日，参与鲍校长组织的文明班级标准研制推进会议，会议讨论如何将文明班级标准落实的策略。	G-F-20200109
科技节活动	参与式观察	2020 年 5 月 12 日，参与学校科技节活动。	G-C-20200512
学校运动会	参与式观察	2020 年 9 月 24—25 日，参与学校运动会。	G-C-20200924

观察对象	观察方式	观察内容	编码
中学部 行政会议	非参与式 观察	2020年4月23日,参与中学部行政会议,会议讨论中学部下一周工作计划与名师工作室、卓越讲坛等活动的推进工作。	G-F-20200423
小学部 行政会议	非参与式 观察	2020年9月13日,参与小学部行政会议,会议讨论近期工作与活动单导学案试点班级、试点教师的推选工作。	G-F-20200913

观察法在实地研究中的意义在于:第一,观察能看到现象背后更丰富的信息。研究对象说的并不一定是真相,通过访谈中受访者神情,工作会议中的座次关系,人物间的互动,能看到现场背后深层的人物情感、人际关系、脉络等信息。第二,非参与式观察能减少对研究对象的干扰,逼真地看到研究现场中的真相。有的研究方法会干扰研究现场,如访谈法的发问会对研究对象产生一定导向,一定程度上影响研究对象的回答。尽管访谈法中有许多规范,可以减少发问对研究对象产生的干扰,但语言的交流,不可避免地会对研究对象产生一定影响,从而影响研究对象的回应。第三,参与式观察是一种很好的进入现场,拉进与研究对象距离的活动。通过局内人的身份,研究者融入研究对象的工作、生活,深度进入现场。

（三）访谈法

访谈是研究者与研究对象之间围绕一定主题进行的对话交流。访谈法是获得研究现场第一手资料的主要方法,因此,访谈法是实地研究最重要的资料获得途径之一。

结合实地现场的特点运用了多种不同形式的访谈,以便获取江州世界外国语学校全面的资料。访谈的对象主要有学校的董事、校级领导、教育集团领导、往届的校领导、中心或处(室)主任、相关中层干部、教师、家长、驻校专家等。在访谈形式上,有集体座谈、开放式访谈、半结构式访谈等。

1. 集体座谈

集体座谈是围绕某一主题,对学校的某一群体进行座谈会。座谈会是一种主题聚焦、访谈对象广泛地集中访谈方式。我在进入江州世界外国语学校之前,参与了研究所团队对该校两次调研会,了解江州世界外国语学校的发展历史、卓越学校建设、教师专业发展等内容。在座谈中,了解了学校发展历程的整体面貌,大致的发展轨迹。

表 0-4　集体座谈汇总

序号	会议	会议主题	时间	编码
1	校史调研座谈会	会议围绕学校的历史发展阶段、关键事件、个人感悟等话题邀请学校领导与教师分享自身的经历。	20190424	F-H-20190424
2	研究院成立筹备座谈会	会议就研究院成立事宜进行研讨,同时讨论启航、攀登、勤朴等江世外校园文化的内涵。	20190607	F-H-20190607

2. 开放式访谈

开放式访谈是一种以受访者为中心的访谈方式。在介入江州世界外国语学校初期,主要以开放式访谈的形式与学校的领导、中层干部、老师交流,获得学校治理、教师培养方面的线索。开放式方式适用于介入研究对象的初期,能达到初步了解研究对象全貌,同时通过开放式对话,拉进与研究对象距离,起到深度卷入现场的作用。

3. 半结构化访谈

半结构化访谈是在开放式访谈基础上,根据研究目的和前期访谈的线索编制访谈提纲,依据访谈提纲进行访谈。在进入现场初期采用开放式访谈,在对学校的历史发展、办学理念、师资队伍有一定了解之后,逐渐开始半结构式访谈(访谈提纲见附录)。

表 0-5　访谈材料汇总①

序号	访谈人	职　务	性　质	访谈形式	访谈时间	时长(分)	转录稿(万字)	编　码
1	施玉校长*	董事长	高层领导	开放式访谈	20200710	67	1.21	F-L-M-20200710
2	施玉校长	董事长	高层领导	半结构化访谈	20200116	74	1.37	F-L-M-20200116
3	鲍校长*	执行校长/执行董事	高层领导	半结构化访谈	20200602	78	1.38	F-L-M-20200602
4	鲍校长	执行校长/执行董事	高层领导	半结构化访谈	20200112	53	0.97	F-L-M-20200112
5	靳校长	集团总经理	高层领导	半结构化访谈	20200816	112	3.34	F-L-M-20200816
6	汤总	集团总经理	高层领导	开放式访谈	20200320	45	1.87	F-L-M-20200320
7	汤总*	集团总经理	高层领导	半结构化访谈	20200711	68	2.03	F-L-M-20200711
8	邓校长	常务副校长	高层领导	半结构化访谈	20200605	72	1.55	F-L-M-20200605
9	唐校长*	原副校长	特聘专家	开放式访谈	20200725	145	4.25	F-Z-M-20200725
10	唐校长	原副校长	特聘专家	半结构化访谈	20200425	139	3.36	F-Z-M-20200425

① "*"表示第二次访谈，表中转录稿文字数量的统计方式为小数点后精确2位，以四含五入方式计算。

续表

序号	访谈人	职 务	性 质	访谈形式	访谈时间	时长(分)	转录稿(万字)	编 码
11	常老师	讲师	高校专家	半结构化访谈	20201206	47	1.24	F-Z-F-20201206
12	申老师	研究员	校外专家	半结构化访谈	20200810	72	1.76	F-Z-M-20200810
13	孙老师	常聘专家	校外专家	半结构化访谈	20200510	63	1.64	F-Z-M-20200510
14	盛校长	副校长	外校领导	开放式访谈	20210122	77	1.86	F-L-F-20210122
15	郝老师	副主任	中层领导	开放式访谈	20200312	68	1.54	F-L-F-20200312
16	郝老师*	副主任	中层领导	半结构化访谈	20200710	63	1.4	F-L-F-20200710
17	高校长	校长	外校领导	开放式访谈	20200729	65	1.13	F-L-M-20200729
18	严校长	校长	外校领导	开放式访谈	20200812	88	1.72	F-L-F-20200812
19	张主任	主任	中层领导	开放式访谈	20200422	52	1.26	F-L-F-20200422
20	李校长	副校长	高层领导	半结构化访谈	20200607	83	2.41	F-L-M-20200607
21	李校长*	副校长	高层领导	半结构化访谈	20190906	94	2.86	F-L-M-20190906

续表

序号	访谈人	职务	性质	访谈形式	访谈时间	时长（分）	转录稿（万字）	编码
22	武园长	校长助理	高层领导	半结构化访谈	20200608	105	3.23	F-L-F-20200608
23	庞老师	正高级名师	老师	半结构化访谈	20200609	86	2.8	F-T-M-20200609
24	沈老师	无	老师	半结构化访谈	20200503	67	1.35	F-T-M-20200503
25	杨老师	主任	中层领导	半结构化访谈	20200612	126	3.38	F-L-F-20200612
26	陈主任	副主任	中层领导	半结构化访谈	20201016	95	2.53	F-L-M-20201016
27	李老师	无	老师	半结构化访谈	20200113	80	2.34	F-T-F-20200113
28	陆老师	无	老师	半结构化访谈	20200318	69	1.45	F-T-M-20200318
29	吴同学	无	往届学生市市长	半结构化访谈	20200723	48	0.97	F-S-M-20200723
30	王家长	无	家长	半结构化访谈	20200824	35	0.67	F-J-F-20200824
合计						2 336（分）	58.87（万字）	

访谈法在实地研究中具有重要优势:第一,访谈法能呈现实地现场的多维空间。实物收集与观察只能直观地呈现研究现场的现状,不能呈现现象背后的真实现场。深度访谈能发现研究现象背后的人物关系、事件对主体的价值意义,研究对象对事件的情感态度。访谈法能挖掘具体现象背后的多维价值空间。第二,深度访谈能拉进研究者与研究对象之间的心理距离,在深度访谈中能进入研究对象的内心世界,深度进入现场。第三,访谈法能获得研究现场中的本土概念。在访谈对话中,研究对象会表达许多研究场域的概念话语。这些本土概念反映了研究对象对现场的认识、体验和事件的地位、意义。

(四)资料编码的说明

为了资料整理与行文方便,对收集到的资料进行系统化编码。编码采用三级或四级编码,编码方式及具体意义如表所示:

表 0-6　资料整理编码说明

材　料	一级代码	二级代码	三级代码	四级代码	意　义
访谈资料	F	L:领导 T:教师 Z:专家 S:学生 J:家长	M:男性 F:女性	访谈日期	代码—身份—性别—日期
		H:座谈会议	日期		代码—座谈会议—日期
档案室 实物资料	Z	SX:教育思想文件 GL:管理制度文件 JS:教师管理文件 JX:教学改革文件 KC:课程建设文件 FZ:学校发展文件 WH:学校文化文件	序号		代码—类型—序号
研究过程 的实物 材料	P	N:网络新闻资料 Z:规章制度资料 X:合作项目资料 W:文档日志资料 D:会议记录资料	序号		
观察记录	G	C:参与性观察 F:非参与性观察	观察日期		代码—类型—日期

在行文过程中以编码形式指代相关材料的信息来源。

三、 研究对象的选择

在研究对象选择过程中,按照质性研究目的抽样的方式选择研究对象。目的抽样是一种根据研究目的,以典型性和代表性为关键特征的取样方式。

选取我国东部的一所发展历史悠久的民办学校——江州世界外国语学校。江州世界外国语学校是 20 世纪 80 年代以后江州第一所民办学校。江州世界外国语学校迄今有 25 年[①]办学历程。江世外办学的25 年大致涵盖江州民办教育从产生、发展到成熟的整个历程。该校的办学历程是江州民办教育发展的典型代表。从学段上看,该校办学涵盖幼儿园、小学、初中、高中、国际中学等各个学段、多种类型,在办学范围上具有比较好的代表性。从办学经历上看,该校的办学不是一帆风顺的,在其发展史上有两次生死存亡的重大危机。学校是一所有私人团体投资建设的民办学校,没有任何的公办背景和资源。综合以上种种分析,江州世界外国语学校作为一个民办学校治理的代表,具有典型意义。

除了目的性取样外,选择江州世界外国语学校还有一定的"便利性因素"。在开始这个选题之前,学校的领导正筹备江州启航民办学校发展研究院,学校与我所在的研究所达成合作项目。借此次合作,我在驻校之前已经参与 4 次研究所对该校的调研,对该校的基本情况已经有了大致的了解。

四、 研究叙事的生成

如图 0-3 所示,通过长期扎根实地,沉浸式"进入现场",呈现研究

---

① 笔者与 2019 年 12 月 9 日正式进驻江州世界外国语学校进行长期的驻校考察。该校于 1995 年建校,25 年是以笔者在该校主要的调研阶段 2020 年为时间计算点。

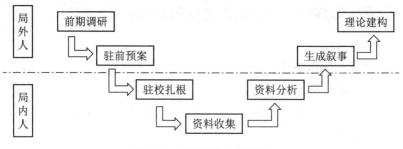

图 0-3　研究叙事生成路线

对象的全貌。整体的研究分为前期调研、驻前预案、驻校扎根、资料收集、资料分析、生成叙事、理论建构 7 个阶段。在不同的阶段,随着研究者对研究现场的卷入,分别扮演着"局外人—局内人—局外人"等不同角色。研究者对研究现场的卷入经历了"下沉"(入场)到"上浮"(出场)的转换。

前期调研:本研究有良好的前期铺垫,作为我所在单位与江州世界外国语学校合作项目的工作人员,在我驻校前已经有一定前期的调研基础。跟随所在单位,参与了两次对学校领导和教师的集体座谈。工作原因曾四次到访该校。可以说,在驻校之前,对该校的校园环境、学校历史、学校文化、主要领导已有一定了解。前期调研为本研究提供了扎实的基础。

驻前预案:实地研究不主张在进入现场之前有太多的"前置观念",我认同实地研究中不能带着太多"成见"来观察对象,否则观察的对象就不是实实在在的自然状态,而是在"成见"中的对象。不过,一定的驻校前的"预案"还是必要的,这个"预案"并非前期的理论预设,而是对驻校过程中可能出现的一些情况进行预演。比如说,"以什么样的身份驻校?"、"驻校后如何与老师拉近距离?"、"如何快速扎根现场?"等。

驻校扎根:我于 2019 年 12 月 9 日进驻江州世界外国语学校考察。12 月 18 日,在学校中层干部会议上,鲍校长宣读了任命我为江州启航民办学校发展研究院协管的文件。自此,我正式以南师大教育领导与管理研究所派驻江州启航民办学校发展研究院协管的身份在学校挂职。协管，即协助研究院院长管理研究院事务。研究院院长为鲍校长，因此我是作为鲍校长助理身份在学校挂职。在刚入校的前 2 个月，我的主要工作并不是调研，而是主动融入校园生活。我像普通老师一样每天上班，按时下班，参与学校工作会议，旁听部分教师讲课，参与教研活动等。学校的许多老师对"我"这个突如其来的"旅居人"表示好奇。有不少老师会来我办公室跟我聊天，了解我的工作，我趁此机会与他们慢慢熟悉。在进驻一段时间后，经常会有老师在路上跟我打招呼。不过，令我困惑的是，由于老师实在太多，我经常会碰到有老师跟我打招呼，但我并不知道是哪位老师。2 个月后我对各学部中层以上领导基本有所熟悉。我平时会与身边的老师闲聊，了解老师的真实生活，有时会与部分老师一起聚餐，从生活中了解学校的真实场景。

资料收集：在完全扎根学校，成为"局内人"之后，我便慢慢开始进入自己的研究状态，我通过访谈、观察、实物收集等方式搜集学校的信息。初始，我尚处于漫天撒网的摸索阶段——在没有理论预设与研究框架的条件下收集资料。在那时，凡是与学校相关的重要信息我都会关注。因此，搜集了许多冗杂资料，很多一部分在后期的处理中，并未使用。不过，这是实地研究必须经历的过程。

资料分析：在逐步深入扎根的过程中，我开始确立了市场思维与育人思维在学校治理中的重要地位；其后，教师教研、家委会、研究院等相关材料的收集中，发现了多元主体参与是学校治理的重要组成部分。于是，初步确定了市场思维、育人思维与参与思维三条主要线索。在资料分析阶段，做的主要工作有以下两件：第一，发现"本土概念"。在正式访谈与非正式日常交流中，我从校园中捕捉到了学校治理中的常用的"本土概念"，如"做大做强"、"素质教育"、"部为实体"、"教育局的养子"等概念。这些本土概念构成该校场域的关键话语，厘清这些话语在校园生活中的使用与关系，能还原该校治理的真实面貌。第二，梳理关键事件与关键主体。关键事件与关键人物是对该校治理产生重大影响的核心事情和人物。经过信息整理,本研究叙事中涉及 6 个组织对象,5 个地方,30 个关键人物,27 起关键事件。根据重要性对组织对象、关键人物、关键事件进行三级分类,其中一级叙事中的核心事件、人物、组织对象、地方,二级为次核心人物、事件、组织对象、地方,三级为非核心,但有涉及的人物事件、地方、组织对象,具体数量化分布为:关键对象 6 个,一级对象 1 个,二级对象 3 个,三级对象 2 个;关键地方 5 个,一级地方 1 个,二级地方 2 个,三级地方 2 个;关键人物 31 人,一级人物 12 人,二级人物 7 人,三级人物 12 人;共涉及关键事件 27 起,其中一级事件 13 起,二级事件 7 起,三级事件 7 起。

表 0-7　驻校考察关键对象、关键人物、关键事件清单

项目名称	项目性质	项目简介
江州世界外国语学校	一级对象	本研究的主要研究对象,一所创办于 1995 年的民办学校,覆盖幼儿园、小学、初中、高中全部学段,并设有国际合作项目的国际部,常年生源规模为 4 000 人(左右),教职工 600 人(左右)。
江州启航投资集团	二级对象	学校的投资公司,为企业法人单位。
江州启航民办学校发展研究院	二级对象	2019 年 6 月成立的民办教育研究院,旨在汇聚学术力量,凝聚专家智慧,为民办教育发展提供咨询服务,引领民办教育行业发展。
江州高铁新城实验学校	三级对象	2015 年创办的民办学校,在江州市香门区政府的支持下,发展迅速。
江州高铁新城管委会	三级对象	江州高铁新城的行政主管单位,江州高铁新城实验学校的创校发起人。
江世外外语中心	二级对象	统管全校英语教师发展工作的专门处室,同时兼任外事办(处理江世外的国际工作)职能。外事办与外语中心是两个牌子,一套班子。外语中心主管全校教师的培养,组织教师培训与"模式课"考核。
江州	一级地方	我国东部沿海地区的核心城市,主要研究对象江州世界外国语学校所在地。

项目名称	项目性质	项目简介
H市	二级地方	东部经济强市,与江州接壤,对江州的经济带动辐射作用强。学校的重要生源地之一。在本研究中的"学段制"改革中,设有专门为H市生源服务的"H市生源段"。
Z省	二级地方	东部经济强市,与江州接壤的临省,民营经济发达,是江州重要生源地之一。
J省	三级地方	东部沿海省份,江州所在省。
凌县	三级地方	Z省下辖的县级单位,本研究叙事中汤总初期的招生地。
施校长	一级人物	施玉,学校现任董事长,江州民营企业家代表,下文施校长都指施玉。
鲍校长	一级人物	J省"人民教育家培养对象",原江州市教育局基教处处长,学校执行董事,曾任执行校长。尽管转任执行董事,但具体工作仍然为"执行校长"的工作。因此,下文中多处称鲍校长为执行校长。
汤总	一级人物	江州启航投资集团总经理,主要负责学校集团运营。
黎先生	一级人物	创校董事长,建筑学博士,亲手设计了学校的校园建筑,校徽、校训等校园文化。
施风	三级人物	原总校长,创校董事长黎先生的夫人,黎先生任董事长时,施风任总校长,现任董事施玉的姐姐。
邓校长	一级人物	常务副校长,主管招生工作。
李校长	一级人物	常务副校长,分管小学部校长。
武园长	一级人物	幼儿园总园长。
唐校长	一级人物	特聘外语教学顾问,曾任江世外执行校长,国内外语教学专家。
廖校长	一级人物	原执行校长,主导学段制改革与"部为实体"改革,优化学校组织结构。
方校长	一级人物	J省名校长,国内外语教学专家,1998年经谷局长引荐担任执行校长,因在学校"做大"与"做强"的争论中与学校领导层意见不一致辞职。后创办江东外国语学校。
谷局长	三级人物	江州市教育局副局长,引荐方校长来学校任职。

项目名称	项目性质	项目简介
常老师	二级人物	江州师范学院讲师,学校外聘专家,指导教师发展工作。
申老师	三级人物	外聘专家,江州市教育科学研究院研究院,正高级教师。
孙老师	三级人物	常聘外语教学专家,江州市教师教育学院教研员。
郝老师	二级人物	小学部英语教研组组长,小学部副主任,分管小学部教育科研工作。
张主任	二级人物	外语中心主任(正主任),小学部英语教师。
庞老师	一级人物	《卓越教育》编辑部主任(副主任),正高级教师,中学语文名师工作室主持人。
沈老师	三级人物	督导室主任(副主任)。
杨主任	一级人物	中学部主任(正主任),负责注重教学工作,曾任外语中心主任。
陈主任	三级人物	后期集团中学公寓主任(副主任),负责中学公寓管理。
李老师	三级人物	中学部教师。
程老师	二级人物	国际部德育教师,担任一期卓越讲坛主讲人。
陆老师	三级人物	小学部数学教师。
高校长	三级人物	北方一所民办学校校长,接受访谈的外校领导。
严校长	三级人物	南方一所公办学校校长,接受访谈的外校领导。
盛校长	三级人物	高铁新城实验学校副校长,接受访谈的外校领导。
吴同学	二级人物	1997级校友,现任江州某市局工作人员,曾任江世外"学生市市长"。
王家长	三级人物	幼儿园某同学的家长,江州某外企高管。
晴逸	二级人物	国际部学生,"桃子事件"主人公之一。
桃子	二级人物	国际部学生,"桃子事件"主人公之一。
"做大"与"做强"的争论	一级事件	学校发展初期,关于学校发展"做大路线"与"做强路线"的争论。
江世外的职位演变	一级事件	职务的灵活、多变、随意。

项目名称	项目性质	项目简介
产业化办学	一级事件	主动完善产业链,用产业管理思维办学校。
"部为实体"改革	一级事件	廖校长发起的学校组织机构改革,优化了学校组织架构。
亏本的"高中"	一级事件	高中部的发展流变。
黎先生的教育理想	一级事件	黎先生对学校的发展构想及其实践。
方校长的离职	一级事件	因"做大"与"做强"发展路线的分歧,方校长从学校离职。
微型课题	一级事件	鲍校长发起的旨在提升讲师教师科研水平的活动。
"'四五'规划"	二级事件	学校第四个五年发展规划。
活动单导学改革	一级事件	靳校长加盟后在江世外推动的教学改革。
"四清"教学改革	二级事件	学校在 2008 年后推动的教学改革,大幅度提高教学质量。
"卓越讲坛"	一级事件	鲍校长为推动卓越学校建设建立了教师阐发教育主张的平台。
"名师工作室"	二级事件	鲍校长建立了以教师发展制度,以部分教学名师为基础,成立培养名教师的"名师工作室"。
咬尾课教研	一级事件	自主研发的团队教研形式。
学生市的流变	一级事件	黎先生在学校创立的学生自主管理、自主发展制度。
家长讲坛	二级事件	学校新创立的家长阐发育儿理念或者展示家长形象的平台。
家长委员会	二级事件	家长与学校沟通的委员会。
卓越学校发展项目	二级事件	江州启迪民办学校发展研究院成立后发起的研究项目,分为四个子课题进行。
高铁新城实验学校的创立	二级事件	江州高铁新城管委会为发展高铁新城教育建立的学校。
桂湖学院成立	三级事件	学校创立的高等教育院校。
优学堂成立	三级事件	学校创立的课外辅导机构。

续表

项目名称	项目性质	项目简介
5 年衰退	一级事件	2003 年至 2007 年,学校陷入 5 年衰退期。
肯特国际学校的创立	三级事件	学校创立的高端高中教育品牌。
沃达斯幼儿园的成立	三级事件	学校创立的高端幼儿园教育品牌。
文明班级标准研制	三级事件	学校为推动卓越学校建设,研制的文明班级标准。
卓越教育的创刊	三级事件	学校创立的校园内部刊物,刊登学校卓越教育建设和各学部教师的论文。
督导室的成立	三级事件	学校自我督导、自我评估的督察机构。

生成叙事:从生成叙事开始,研究者要慢慢从局内人的角色转变到局外人的角色。叙事研究不仅是一种方法,更是一种思维方式。[1]叙事是一种还原研究现场的研究方式,还原真实的现象与关系是叙事研究的一种基本诉求。教育现象学研究强调"研究必须如其所是地研究,而不是按照我们所期望的那样"[2],强调了还原教育现象本来面貌的重要性。不过教育叙事不是不存在虚假叙事的现象。教育叙事研究可能是真实的现象,也可能是虚构的现象。[3]教育经验是一种冗杂、混乱的状态,若不对经验进行一定的加工、修补,叙事只是"一地鸡毛"。本研究涉及部分历史性的关键事件,但事件的亲历者大多已经离开学校,为数不多的老员工对部分事实莫衷一是。因此,我在形成教育叙事的时候需要像侦探一样审视种种可能的线索,并对可能的现象做出一定的补白,使其形成完整的叙事。这其中有一部分叙事难免会有合理想象的成分,比如对于学校曾经实行的学段制组织结构,没有直接的文件档案

① 丁钢:《教育叙事的理论探究》,《高等教育研究》2008 年第 1 期。

② 洛伦·S.巴里特、托恩·比克曼、汉斯·布利克、卡雷尔·马尔德:《教育的现象学研究手册》,刘洁译,教育科学出版社 2010 年版。

③ 刘良华:《教育叙事研究:是什么与怎么做》,《教育研究》2007 年第 7 期。

记载学段制的具体架构,只能根据几位老员工的叙述,尝试性地还原当时可能实施的学段制组织结构图。这其中存在主观想象的部分,但这种想象主要是为了让读者更好理解学段制与部为实体组织结构的差异。叙事的形成主要依赖关键事件、关键人物的提炼,在关键人物、关键事件的铺陈中还原学校发展史上的种种治理事件。

理论建构:"任何一位想在学术上有更多贡献的个案研究者,都不会只对个案感兴趣,而是想通过个案解释更多。"①理论研究是实地研究的主要诉求。透过冗杂、繁复的学校治理现象,解释其背后的治理逻辑,实地研究才获得了学术研究的生命活力,否则研究就只是一种资料的摘录、经验的志述。从"经验"到"理论",这是一个"惊险"的跨越,是实地研究的"惊险一跳"。理论浮于表面,那么研究就是隔靴搔痒,勒马于悬崖,止步不前。理论过于高深,脱离实践,纵使研究者能骐骥一跃,没法落地的理论只能是跌入万丈悬崖。唯有扎根实地,以田野为根基的理论建构,才能跨越"理论的悬崖",到达理论的彼岸。我在理论建构的过程中遵循两种思路:一是自下而上的生成理论,即在扎根田野中获得本土概念,从经验到的事实中提炼能够解释经验现象的理论框架。在实地扎根中梳理出市场思维、育人思维和参与思维三条主导学校治理的关键观念,以此为基础搭建本书的主体分析框架。二是自上而下的理论演绎,即从现有的组织管理、学校管理理论中寻找能解释学校治理现象的可能理论。基于范式概念对科学史发展的解释力,提炼了范型这一解释该校不同类型治理方式的统摄性概念。此外,经济学中的"成本—收益"分析、社会建构论、法人治理理论、关系性存在等理论对本研究的理论建构提供了很好的基础。

我从 2019 年 12 月开始驻校,2021 年 6 月离开,驻校时间为 19 月。在驻校实地考察期间,前 2 个月主要对教师和领导的熟悉,尽快转

---

① 吴康宁:《个案究竟是什么——兼谈个案研究不能承受之重》,《教育研究》2020 年第 11 期。

变为局内人的角色，所有的调研活动以旁听、观察为主，对于少部分领导和教师有简单的访谈。第三个月开始慢慢逐步开展访谈和实物资料收集。在这期间，通过沉浸式观察与反思，发现学校治理存在明显的两种风格，即以集团为代表的企业人和以校长、教师为代表的教育人之间的差异。企业人和教育人的思维方式，治理方式迥异，这引起我的兴趣，并逐步衍生出企业型治理与教育型治理、市场思维和育人思维两对概念。在深入扎根中，继续发现教师、学生、家长等非管理群体在校园生活中也扮演着非常重要的角色，他们不仅是校园生活的承受者，更是学校治理的参与者。教育局、高校等校外组织与江世外联系紧密。这些发现逐渐衍生出参与型治理和参与思维的概念。第 3 到 8 个月是主要的调研阶段，主要开展访谈、观察和实物收集工作。第 9 到 12 个月是资料整理与分析阶段，进行转录、编码、类属分析等工作，并慢慢开始进行教育叙事的生成。13 个月以后，开始用企业型治理、教育型治理、参与型治理的框架进行叙事整理形成博士论文文本。同阶段也开展部分补充调研与资料分析。离开学校之后，对博士论文做了后续的补充、完善、精加工。

五、 研究的可靠性

量化研究中用信度描述研究的可靠性，质性研究者用吻合度（fit-tingness）表达质性研究中的可靠性。[①]本研究通过以下几种方式增强研究的可靠性：

1. 通过与研究对象的多次交流确证收集材料的可靠性。

通过与当事人确认保证访谈材料、会议记录的真实性。对研究过程中发现的新线索，与研究现场中的人交流，了解事件、事物的详细状况。

---

① 林美：《赋权增能与问责改革中的教师专业发展》，北京师范大学 2018 年博士学位论文。

2. 通过征询有经验的专家,提高对研究现象解释的合理性。

3. 通过三角互证寻找研究现场中可确证的事实。

借助所在单位的平台做到多方位的三角互证。参与所在单位与学校的合作项目,整个研究过程是一个集体行动。在团队中,不仅以学校为对象做了实地研究,还有另外两位同学也完成了基于学校的实地研究。资料搜集、资料分析不仅是我一个人的工作,还有其他成员共同完成了部分资料收集与分析工作。在成文的过程中,借鉴了其他两位硕士的实地研究成果,在师资建设、后勤管理等方面,将她们的研究资料和结论与我的观察进行对比,形成三角互证中的研究者三角。两位研究者的工作扩充了我的视野,弥补了我个人的视野盲区,修正了在实地扎根中的一些不严谨认识。对实地扎根中碰到的一些关键事件的差异表达,从多个亲历人的视角反复求证,形成研究中的研究对象三角。比如对于"方校长为什么离开"这件事情,不同的人有不同说法,我最终在与唐校长第二次深度访谈中,得到方校长离开的真实原因。在研究方法中,观察法、访谈法、实物收集法相互支持,许多史实在访谈材料与文件档案中有冲突,一般以历史文件档案为主,同时需要寻找访谈人去了解为什么会产生与史实不同的推测。

第五节　研究伦理

研究伦理是研究过程中必须遵守的原则和研究规范。研究过程是一种特殊的社会交往行为。随着研究技术、研究方法的多样化,研究中的伦理问题变得更加多样和复杂。由于研究对象常常处于被动状态,在一些参与式研究中,被研究者甚至是处于一种不知情的状态。研究伦理主要体现为对研究对象的保护。本研究通过以下方式保证学术研究的伦理,避免产生伦理风险:

1. 隐私保护。研究者在研究过程与研究结果的呈现上不得侵害研究对象的隐私。隐私保护原则为对研究对象的个人信息进行匿名化处理,防止研究结果对研究对象的生活和工作产生不良的影响。我的访谈、观察均在进行前征得研究对象的同意,被告知研究的隐私保护措施。在研究材料的呈现上,采取了匿名、编码等形式,对研究涉及的学校、人物采取化名方式呈现。本文中出现的江州是我杜撰的一个地名,江州世界外国语学校也是化名。研究中涉及的主要人物施校长、鲍校长、邓校长均做了匿名化处理。在质性研究中,研究者必须深度卷入研究对象,研究者要以工作人员的形式参与学校的各项工作。质性研究深度介入的特点决定了质性研究会更多地涉及样本学校组织机密、相关教师的个人生活事件,对于此类事件的涉密、保密工作,采取征求相关领导、老师的意见,询问是否需要保密等形式对相关信息、事件采取不同程度的保密措施。

2. 非伤害性。研究活动不得对涉及的组织、个人产生伤害。研究对组织和个人可能的伤害主要有两类,一类是形式性伤害,一类是内容性伤害。形式伤害主要是指研究的材料涉及样本学校和人员名誉、荣誉等类的伤害。本研究调查的是一所民办学校,民办学校的办学对学校声誉的要求很高。其中,一位校长曾向我透露,该校曾有一位学生发生"重大事件",涉事学生家长将某国家级电视台找来曝光。当年,因为此事学校招生工作受到巨大影响。为避免此类伤害事件,我对学校办学过程中涉及的负面事件采取了选择性呈现、部分呈现、不予呈现等形式的处理,以保证研究对学校的名誉不产生形式性伤害。内容性伤害是指研究过程中的研究行为对组织或个人可能产生的伤害。这种伤害一般源于研究设计的不规范,以及研究人员的非专业操作。在研究设计方面,如研究活动对学校教学、教师专业发展产生影响而改变学校的正常秩序,等等;在研究人员的不专业操作方面,如在访谈过程中,不当的发问、追问,对被访谈对象造成的个人困扰,等等。本研究为质性研究,主要采取内部卷入,而非外部介入的形式参与学校的工作,因此主要以观察、访谈,形成该校的教育叙事的形式,并非对学校教学工作、组织行为产生干预性介入,因此不存在可能出现的伤害风险。在研究行为规范上,研究者严格遵循各种研究方法的操作规范,在访谈、观察过程中,主要以倾听者、观察者的身份出现,以此保证研究方法的规范。

3. 自愿原则。实物搜集、观察等方法都遵循自愿原则,事先告知研究对象或者相关领导。在得到研究对象的允许后,才展开具体研究活动。在访谈与参与会议中,涉及需要录音的情况,征询研究对象或相关领导的意见,在得到允许之后才进行录音。

4. 保证资料的安全性。所有田野考察资料,仅作为学术研究使用,不得外传。

研究伦理是学术研究活动的基本准则,保证学术活动与社会活动的政策联系,防止因学术失范带来的伦理风险。

第一章

文献述评

> 治理是一个容易让人困扰的伞状概念。
>
> ——乔恩·皮埃尔:《治理、政治与国家》

第一节　治理研究

一、治理理论研究

治理是一个近几年比较时髦的词。但有关治理的思想、理念却非常久远。治理的英文表达一般认为是 governance。柏拉图将这个词的原义做了扩展,引申为对人的统治(govering of men or people)[①]。《现代汉语词典》对治理的解释是:(1)对组织加强管理,使其条理有序,提高运作效率。(2)对可能出现的问题、风险进行防范,比如环境治理。《现代汉语词典》中治理有两层意思,一是长善(实现"善治"),二是救失(防范风险)。概念的含糊是学术研究常见的现象,辨正概念的内涵,是学术研究的起始工作。治理即是指协调系统内部诸多资源与结构的组织手段,指代这种组织行为的过程。

关于"治理"研究最早产生于企业管理领域,企业组织的现代化产生了最初意义上的治理。现代企业制度的核心特征是所有权与经营权

---

① 孙进、燕环:《全球教育治理:概念·主体·机制》,《比较教育研究》2020 年第 2 期。

的分离。企业管理中的治理,源于股东与职业经理人的分化。为了有效激励,降低企业管理成本和资产风险,所有权和经营权分离是一种风险分摊与经营效益双收的高效治理结构。[1]科克伦(Cochran)和沃蒂克(Wartick)(1988)将治理定义为解决董事、股东大会、职业经理人之间关系问题的一种机制。[2]在这里治理是一种协商、博弈、共治的讨论协调机制。所谓的治理问题是职业经理人与所有权人之间权责关系的分派问题。尤尔金·法玛(Eugene Fama)和迈克尔·耶森(Jesen)在1983年提出过公司治理是在所有权与经营权分离的框架下,限制解决经理人的投机行为,试图降低委托—代理成本,实现公司良善治理的一种方式。[3]企业管理的研究让治理获得了最初的含义,即共治。不过这里的共治并非一种平等的关系,所有权与经营权具有天然的不平等性,这种不平等性造成治理危机。这是治理研究愈“研”愈热,经久不衰的根源。在其他治理领域中也存在这样的矛盾。

　　企业管理中的治理是治理研究的源头,不过,让治理研究成为显学的是政府管理研究。在政府管理中,治理源于政府管理中两种方式存在的问题,即全包全揽的全能型政府与放任市场化自由政府的双重失灵。詹姆斯·罗西瑙(J. N. Rosenau)与恩斯特·奥托·切姆皮(Emst Otto Czempie)在其著作《没有政府的治理》中提出了“没有政府的治理”的概念,产生了重要影响。[4]治理是由共同目的驱动的组织活动,治理的主体不全是政府,没有政府也能实现良善的治理[5]。

---

① Williamson O. *Martket and Hierachies*: *Analysis and Antirust Implication*, New York: Free Press, 1975.

② Cochran P. Wartick S. *Govence A Review of Literature*, *International Corporate Governance*, Englewood Cliffs, NJ: Prentice Hall, 1994.

③ Fama E, Jesen M. Separation of Ownership control, *Journal of Law and Economics*, 1983(26).

④ N. Rosenau J, Ernst-Otto Czempiel. *Governance Without Government*: *Order and Change in World Politics*, Cambridge University Press, 1992.

⑤ 蔡拓、杨雪冬、吴志成主编:《全球治理概论》,北京大学出版社 2016 年版。

协商是治理区别于传统管理方式的主要特征。鲍勃·杰索普（Bob Jessop)认为协商就是各方利益博弈和价值观冲突的过程,想要达成共识和共同的愿景是很难的,并且是需要花费一定时间,甚至在某些情况下是"不可能的"。杰索普认为治理的核心要点在于：共同目标是在协商过程中产生的,利益各方要在协商谈判中反思,逐渐形成共同的愿景,这一过程是反复磋商的。治理理论并非万能,常常存在失灵或者不尽如人意的状况①。治理试图通过平等的协商与不断地反思来调整管理者的思维观念,治理与统治逻辑的命令不同,也不同于放任自流的市场化方案,而是强调动态协调、合作、共赢机制下的资源再组合,以期最终实现不断优化的共同愿景。

英国罗兹教授全面梳理了治理的不同用法,认为治理总共有六种不同的用法：一是最小政府的治理,即缩小政府公共干预的范围与方式,将政府的部分职能划拨给市场,扩大市场与准市场在市政公共服务中的地位与作用。二是公司治理。是一种组织治理,并不提供公共服务。公司治理是一套所有权人与组织经营人利益间相互协调、平稳运行的制度,确保利益相关者的福利都能被内化。三是新公共管理。有两种倾向,第一种主张将私有组织管理方式引入公共职能部门,运用市场导向的结果管理,注重用户反馈。第二种是提倡公共职能部门的市场化改革,即将公共职能部门逐渐分解,以公共财政购买服务的形式,将公共职能外包给私营企业。新公共管理认为市场是最有效的组织管理形式。四是善治,即治理目的有效,实现组织持续的优质发展,不断完成组织目标。五是社会管理体系,即政府、民众、公共职能部门、私营企业、社会团体之间的相互合作、共同促进的协作关系。六是自组织系统。政府、民众、公共职能部门、私营企业、社会团体不仅仅是相互协作系统,还是个自发的组织网络系统,由不同主体组成的自组织系统具有

---

① 鲍勃·杰索普：《治理的兴起及其失败的风险：以经济发展为例的论述》,《国际社会科学(中文版)》1999 年第 2 期。

自我更新、自我反馈、自我发展的功能。罗兹系统梳理了治理在不同领域的多种用法,并表达了自己的看法。他最看重最后一种用法即自组织网络。在他看来自发的自组织网络是自治管理的核心特征,也是治理的核心要义①。

W.理查德·斯科特(W. Richard Scott)的《组织与制度——思想观念与物质利益》从制度主义的视角分析了制度的基础与分析框架。W.理查德·斯科特提到了制度研究中组织理论与制度理论的合流。不仅组织理论与制度理论研究正在合流,组织建设与制度发展具有相互促进的作用,制度的发展需要组织落实,组织的发展需要制度规范。②

对治理进行系统化的梳理是一种共同倾向,格里·斯托克(Gerry Stoker)也尝试了一种治理理论的系统梳理。斯托克界定了治理的五个要点:一是治理的主体不局限于政府,是一个多主体共治的机制。社会团体与机构组织的行动者、利益相关方都能参与社会治理。二是治理具有一定的模糊性。在社会经济领域,治理在寻求解决问题方案过程总是有其局限性,比如说时间耗费,共识难以达成,并且还存在着权责之间的模糊。三是治理是一种权力的配置,对权力具有依赖性,治理是各个主体间权力分派,权责划清的过程,没有权力的支持就无所谓治理。四是治理是要建构一个自主、制衡的权力网络。治理是多主体参与,各参与者相互联结为一个合理的自主网络的过程。五是善治不是政府单独行为,治理不仅仅局限于政府行为,善治是多主体共同支持的作用。不是政府主导的行为才能实现善治。多边对话、协调是治理的主旋律③。

---

① R. A. W. Rhodes. The New Governance: Governing without Government, *Political Studies*, 1996, XLIV.

② [美]W.理查德·斯科特:《制度与组织——思想观念与物质利益》,姚伟、王黎芳译,中国人民大学出版社 2010 年版。

③ 格里·斯托克:《作为理论的治理:五个论点》,社会科学文献出版社 2000 年版。

外国研究者对公共治理的理解是以本国政治制度为基础的。总体上，国外的治理研究有以下几个特点：其一，治理研究的兴起源于组织管理中市场失灵和政府失灵的出现，治理研究主要是针对"双重失灵"带来的问题。其二，以治理作为研究的框架，将公共治理的范围逐渐从政府事务扩展到市场，并进一步扩大到更宽泛的公共社会领域。其三，治理理论形成囊括政府、市场、企业、组织、社会团体等多主体的协商共治治理结构中。

国内的治理理论的研究兴起于 20 世纪末，国内学者对治理概念的界定不够清晰，治理在国内是一个很含糊的概念。（余军华，袁文艺，2013）。刘雅玮（2013）将我国公共治理理论研究分为三类，分别是翻译国外的公共治理的著作，阐述外国公共治理的理论基础，借鉴治理理论分析我国的实际问题，总体上尚处于起步阶段。我国的公共治理理论虽然处于起步阶段，但治理理论能很好地解决我国社会转型过程中出现的问题。

徐勇是国内较早研究治理理论的学者之一。他提出的治理主要还是一种领导者自上而下的管理，他强调治理是一种公共权力的运行方式（徐勇，1997）。俞可平从政治学的角度系统研究了治理理论。他认为治理是政府或公众管理组织在职权范围内通过权力的行使维护公共秩序，满足社会需要的过程。治理的目的是在既有的制度体系中，用权力去引导和规范公众的行为，实现最大程度地扩大公众共同利益。在政治学中，治理是政府行使行政权力的过程，具体体现为公权力主体对行政事务的处理，对有限公共资源的分配以及制定相应的制度维护公权力的权威。俞可平认为治理是一个公共行政活动，需要必要的公共行政主体的威信，公权力运作的制度，有效的治理机制与方式。（俞可平，2000）

以上的学者都认为公共治理是一种公权力运作的过程，具有相对的客观性。顾建光（2007）提出了公共治理的主体性，认为治理是一个具有主体性的概念。顾建光认为讨论公共治理必须联系其相对应的社会背景,抛开社会背景谈公共治理是不合适的。他认为社会背景对公共治理的内涵与运作形式具有重要影响。他把公共治理定义为相关利益主体为了影响公共治理的结果而展开的互动、博弈方式。在顾建光的观点中,治理的重心从政府转向了社会,认为良善的治理是公共政策和行动的原则。

俞可平(2002)从国家治理体系与治理能力现代化的角度讨论当前政策语境中的治理,区分了国家治理是一种不同于公共治理的概念,国家治理是国家立场,而公共治理是一种公众立场。有学者认为治理理论并不完全照搬到中国,要从国家的政治文化来思考治理理论的适用性。魏崇辉认为公共治理理论要与民主政治发展相互联系,官方要积极有效地回应公众的需要,接受公众的社会监督问责。有学者并不注重形而上地讨论公共治理的基本理论,转而更关心治理理论在中国的应用。陈剩勇讨论了网络化治理的应用价值,他提出网络化治理有利于治理主体多元化,能让不同主体在规范化的框架中相互支持,为了共同的价值目标而联合行动。

二、治理主体研究

国内对学校治理主体的研究主要集中于学校行政管理人员、教师、学生等传统主体。国外的研究者则更多地关注董事会、理事会、学术委员会等主体。对治理主体的研究主要以高等教育领域居多,如何让教师参与学校治理是热点话题。许多研究者通过量化实证调查来探索教师参与学校治理的现状。科尔马克(Cormuck)和迈纳斯(Meiners,1988)对部分美国大学教授参与大学重大决策的现状做了实证调查,研究表明美国高校的教授协会或者学术委员会对大学的课程设置、教师考核等领域有较大的决定权,但对学校顶层的宏观决策的影响力不足。大学教师在校级层面的重大决策中更多的是提供咨询建议,不能影响大学领导层的决策。布朗(Brown，2011)对科尔马克和迈纳斯的调查研究做了进一步地深入分析，将大学教师的决策分为对教育教学的决策和行政管理的决策，布朗认为大学教授对教育教学的决策参与有利益大学整体绩效的提升，而对行政管理的决策参与则不能提高大学绩效。大学教师参与的决策类型会影响其决策的效力。卡普兰(Kaplan，2004)的研究并不完全支持布朗研究的结论，他认为大学教师参与学校治理具有重要意义，没有数据表明大学教师对学校治理参与会降低学校的整体绩效。

国内研究大学治理主体，对大学教师的大学治理参与关注较多，对大学生的治理参与关注有所不足。在教师治理研究中，研究者形成由教授构成的学术权力与行政管理人员构成的行政权力两类教师治理参与群体。别敦荣(2000)认为高校的行政管理人员和教学科研人员都有一定的学术权力，分别是学术民主管理权力和学术行政管理权力，两者都是学术权力的表现形式；张德祥(2002)对学术权力的界定有所不同，他严格区分了学术权力和行政权力，并对两种权力的合法性与不足做了分析。高校学术权力与行政权力的冲突受到许多高等教育研究者的关注，并就前期权力的发生逻辑、运作形式进行了深入探讨。(胡建华，2007；冯向东，2005；查永军，2009)

有研究者从利益的视角研究大学治理中的多元主体治理。于文明(2010)从利益分化的角度分析了中国公立高校管理体制改革中的多元主体治理。他以现代管理理论为基础，在与发达国家的比较中，尝试建构一个多元利益主体的现代大学制度框架。于文明将大学治理分为三个主体部分，分别是党委领导下的大学委员会决策机制，以校长为主导的校务委员会执行体制，以政府、学校和社会为主体的监督与反馈机制。尹晓敏(2010)根据利益相关者理论，提出了以利益相关者需求导向的大学多元主体协商治理体制，倡导大学治理中的多中心治理范型。另有许多学者也从利益的视角对大学多元主体治理提出了有利改革的建议(王连森,2006;马廷奇,2009)。

三、 治理结构研究

学校治理结构是对学校内部权力与外部权力的制度化配置,是对不同治理主体的权力分配,以及协调各权力主体之间的关系。巽怡祖(2009)认为合理的治理结构是大学善治的有效保障,治理结构是现代大学制度的基石。有关学校治理结构的研究总体上依然以高等教育治理结构研究为主,其中国内外治理结构的研究有不同的特点。国外的研究者比较关注学校内部治理的问题,这是因为国外有着悠久的大学自治传统,在政府、大学、社会关系上表现为一种成熟的自治与独立关系,而学校内部的治理则是一个复杂问题。相对而言,国内对学校治理的研究是内部治理结构与外部治理结构研究并重。

迪尔洛夫(Dearlove, 2002)研究高校评议会在大学治理结构中的作用,他指出评议会并不是一个包含全部研究者的地方,存在着代表性不平等,评议会的主要职能是做出学术决策,不能做出行政管理决策。凯瑟琳(Catherine)和埃马努埃拉(Emanuela, 2009)在 *University Governance Western Europen Comparative Perspectives* 中介绍了博洛尼亚进程下各国的大学治理结构,指出不同国家的文化多样性,会产生不一样的治理结构,他同时还分析了欧洲大学治理结构的一些问题和展望。

余承海(2011)分析了美国公立大学的外部治理结构、内部治理结构,系统分析了美国联邦政府、州政府、州立大学之间的实质关系,探讨了大学董事会、校办、教师协会之间的关系,提出共同治理是高校治理结构的必由之路。欧阳光华(2011)以董事、校长、教授三个主体为大学治理结构分析的核心要素,具体分析美国大学治理结构的理论、历史与制度演进。龙献忠从治理理论的角度,以第三部门理论为参照,提出大学、政府与市场的新型合作伙伴关系,改变了政府的传统主导地位。郭平(2012)深入分析大学内部治理体系,从大学行政权力与学术权力的矛盾出发,系统梳理大学内部治理结构的历史演变、现状与问题,提出建立董事会治理框架下的党委领导的大学校长负责制,实施"党委领导、校长治校、教授治学、民主管理、师生参与民主管理、师生参与"。另有学者对大学治理结构中的高校去行政化、现代大学制度设计、学者治校等问题展开诸多讨论(郑文全,2006;彭阳红,2010)。

四、元治理研究

元治理(meta governance)最早由鲍勃·杰普索于 1997 年提出。"元"的意思是"对××的反思",元治理的意思就是对治理本身的治理。杰普索提出了元组织、元交换、元层级等一系列概念。杰普索认为元治理主要有两层含义,一是多种治理模式间的共振(collibration),也即不同治理模式之间的协调、互动;二是指根据管理目标对治理模式进行恰当的选择(B. Jessop,2003)。

路易斯·穆尔曼(Louis Meuleman)在杰普索元治理理论的基础上进一步将元治理分为两种类型:其一,通过不同类型的治理模式之间进行选择合适的治理类型,并且确保其治理模式不被其他的因素干扰,这种元治理称为一阶元治理。其二,将不同的治理模式进行相互结合,并且协调不同治理模式之间的关系,这种元治理称为二阶元治理(L. Meuleman,2011)。除此之外,慕利门还区分了"统治的治理"(goverment of governance)与"治理的治理"(governance of governance)。前者表示纵向的治理,即高位对下位的治理,其治理结构是一种不直接参与的治理,而后者表示处于同级水平的横向元治理,是需要直接参与的类型。当下的各种政府组织与企业组织都逐渐意识到仅仅靠某一种治理模式不能很好地解决组织治理过程中可能出现的问题,因此在治理体系设计上都可以注重多种类型治理间的协调,将科层治理、市场化治理与扁平化网格治理相结合。这些对整体治理体系的思考就是一种作为统治治理的元治理体系建设。有研究者通过具体的时间证明，通过主动治理各种治理模式能有效达到良善的治理目标，元治理能更好塑造现代化社会环境（K. Joop，K. Mirjam，V. Haiko，2011）。

元治理是对"治理的治理"，治理机制作为组织管理实现善治的共同选择，需要对治理治理机制本身进行监控、反馈、改革。安东尼·唐斯（Anthony Downs）在《官僚制内幕》中指出任何组织都会不断趋于保守，造成组织运行效率的低下。这就要求组织自身建立内在变革机制，需要对治理机制本身进行监控、反思、改革。

五、 述评

治理概念存在严重泛化的现象。治理的泛化具有两面性。从积极的意义上说，治理代表着组织管理中追求多元共治、民主协商等现代组织管理理念。组织管理研究中"言必称治理"的现象是组织管理对现代组织制度的美好期待。治理概念的泛化赋予组织制度的最佳体系广泛的外延。组织研究中的治理热，一定程度上给组织管理理论与实践带来了多样的可能空间。从消极的意义上说，治理概念泛化的过程中不可避免地存在内涵模糊、外延混乱，生搬硬套，强行概念嫁接的现象。许多不是治理理论的研究现象被强行贴上了治理的标签。"治理是个筐，什么都可以往里装"是对当前虚假治理热的真实写照。一项严肃的学术研究应强化研究概念意识。严肃的概念意识应包含三个层次的意义：第一，形成研究的概念模型，架构核心概念的要素结构；第二，警惕概念的泛化，拒绝笼统、模糊的"膨化概念"；第三，概念是处于一定的价值背景、意义关系中的，要理解概念所处的价值背景、意义关系脉络。

治理研究关注治理的外在形式较多，关注治理内部关系的研究较少。现有研究中主要讨论治理制度、组织结构、权力分配等外部显性因素。相对而言,对于组织内部的人际关系、情感脉络、组织文化与观念的等内部隐性因素的研究较少。治理制度、组织结构、权力分布是治理的外在形式,影响组织制度、结构、权力分配的内部根源是组织中的人际关系、情感脉络、文化观念等因素。因此,治理研究不能停留于制度、权力结构等外在形式,应更多关注组织内部的人际关系,成员间的情感脉络和组织文化观念等,要深入组织治理的内核,挖掘组织治理的内在规律。

治理研究关注相关利益主体间的博弈、冲突、对抗的较多,关注各利益主体间相互对话、合作、协商、联合行动的较少。现有的治理研究带着缺陷视角去诊断组织中的问题,试图通过利益主体权利边界的划清,完善主体间协商、博弈的治理制度,缓和治理主体间的利益冲突。但冲突、妥协并不能导向善治,所谓的最佳体系也不是在冲突中形成的。治理研究要扭转缺陷视角,从关系的视角挖掘各治理主体间的内在关系,通过对话、协商、联合行动营造共治的组织环境。

制度理论与组织理论的研究存在合流,制度与组织具有相互促进的作用。制度完善需要组织落实,组织的发展需要制度规范,制度和组织是互构的。制度是管理组织的工具,制度完善的最终的目的是为了促进组织发展,因此制度论的问题常常需要组织论研究来解决。

如果治理是一个放射型的"伞状概念",那么研究者应当把握治理这个伞状概念中的伞轴,即治理的核心要义是民主、对话、共治。

第二节　学校治理研究

一、 学校治理的理论探讨

与"治理研究热"相比,学校治理是一个相对冷门的领域,相关的研究成果较少。周彬梳理了新中国成立以来学校治理体制的演变,发现中小学管理体制经历了领导体制、管理模式和治理范式三个阶段。他认为学校治理要建立以校长为核心的行政团队集体决策机制，以党组织主导的教育方针维护与监督机制，以教师为主体的教育教学审议机制等治理机制。①为了提高学校办学的规模效应，大规模学校办学成为一种必然趋势。与小规模学校相比，大规模学校需要激发教师的利他主义精神和良性利己动机。在学校建立透明信息采集和使用机制，在学校层面形成办学理念引领下的绩效标准，强化二级部门和校内工作团队建设是提升大规模学校运营和质量提升的重要途径。②

学校治理是建构符合现代学校治理观念的学校治理体系，杜明峰等人对学校治理的理论形态与实践路径做出了探索。学校治理是教育治理在学校层面的具体实践，学校治理试图用多主体参与、协商共治，改变学校场域的等级化格局，消解学校中的"中心—边缘"差异，抹除形式与实质的区隔化。学校治理有"国家权力介入"和"学校事务参与"两个变量，存在服务型、专业型、均衡型、松散型四种发展进路。③学校治理具有国别差异，在中国语境下，学校治理应从价值、结构、机制、环境、效能等方面进行重构。④

学校治理不仅需要完善的制度体系，更需要价值引领。曾文婕从价值引领的视角探讨学校治理的价值向度。当前的学校治理突出技术而忽略价值向度，学校治理要摆脱价值贫困和形式主义，注重学校治理内在的民主参与、共同协商等诉求。⑤

---

① 周彬：《学校治理现代化：变革历程与建设路径》，《教育发展研究》2020 年第 6 期。
② 周彬：《大规模学校治理机制研究》，《教育发展研究》2019 年第 2 期。
③ 杜明峰、范勇、史自词：《学校治理的理论意图与实践进路》，《教育研究》2021 年第 8 期。
④ 杜明峰、张猛猛：《学校治理的实践建构与制度安排》，《教育发展研究》2020 年第 20 期。
⑤ 曾文婕：《论学校治理价值向度的建构》，《教育学报》2018 年第 1 期。

二、学校治理主体研究

(一)家长参与学校治理

家长参与学校治理对学校治理现代化建设意义重大,但家长参与学校治理存在法律不完善,参与机制不健全,家长认识与能力不足,要完善相关法律法规,建立家长参与学校决策机制、沟通机制、信任机制、激励机制。[①]

杨晓凤指出学校应主动提供家校交流平台,调动家长资源支持学校发展。[②]易红芝认为"沟通"是家校合作中最重要的功能,家长委员会是为家校沟通提供一个很好的平台。[③]高永平扩展了家长在参与学校治理中家长委员会功能,提出要发挥好协调、组织、评价、人才资源等功能,尤其是对教师评价和学校管理评价的功能。不少学者对家长委员会的功能做了定位,覃学健认为家长委员会的主要功能是民办参与、监督管理、参与教育教学、改善学校环境。[④]房倩倩认为家长委员会的主要功能是搭建沟通平台,实现双向互动;协调组织系统,强化分工协作;制定整体规划,提高合作效率;参与学校决策,提升学校效能。[⑤]孙媛媛等认为家长委员会的主要功能是参与管理、协调沟通、监督评价与服务。[⑥]王龙南提出家长委员会的功能是提高自我学习能力,合理利用与整合资源,协调家校联系。赵云海认为家委会的功能体现为五个方面:(1)协助参与学校课堂教学;(2)协调与沟通家庭和学校;(3)积极参与学校的民主管理与部分决策;(4)促进家庭、学校、社会的资源整合,形

---

① 蒲蕊、李子彦:《家长参与学校治理的困境及其解决策略》,《教育科学研究》2017 年第 8 期。

② 杨晓凤:《家长委员会的尝试》,《班主任之友(小学版)》2008 年第 7 期。

③ 易红芝:《发挥班级家长委员会的教育和管理功能》,《河南教育》1995 年第 3 期。

④ 覃学健:《家长委员会是中小学家校合作方式的诉求》,《教学与管理》2011 年第 4 期。

⑤ 房倩倩:《我国中小学家长委员会的现状分析及改进策略》,东北师范大学 2011 年硕士学位论文。

⑥ 孙媛媛、韩娟:《中小学家长委员会问题及对策分析》,《新课程研究》(下旬刊)2011 年第 8 期。

成合力;(5)提高家庭教育水平。汤丽伟分析家长参与学校治理的现实问题。家长参与学校的层次低、人数少。家长与校领导、教师相比处于不平等地位,家长本身的能力和精力都有限,限制了家长对学校的参与,在家校联系中要尊重和信任家长,形成双向交流的机制。[1]满建宇发现家委会制度在实施过程中存在家长部分领域的过度参与,参与主体的结构不合理,领导的孩子、企业家的孩子、成绩好孩子的父母的参与度较高等问题,应当优化家长参与机制与结构,明确家委会的地位,设置权力清单,完善家长参与学校治理的制度建设。[2]

高登将家长参与学校治理的类型分为三种模式,分别是:学校导向模式、家庭导向模式、社会导向模式。不同的模式家长的参与程度是不同的,家长在其中承担的任务和角色也各不相同。乔伊斯·阿博特(Joyce Abbott)在此基础上将家长参与学校治理的活动类型分为六种,分别是家庭教师、合作者、志愿者、共同学习者、协助引导者、监督者。家长对学校治理的参与能帮助学生在校园生活中提升综合素养,家长的治理参与也能提高学校治理效率。综合以上所述,家长在学校治理中充当的角色可以分为两种:合作者与引导者。作为合作者,家长是学校的合作伙伴,主要的任务是协助学校教育,配合学校组织的活动;作为引导者,家长要主动参与学校教育和学校治理,在部分决策中引导学校指向更好的发展目标。

(二)教师参与学校治理

教师参与学校治理的研究主要集中于教师参与学校治理的主体地位、制度建设、价值意义等方面的探讨。柴纯青认为要明确教师参与学校治理的主体地位,保障教师在学校治理参与中的合法性,要用法治思维和法治方式落实教师参与学校治理的机制,保证教师话语

---

[1] 汤丽伟:《家长参与学校治理的深度追问与初步建议》,《中小学管理》2021 年第 4 期。

[2] 满建宇:《论现代学校治理体系中的家委会建设》,《中国教育学刊》2014 年第 9 期。

权,建立公正有序的程序发挥教师在学校治理现代化过程中的主体作用。①曾增认为要保障大学教师对学校治理的参与应当细化法律制度文本,构建机制与组织保障大学教师参与权力的可行,大学治理要进一步"去行政化",提升学术权力和教师权力,实现各利益主体间的权力均衡。②

实证研究呈现了当前教师参与学校治理的现状与问题。魏叶美等通过实证研究调查了上海 442 名教师参与学校治理的意愿,发现主观规范、知觉行为控制、参与治理态度和教师参与学校治理意愿显著正相关,应加强参与学校治理观念的宣传,营造良好的参与氛围,注重意见反馈,提高教师的参与效能感。③姚秋兰调查了当前中小学教师参与学校治理存在参与受限,参与层次偏低、参与途径不足等问题,应当从主体知行层面和政策制度建设层面完善教师参与学校治理的制度建设与能力培养。④

（三）学生参与学校治理

学校参与学校治理存在制度不完善、学生参与意识淡薄、参与能力有限等问题,当前学生对学校治理的参与水平总体较低。学生参与学校治理的研究较少,主要集中于对参与意义、制度建设等方面的讨论。张俏认为扩大学生对学校治理的参与能有效地维护学生的合法权益,促进学校内部多元治理主体间的利益平衡,实现学校治理的民主化,提高学校治理的开放性。目前,学生参与学校治理存在意识淡薄、制度不健全,学生参与治理能力有限等问题。为保证学生对学校的治理参与,需健全学生参与学校治理制度,搭建学生参与学校治理的中介平台,拓

---

① 柴纯青:《突出教师在学校治理中的主体地位》,《中小学管理》2021 年第 4 期。
② 曾增:《S 大学教师参与学校治理的现状研究》,西南大学 2017 年硕士学位论文。
③ 魏叶美、范国睿:《教师参与学校治理意愿影响因素的实证研究——计划行为理论框架下的分析》,《华东师范大学学报》（教育科学版）2021 年第 4 期。
④ 姚秋兰:《中小学学校治理中的教师参与问题研究》,华东师范大学 2016 年硕士学位论文。

宽学生参与学校治理的渠道。①黄溯认为学生参与学校治理存在参与秩序混乱,参与程度不深,参与效度不足,形式化成分多等问题,应将学生参与学校治理纳入学校章程,保障学生参与治理权益,拓宽参与渠道与平台,健全参与机制。②林松认为学生参与学校治理一方面体现了学校教育中学生主体地位,另一方面也是学生自身成长的需要,提高学生学校治理参与度要定期召开学生代表大会,强化学生组织的"自我管理、自我服务、自我教育"功能,健全学校治理信息公开制度,完善学生诉求表达机制。③

有研究者运用多种理论论证学生参与学校治理的合理性。张有武从法学、治理理论、利益相关者理论、人本主义管理理论等角度论证了学生参与学校内部治理具有法理依据和理论依据。他认为学生参与学校内部治理是践行以生为本的理念,缓和学校不同主体间冲突,提高学校内部决策的科学性;应加强学生参与学校治理的制度建设,形成学生广泛参与学校治理的氛围。④

国外的研究者主要从制度分析、公民教育的视角探讨学生在学校治理体系中的地位。马克·布拉索夫(Marc Brasof)在 2015 年出版的 *Student Voice and School Governance* 讨论了学生的"声音"被学校压制带来的后果,提出了改革学校治理结构,培养积极公民,赋予学生实施、审查学校政策与实践的权力。

三、 学校治理机制研究

机制是指事物结构的运作方式,生物学用机制表示不同器官之间

---

① 张俏:《谈高职院校学生参与学校治理的现状与展望》,《辽宁师专学报》(社会科学版)2018 年第 5 期。

② 黄溯:《高职院校学生参与学校内部治理的研究》,《职业技术》2018 年第 1 期。

③ 林松:《高职院校学生参与学校内部治理体系研究》,《作家天地》2020 年第 4 期。

④ 张有武:《学校内部治理中的学生参与:缘由阐释、困境分析与对策探赜》,《教育理论与实践》2021 年第 16 期。

的相互作用方式。在引入人文社会科学后,机制用于解释一些社会组织结构的运行及其功能。在学校治理的研究中,治理机制主要指学校不同利益主体之间的权力配置与协调方式。治理机制的内涵有较大争议,尚没有权威性的定义。在企业管理中,治理机制分为内部治理机制与外部治理机制,内部治理机制是指董事会、经理人之间的股权、薪酬配比与权力关系。外部治理机制包括市场机制、法律机制等。陈伟等将治理机制视为治理结构的补充,治理机制的核心是激励,要通过岗位激励、收益激励调动不同主体的积极性。①

陈宏辉认为学校组织的机制是通过一定的制度设计,协调组织各相关利益主体间的关系,从而产生合理、有效的决策方式。通过对各利益主体间的有效激励与监管,维持学校组织运行的组织目标。②孙绵涛等认为学校机制是各种教育现象之间的相互联系及其运行形式。陈宏辉和孙绵涛的观点都是将机制看成是通过某种具体的形式来实现协调不同利益主体间关系的组织目的。组织协调的过程是动态的,因此机制不仅是一套制度规则,更是一系列的组织协调过程。③陈晓光对治理机制的性质做了系统研究,认为治理机制有三个特性④:(1)要素组合性。所谓的治理机制是组织内部不同要素之间的一种组合形式,比如说治理主体、治理方式、治理对象、治理成效之间的组合。如果仅仅只有其中的一个要素,不能形成一个系统的组织治理机制。组织的治理要素是一种动态的组合,随时都在变动之中。大学治理机制是大学各利益主体有序参与学校重大决策,通过权力的分配,实现彼此之间权、

① 陈伟、杨早立、朗益夫:《团队断裂带对团队效能影响的实证研究——关系型领导行为的调节与交互记忆系统的中介》,《管理评论》2015 年第 4 期。

② 陈宏辉:《企业的利益相关者理论与实证研究》,浙江大学 2003 年博士学位论文。

③ 孙绵涛、康翠萍:《我们需要什么样的教育机制》,《荆门职业技术学院学报》2007 年第 4 期。

④ 陈晓光、迟景明:《大学治理的逻辑起点、关键与本质》,《国家教育行政学院学报》2016 年第 6 期。

责、利分配与流动,从而实现大学善治的目标。(2)关系性。治理机制是以不同利益主体间的权力、责任、利益关系为制度的逻辑起点。各个利益主义参与学校决策的过程,实质上是不同主义间权力、责任、利益互动、交换、均衡的过程。治理的过程是多个利益主体相互博弈的过程。每个利益主体参与大学治理的目的都是实现自身利益的最大化。不同利益主体在治理过程中会产生利益冲突,各主体间的讨价还价、联合、协调,最终实现一种利益的新均衡。从这个意义上说,大学治理是利益主体间相互博弈,从一种均衡关系转变为另外一种均衡关系的过程。(3)过程性。治理机制是一个动态发展的过程。学校治理是通过组织运作,实现不同主体间的利益互动,在这个过程中治理的关键是各主体间的互动、博弈、交换、联合的过程。治理是一种利益协调的过程,是一种协调过程中的方式和手段的体系。华中科技大学唐静在其博士论文《民办高等教育领域中的政府治理机制研究》中将治理机制分为机制构成和机制运行两个部分,其中机制构成分为治理主体和权责关系,机制运行分为治理观念和治理方式。

四、 述评

相对于治理研究而言,学校治理研究整体较薄弱。学校治理研究的期刊、学位论文、书籍等成果数量较少,尚未形成一定规模的研究队伍、核心学者群体。学校治理是教育治理体系与治理能力现代化的微观基础,教育治理水平的提升有赖于每一所学校的治理水平的改善。学校治理研究的薄弱反映了教育研究治理尚处于关注教育治理意义探讨、宏观体系架构、制度建设、国家级区域层面教育治理现状,学校、班级、课堂等微观层面的教育治理尚未成为教育治理研究的主流。教育高质量发展应致力于学校、班级、课堂等微观层面的教育治理效能,将教育治理的视野下沉到学校、班级、课堂等微观层面,以学校治理变革助推教育治理效能的进一步提升。

学校治理研究中高等教育领域较多,基础教育较少。大学治理一直是教育治理研究中的大头。高等教育组织庞大,研究队伍充实,形成较大规模的大学治理研究团队,产生一定量的学术著作,部分大学、研究院设有大学治理研究的专门机构。基础教育学校治理研究关注较少,其原因在于基础教育学校一般规模相对较小,组织机构相对简单。近几十年,基础教育学校产生了许多深刻的变化,涌现了一批巨型学校、超级学校。基础教育学校的管理体制,尤其是民办学校的组织机构越来越复杂,相关利益主体多元,基础教育学校治理开始出现许多深层问题与危机,基础教育学校治理亟待关注。

学校治理参与主体研究集中于家长、教师、学生等学校治理中的"弱势群体"。研究者关注家长参与学校治理的较多,关注教师参与的次之,关注学生参与的最少。形成这一现象的原因是,家长作为学校教育与家庭教育的联系纽带,近几年正不断地被重视。其中,民办学校存在"顾客导向"倾向,家长被民办学校视为"客户",重视客户反馈,积极吸引家长参与学校治理是关系民办学校生源规模的大事。学生参与被严重忽视,其原因在于学生参与学校治理的能力有限,不能参与复杂的学校治理事务,只能参与校园生活中与其能力相当的治理领域。但是随着治理观念的变化,学生被赋予越来越多的权力。学生参与学校治理是保障学生权益,倾听学生声音,提高学校办学满意度,提升学校治理效能的重要途径。教师作为教育的专业群体在学校治理中承担着重要的专业性角色,教师参与学校治理能影响学校的学校教育效果与课堂教学质量,提高教师对学校的认同感和归属感。学校治理主体研究关注的主体不均衡、学生参与、教师参与需要得到更多的关注。

从研究方法看,学校治理研究理论探讨、量化统计的研究较多,质性研究、个案研究较少。实地研究是长时间扎根现场的研究方式,实地研究能将研究现场深度还原。实地研究有三个特点:(1)"沉浸式"收集资料。实地研究要求研究者长期驻扎研究现场。在与研究对象的深度接触中,研究者通过深度访谈、参与式观察与非参与式观察、实物收集获得一手资料。(2)经验化呈现研究结果。实地研究是经验化生成叙事,力求研究场景的高度再现。(3)开放式生成解释性结论。实地研究在形成结论的时候,具有开放性;所形成的结论是一种可能性解释,而不是一个绝对性的断定。实地研究能关注到研究对象的经验、情感、价值观念等深层因素。

第三节　民办学校研究

一、民办学校政策研究

　　与公办学校相比,民办学校具有公益属性,但长期没有公共财政支持。有研究者对民办教育的公共财政支持做了论证:吴华认为公共财政对民办学校进行相应的补助,不仅是发展民办教育的需要,更符合社会公共利益,应建立保障学生权利、办学成本分摊、优效奖励等多种形式的公共财政补助民办学校政策框架。①他认为民办教育对我国教育事业发展有三方面的重要贡献:第一,改变教育权国家垄断的现状,实现教育权力的下放,保证学校教育的多样性。第二,民办教育扩大受教育机会,提供优质的民办教育服务,形成提升教育公平的新路径。第三,验证民办教育对于提高办学效率的积极意义。②李宜江梳理扶持奖励、专项拨款、税收优惠等公共财政资助民办教育发展的政策演变,总结直接拨款、税收优惠、金融优惠、给予土地等四种形式的公共财政对

---

　　①　吴华、胡威:《公共财政为什么要资助民办教育?》,《北京大学教育评论》2012 年第 2 期。

　　②　吴华、姬华蕾:《论民办教育对国家教育发展的独特贡献》,《华东师范大学学报》(教育科学版)2020 年第 10 期。

民办教育的资助形式,提倡建立多种形式的民办教育支持体系。①陈桂生指出我国历史上是政府、企事业单位(社会团体)、集体经济组织、私人(私人团体)四条路线,分别有公立学校、民办学校、私立学校三种类型,是"四条腿走三条路"的"跛足鼎行"。②

国际比较是了解民办教育的国际差异,为民办教育决策提供国际视野的有效方式。袁征在与国际通用命名方式的对比中,指出了民办学校的说法不符合国际惯例。民办学校、私立学校、公立学校的概念模糊。他认为决定学校性质的是学校的所有权归属。

《民办教育促进法》2018 年的修订引发了学术界的关注。徐绪卿从修订流程、修订内容和修订逻辑上分析了该法修订过程中的合理性,认为要加强民办教育法律法规的正面监督,防止营利性与非营利性不分,名不符实的政策漏洞。③

二、 政府对民办学校干预的研究

民办学校办学具有自发性,政府需要对民办学校办学进行监管,规范其办学。政府对民办学校的干预有其内在的行为逻辑。有人从政府对民办学校干预的逻辑视角讨论政府干预民办学校办学问题。逻辑源于 logic,原义为思维认识与语言表达规则的基础工具与学问。逻辑包括形式逻辑与辩证逻辑,前者是指人在认识知性阶段的思维规律与规则,后者是指人认识理性阶段的思维规律与规则。政府干预逻辑是一种基于理论基础、价值观念、技术工具的复杂系统,包括价值理念、权力模式与治理主体。在不同时期,政府干预逻辑差异较大。

----

① 李宜江:《公共财政支持民办教育发展的政策法规变迁及启示》,《现代教育管理》2011 年第 8 期。

② 陈桂生:《中国民办教育问题》,教育科学出版社 2001 年版。

③ 徐绪卿:《加强顶层设计 坚定分类管理 促进健康发展——对〈中华人民共和国民办教育促进法实施条例(修订草案)(送审稿)〉讨论的几点思考》,《国家教育行政学院学报》2018 年第 9 期。

表 1-1 中国民办教育政府干预的主要逻辑及转换情况

内 容	政治逻辑	经济逻辑	社会逻辑
时间段	1949—1956 年	1978 年—20 世纪末	21 世纪以来
核心理念	政治中心	经济中心	社会中心
价值追求	建立公有制	确立市场化	走向公共性
权力模式 （干预方式）	自上而下 （政府计划管理）	上下结合 （政府调控＋市场调节）	多向混合 （各方协商治理）
决策主体	一元（政府）	二元（政府、市场）	多元（政府、市场、社会）
决策模式	政治理性、 单方案决策	经济理性、 政府与市场博弈	社会理性、 多方案决策
政府类型	全能型政府	经济型政府	服务型政府
民办教育主要 所有制形式	公有制	私有制	混合制

资料来源:方晓田:《中国民办教育政府干预逻辑的转换——从政治逻辑、经济逻辑到社会逻辑》,《教育学报》2021 年第 1 期。

方晓田提出我国历史上出现过政府干预的政治逻辑、经济逻辑、社会逻辑三种干预逻辑。

（1）政治逻辑。在新中国成立之初,党的教育方针为"国家主体,为工农服务",教育的首要任务为"把专为广大群众开设的文化教育列为第一位"。在起初,对私立学校的政策是"维持现状,即日开学",但随着"民族的、科学的、大众的文化"的政治纲领的提出,在对私立学校的接管过程中充满了政治意志。政治逻辑促使政府接管了所有的民办学校。这一阶段的政府对民办教育干预的逻辑以政治诉求为主题,形成"政治理性与计划管理"为主要特征的干预方式,其相对应的权力模式是自上而下的计划管控。

（2）经济逻辑。进入 80 年代,简政放权不断深入,经济领域市场化改革开始影响社会的方方面面,民办教育随着市场化的推进开始复兴。市场化的经济逻辑主导了民办学校的发展。在这一阶段,经济理性成为主导我国教育体制改革的内在逻辑,追求经济利益成为民办教育利益各方的共同目标。随着民办教育市场的开放和政府的简政放权,经济理性成为政府干预民办教育的行动逻辑。政府通过市场竞争机制调配资源,用市场规律激励与规范民办教育,规范民办教育市场环境。政府自上而下的调控,与市场自下而上对资源的调配构成"上下结合"、"政府调控＋市场调节"的时代特征。政府从大包大揽的全能型政府转变为依托经济指标和市场化运营的"经济型政府"。经济逻辑释放了我国教育领域潜在的民办教育需求,推动了民办教育事业发展,丰富了办学形式,但是市场逻辑给民办教育带来的危害也是明显的。民办教育收费高、教育商品化,加剧教育不平等,教育的公益性受到冲击,经济理性僭越教育理性产生诸多问题。

(3) 社会逻辑。随着我国社会快速发展,高质量的教育需要有了新的内涵。党的十九大提出"社会主要矛盾已经转化为人民日益增长的美好生活和不平衡不充分的发展之间的矛盾"。社会基本矛盾的改变是我国经济社会长期发展的产物,在教育领域人民对高质量教育的需要也开始变得多样化、差异化,"办好每一所学校,教好每一位学生",提升人民对教育的满意度、获得感,是新时代教育发展的新课题。经济逻辑在民办教育领域的扩张造成教育不公平、教育生态的破坏,育人为本的教育逻辑长期被市场逻辑僭越。由教育差异引发的教育焦虑转化为全民性的社会焦虑是当前基础教育的真实写照。与此同时,以公共性为旨趣,主张共同利益、协商治理,追求社会整体价值的社会理性成为新时代政府干预民办教育的行动理念。

有学者把政府干预民办学校办学的方式称为家长主义。杰拉尔德·德沃金认为家长主义的干预具有三个特征:(1)从目的上来看,干预者是出于避免被干预者某种利益的损害,或者保护某种利益;(2)干预者的干预行为偏离被干预者的价值偏好与主观意志;(3)干预者的行为限制了被干预者的自主行为。①撒迪厄斯·波普认为家长主义的核心特征是：(1)干预者是具有较强主观意志限制被干预者的行为自由；(2)干预者是出于保护的良性目的；(3)干预者的干预行为违背被干预者的意愿。②

方晓田把家长主义分为软的家长主义和硬的家长主义。硬家长主义是指，干预主体基于被干预人利益的考虑(增加被干预人利益或者免于伤害)，不顾被干预主体的主观意愿进行干预的行为。软家长主义是指尊重被干预人的真实意愿，不对其主观意愿进行干预，只对其受到削弱的决定进行限制和干预。软家长主义的干预是对自主、自治的保护。家长主义中的家长的干预行为遵循两个原则：一为关照和保护原则，社会中的个体，并非完全的理性经纪人，在做决定时，时常会受到伤害，需要保护；二为利害原则，即被干预人的利益为主要目的，包括增加权益与避免损害两个方面。家长的范围可以是政府、社会第三方团体等。家长主义是一种基于行为人利益而限制行为人的行为。

三、教育产业化研究

市场经济的发展让教育成为一个有利可图的行业，按照产业化的思维办教育，把民办教育发展成规范的现代产业一时成为思潮。不过，教育的公益属性使学界对教育产业化保持警惕，一直存在反对声。

支持教育产业化的人认为民办教育行业的产业要素完整，符合产业的典型特征。民办教育属于产业现象，产业化是产业现象的扩张。③

教育产业化并非一种空穴来潮的臆想，教育产业化的合理性在于教育具有一定的产业化的内在动力。曹雷认为教育蕴含着产业化的内

---

① Gerald Dworkin. Paternalism, in Robert Audi(ed.), *The cambridge Dictionary of Philosophy*, Cambridge University Press, 1999.

② Pope, Thaddeus Mason. Counting the Dragon's Teeth and Claw: The Definition of Hard Paternalism, *Geargia State University Law Review*, 2004(3).

③ 朱红、朱敬、王素荣：《教育产业化的经济学诠释》，《经济问题》2007年第8期。

因,教育产业化不仅能吸引办学资金,扩大民办教育规模,还能推动地方经济发展,实现经济与教育的双赢。[1]王一涛认为教育产业化能扩大受教育机会,推动教育公平。[2]

有学者从知识经济的视角分析教育产业的合理性。黄欣祥认为民办教育尽管不是物质生产,但它同样具有产业性质,教育产业化是把企业管理的方式借鉴到学校管理中。知识经济让民办教育具有经济价值,知识经济中的民办教育,需要遵循市场规律和教育规律实现产业化。[3]

教育不但具有知识经济的属性,而且还具有一定的经济功能。教育的经济功能体现为两点:一是教育活动形成的国内生产总值是教育经济功能的直接体现;二是教育能减轻就业市场的压力。在教育活动中人和资金是可以直接受市场调控的,制度是不能受市场调控的,知识、课程、信息则是部分可以受市场调控的资源。吴华认为教育产业化是让市场在教育资源调控过程中发挥基础性作用,应当全面开放教育服务市场,建设开放的教育投资体制,推行以教育凭证制度为基础的教育服务市场。[4]

2001年,我国加入世贸组织(WTO)为教育产业化带来了新的机遇。WTO的加入进一步提高了我国经济对外开放的程度,融入了国际竞争。民办教育融入经济对外开放的大格局,国外资本的进入,让教育产业化获得新机遇。[5]

不过,教育产业化的思潮自其产生之初就备受争议。王善迈指出现代市场经济不是市场调配一家独大,而是政府干预与市场调配的结合,市场的作用是有限的,市场的功能不能被无限放大。教育市场化会

① 曹雷:《教育产业化的边界》,《经济学家》2000年第1期。
② 王一涛:《教育产业化与教育公平》,《教育与经济》2002年第2期。
③ 黄欣祥:《教育产业化的两种视野》,《教育与经济》2001年第2期。
④ 吴华:《"教育产业"和"教育产业化"研究》,《浙江社会科学》2000年第1期。
⑤ 罗德明:《WTO与高校教育产业化探析》,《经济体制改革》2002年第6期。

产生教育不平等、异化教育等问题。①

有学者用第三部门理论分析教育产业化的现象,解释了教育的产业性与产业化的限度。袁志刚认为教育占用了一定经济资源,创造了一定的就业机会,存在"投入—产出"关系,教育是一个经济意义上的产业,但由于属于特殊的第三产业部门,教育的社会收益率远远大于个人收益率,教育的公共产品属性很明显,不能把教育产业化理解为全盘市场化。教育引入市场的传导机制是指随着教育产业的扩大,带动物质性投入和服务性消费。教育是一种人力资本投资,对经济增长就有长期的潜在作用。②袁志刚认为教育产业化对国家经济的影响是有差异的,要警惕教育产业化中制度性陷阱,不能把市场的功能过分夸大。

反对教育产业化的学者认为产业化扭曲了教育的本质。王逢贤认为教育产业化只看到教育的经济属性,没看到教育的政治、文化、伦理等多种属性,教育产业化会导致不同学校间的资源抢夺,要坚持办公益性的教育。③夏茂林、冯文全认为教育产业化是化掉教育的育人属性,这是本末倒置,具有巨大的危害性。④龚放认为教育可以看作是生产性投资,但并不能将其看作产业。⑤教育产业化的过程存在诸多实践困难。王运来指出我国高等教育政府拨款不能减少,高校的学费不能普遍涨高,高校不能从事太多的商业性活动,因此高等教育不能形成产业化。⑥

教育产业化的过程存在自身的风险。张人杰很早就指出了教育产业化需要面对的风险:一是减少政府在维护教育公平中的监管责任;二

---

① 王善迈:《关于教育产业化的讨论》,《北京师范大学学报》(人文社会科学版)2000 年第 1 期。

② 袁志刚:《教育产业化三题》,《教育发展研究》1999 年第 8 期。

③ 王逢贤:《中国"教育产业化"热点问题的冷思考》,《东北师大学报》2004 年第 6 期。

④ 夏茂林、冯文全:《教育产业化要"化"掉什么——解读"教育不能产业化"》,《经济体制改革》2005 年第 5 期。

⑤ 龚放:《教育产业化:一个似是而非的口号》,《教育发展研究》1999 年第 8 期。

⑥ 王运来:《试析教育产业化的不可行性》,《上海教育科研》2000 年第 6 期。

是民办学校的市场开发并非价值中立的,而是涌向更多有利可图的教育部门。①

有学者直指教育产业化是个伪命题。林杰认为教育产业化是个假命题。教育市场是个虚假概念,民办教育运作过程中并完全遵循等价交换的市场规律。②

支持教育产业化的学者只考虑了教育行业的部分特征,没有全面看待教育产业化的深层问题。阎凤桥认为教育产业化只考虑了我国居民储蓄量很高,但忽视了我国居民储蓄分配不均衡的情况;它提高了教育效率,但影响了教育公平③。

教育产业化的根本问题不在于教育是不是一种产业,而是能不能产业化。杨东平认为教育具有公共性、公益性,同时具有私有性,教育产业化泛指利用市场手段扩大教育资源、利用市场机制经营教育等措施。教育产业的发展具有扩大教育培养能力、提高效率、吸引教育经费投入等好处,但是出现了产权暧昧,国有民办、民办公助、一校两制等问题。④

学术界一直存在教育产业化的争论,总体上反对教育产业化的声音占据主流地位。《民办教育促进法》(2018 修订)与近几年的民办教育新政策都重申了民办教育的公益性。

民办教育的产业属性体现为三个方面:第一,民办教育是个高成本投入的领域。民办学校的基础设施建设、学校运营、师资引进与培养本身需要一大笔投入,并且由于教育行业的本身特性,民办学校初期投入的成本回收周期较长。教育是一项长周期投入。第二,民办学校是一个高风险行业,民办学校初期投入大,受到的政策限制条款多。在现有

---

① 张人杰:《"教育产业化"的命题能成立吗?》,《教育评论》2000 年第 1 期。
② 林杰:《教育产业化:一个伪概念和假问题》,《上海教育科研》2000 年第 4 期。
③ 阎凤桥:《"教育产业化"不足以作为制订教育决策的理论依据》,《高等教育研究》2000 年第 1 期。
④ 杨东平:《辨析"教育产业化"》,《教育发展研究》2004 年第 12 期。

环境下,民办学校与公办学校之间存在体制差异,社会地位不同,存在一定的制度歧视风险。第三,与公办学校相比,民办学校有较大的自主性,其运营方式与企业更相近。

教育产业化是市场经济进入教育领域产生的思潮。教育产业化在高等教育领域获得较大发展。教育产业化为吸引教育投入、扩大教育机会,提升教育机会公平作出了贡献,在基础教育领域市场机制的引入对"普九"工作产生了重要推动作用。但是,教育产业化在刚提出时就受到较多的批评,这表明教育产业化存在许多弊端。学界围绕着产业"化"与"不化"展开的激烈的辩论至今仍然存在。民办教育的发展带来了资本裹挟教育、培训机构泛滥、社会育儿成本剧增、教育发展不均衡、损害教育公平等问题。2006 年,国家教育发展中心发文《教育产业化不是教育政策的方向》否定了教育产业化的合理性,教育产业化不是民办教育的发展方向。在新时代,民办教育与公办教育应该如何共同发展,如何规范民办学校与校外培训机构是民办教育领域长期需要研究和解决课题。

四、民办学校制度研究

(一)民办学校的管理制度

民办教育新法对民办教育建立监督机构做了顶层设计。民办学校治理要在完善学校监督机制的同时,从国家层面出台法律法规,规范民办学校独立监视制度,克服民办学校决策专制化、管理家族化、监督形式化、文化企业化的倾向,[1]民办学校在管理制度上存在独立的教育管理服务公司制、董事会领导的校长负责制、校长负责制、校务委员会审议制等四种管理制度。[2]

---

[1] 刘永林、周海涛、胡爽:《构建民办学校独立监事制度:逻辑动因、现实可能与框架设计》,《教育发展研究》2021 年第 5 期。

[2] 袁振国、周彬:《中国民办教育政策分析》,中国社会科学出版社 2003 年版。

1. 独立的教育管理服务公司制

教育管理服务公司是专门负责教育产业管理服务的企业,以企业的形式为民办教育机构提供服务、指导和管理。其主要的特点为:一是教育管理服务公司是一个企业,而不是民办非企业单位,也不是政府机构。它与民办学校是服务与被服务关系。二是它主要以民办学校为服务对象,在运行过程中既能尊重教育规律,也能尊重市场规律。教育管理服务公司主要为民办学校提供服务、指导、管理,包括人才服务和信息技术服务。

教育管理服务公司是一种很好的服务民办学校的制度,可以避免教育人员不懂市场规律,办不好学校的问题。不过这一制度实际上绕过了《民办教育促进法》对民办学校不得以营利为目的办学的规定,其合法性尚需考察。

2. 董事会领导的校长负责制

董事会(或者理事会)领导下的校长负责制是当前民办学校中采用最多的组织形式,是现代企业管理制度在民办学校中的运用。董事会代表股东,拥有对民办学校的所有权与最终的决策权。董事会有权力任免或者罢免校长,以校长为代表的学校行政职能部门管理学校日常行政事务,校长对董事会负责。董事会领导的校长负责制具有以下特点:一是董事会制度实现所有权与经营权的有效分离。二是董事会制度具有较高的决策效率,保证决策的有效性。不过,当前董事会领导下的校长负责制在实际运行中存在种种问题,比如说监事会制度实施不严,家族势力盘踞要职等问题。

3. 校长负责制

校长负责制一般适用于学校刚起步阶段,组织规模不大,出资人为个人或者少数群体。由于学校规模小,产权关系较简单,学校没有设立董事会,实施以校长为责任人的校长负责制。这种制度的优点是最大限度地发挥校长作用,调动民办教育组织工作效率和办学效益,权力与责任关系清晰、简单。这种制度的问题在于容易产生校长独断，不利于组织的长期发展，学校发展受到个人意志左右。

4. 校务委员会审议制

这种制度比较少见，在一些没有设立董事会的民办学校，为了防止校长个人权力过大，设置了校务委员会。校长对民办学校发展的重大事件有决定权，但是校长的决定要受到校务委员会的监督。校务委员会对校长的日常教学与行政管理工作有监督的权力。校务委员会审议制能协调好民办学校办学过程中的个人决策与集体审议间的关系。

（二）民办学校的分类管理制度

民办学校能否营利一直是民办教育研究中争议巨大的问题。总体来看，共有四种关于民办学校是否可以营利的典型观点。第一种观点是纯公益论，即认为教育是一项纯粹的公益性事业，民办学校应该和公办学校一样不得以营利为目的，营利会损害教育的公益性。按照这种观点来看，民办学校中的投资办学会变成一种捐资办学，这影响社会力量投资办学的积极性，[①]民办教育发展受限。第二种观点是可营利论，这种观念认为民办学校的营利与以营利为目的是两回事情，并不是不能以营利为目的就不可以营利。营利是一种手段，并不妨害公益性的办学目的。民办学校的运营需要办学成本，营利以获得办学成本是民办学校的需要。民办学校是营利性还是非营利性，体现为营利的收入是用于个人分配还是继续用于学校办学。这种说法支持民办学校的营利行为，但是不能将营利用于个人分配依然会挫伤投资者的办学积极性，无助于民办学校发展。第三种观点是不完全公益论，该观点认为民办学校并不完全是公益性的，可以允许民办学校适当营利，投资者应当获得合理回报。这种观念比较易于被人接受，但其问题在于合理回报的界限在哪里，什么样程度的回报是合理的？合理回报的界限难以划

---

① 张力：《社会力量办学步入新的发展阶段——学习〈中共中央、国务院关于深化教育改革，全面推进素质教育的决定〉的体会》，《中国教育报》1999年8月14日。

定,导致学术界对民办学校合理回报的持久争论。第四种观点是部分营利论,即部分教育并非公益性事业,可以具有营利的性质。这在法律中体现为义务教育不得以营利为目的,非义务教育阶段营利性学校与非营利性学校分类管理的政策要求。

（三）产权制度研究

民办学校营利与非营利的争论的根源在于产权不清,根据现有的规定,民办学校在办学时归办学者所有,但不得对学校资产进行分配、转让、担保、抵押。在民办学校停止办学进行清算时,投资者最多只能收回投入成本,剩余部分将由审批机构分配。这使得民办学校投资者不仅不能获得收益,还需要承担通货膨胀带来的货币损失。投资办学成了一种高风险投资。

产权是经济学中的理论。产权是与资源的稀缺性相关的,张五常认为"在个人为稀缺资源竞争时,有必要有一个解决争议和冲突的规则,通常体现为法律、规则、习惯"。①产权常常与所有权混淆,所有权是产权的基础,但产权不是一个单一权力,而是与财产所有权相关的一系列权利,包括占有权、支配权、使用权、收益权。②民办教育产权是对教育资源涉及的所有者、经营者、使用者等主体对占有、使用、收益、处分等权力关系的描述。

民办学校中存在产权虚位的现象,张文国将这种现象称为所有者缺位。所有权是指企业所有拥有对剩余利润的索取权和控制权。所有权缺位是指国有企业中国家作为所有权的拥有者,享有对国有企业的剩余索取权和控制权,但国有是一个虚位主体,没有具体的主体替其行使剩余索取权与控制权,导致内部人控制。在民办教育中表现为出资人控制。完善民办学校所有权制度应明确出资人的权利和边界,保护

---

① 《经济解释——张五常经济论文选》,易宪容等译,商务印书馆 2001 年版。
② 袁振国、周彬:《中国民办教育政策分析》,中国社会科学出版社 2003 年版;文东茅:《论民办学校的产权与控制权》,《清华大学教育研究》2003 年第 2 期。

出资人权利,完善对出资人权利的监督与控制。①

　　袁振国、周彬将民办学校所有权分为四个方面:一是民办学校投资人在建校初期投入的所有权及其投入的增值性收益和相应的责任;二是民办学校在办学过程中,政府与社会群体对民办学校的捐资的所有权及其收益,政府对民办学校进行资助与优惠部分的收益权,政府对民办学校的监管责任;三是学校经营相关方(各经营方)对学校的收益权;四是学校经营者(教师等劳动者)在学校过程中的收益权。从以上定义可以看出,民办学校的产权涉及多个主体,民办学校的产权不仅包括归属、受益等利益部分,还包括负债与监管责任。

五、　述评

　　民办学校概念的模糊体现了我国民办教育发展历程的曲折性。在我国的话语中,民办教育不像西方的私立教育那样单纯。无论是"四条腿,走三路"的"跛足而行",还是公办教育、民办教育、私立教育的三分天下,都反映了民办教育在我国的复杂性。一方面,产权是决定学校性质的关键要素,纯民办才是规范意义上的民办学校,另一方面,法律法规的不完善让民办教育常常沦为各利益主体谋利的灰色地带,假民办现象层出不穷,民办教育是一趟多方涉足的浑水。应厘清民办学校边界,以产权所属为学校性质的分类标准,关注规范意义上的民办学校研究。

　　政府干预民办学校的方式逐渐从政治逻辑转向经济逻辑、社会逻辑。社会是一个复杂系统,与民办学校相关的治理主体不仅仅遵循一种逻辑,多种逻辑的并存、共生、博弈、互动是民办学校治理的现实样态。在分析民办学校治理时,不能仅仅依据一种逻辑,忽视其他的声

---

　　①　张文国:《"所有者缺位"与民办学校治理结构的完善》,《教育发展研究》2008 年第8 期。

音,要以多元、开放的视角分析全景社会中的民办学校治理。

产权关系是学校性质的核心,民办学校有独立的教育服务管理公司制、董事会领导的校长负责制、校长负责制、校务委员会审议制等多种管理形式,但教育服务管理公司制、校长负责制、校务委员会审议制等都是民办学校发展初期,不成熟的制度,民办学校管理应建立以所有权与经营权分离为基础的董事会/理事会领导的校长负责制,完善监事会监督的权责、程序,规范董事会领导的校长负责制,推动民办学校治理体系现代化。

教育产业化的争论是民办学校办学公益性与营利性在学术界的反映。支持教育产业化或者教育市场化的人坚持认为民营化是提高学校质量的最佳体系,民办学校是优绩学校理想形式。所谓的最佳体系都是相对的,民办学校只是学校的一种,并不存在一种尽善尽美的学校治理形式。现代教育治理体系是多种类型学校共同发展的开放体系。

第二章

进入现场：江州世界外国语学校

个案：窗口而已。

——吴康宁：《个案究竟是什么》

"眼睛看得见角落，心里才会有全局"[①]，实地研究需要研究者深入扎根研究现场，收集第一手资料。然而，现场并非抛到研究者面前，研究者也无法空降到现场。当然"进入现场"不能一蹴而就。

理论上，实地研究者期待的"现场"是一个"有限视界"外的"无限存在"。相对于研究者的"有限视界"，"研究现场"在时间、空间、人物、事件等关键线索等方面是一个无限的存在。如何以"有限视界"看"无限存在"，"看什么?"，"怎么看?"，"如何看透?"这是实地研究"入场"时必须考虑到的。

研究者的"有限视界"与研究现场的"无限存在"，决定了实地研究的"进入现场"是一种有限的"进入"。作为"局外人"的研究者，不能盲目自信自己看到了的全貌。任何形式的深度卷入都是一种相对意义上的边缘性卷入。实地研究者在获得所谓的惊异事件的同时，要对研究现场保持敬畏。正如吴康宁教授所说个案不过是一个窗口而已，不可

---

① 黄盈盈、潘绥铭：《我在现场——性社会学田野调查笔记》，山西人民出版社 2017 年版。

对个案抱有过分的期待①。

"有限视界"决定了研究者对实地现场的"看不全"、"看不透"以及不可避免地"看走眼"。不过,这并不意味着"现场"就"不值得看","看走眼"的"现场"也可以"异彩纷呈"。实地研究不能,也没有必要决然地"明察秋毫"。在模糊中寻找条理的线索,于混乱处洞察潜在的秩序,是实地研究的逻辑。

"进入现场"是一个逐渐卷入、循序渐进的过程,本章从"远景"、"中景"、"近景"三个"镜头"由远及近、由浅入深地拉开"研究现场"的大幕。"远景"是江州世界外国语学校所在城市江州的眺览,整体把握江州的人文风貌;"中景"通过江州世界外国语学校办学历程,了解该校办学历程、发展阶段。"近景"将从学生、教师、领导等多个视角深描该校的不同画面,最后通过"我"的视角审视"研究现场",尝试性地揭开该校的面纱。

第一节　远景：江州眺览

一个学校的发展根植于所属地域的发展。要了解江世外的发展历史,就需要对江世外所在城市江州有一定了解。本节从江州的历史、环境、经济、教育等方面,呈现本研究的现场——江州。

一、江州的历史

江州是一座历史悠久的城市,具有丰厚的文化底蕴。江州属于吴文化圈,在战国时期属于吴国,在部分历史阶段,江州是吴国的都城。江州人杰地灵,历史上出现过许多文化名人,为江州文化教育的繁盛提

---

① 吴康宁:《个案究竟是什么——兼谈个案研究不能承受之重》,《教育研究》2020年第11期。

供了良好的人文底蕴。

江州的相关资料显示,吴王阖闾时期,江州城建立。此后,相继归属于越、楚;汉代设吴郡;三国时属吴国。隋开皇九年(589年)改称"江州",并延续至今。

民国时期,江州被撤销建制,改称江县。1928年,再次恢复江州市建制,1930年再次撤销,复称江县。战争的动荡给江州发展带来了巨大冲击,市级建制与县级建制的反复撤建,给江州带来一段波动起伏的动荡时期。

新中国成立初期,江州划分为江州市和江州专区,分属两个行政区划;其后,又经历了多次行政区划变动。改革开放以来,江州社会经济飞速发展,迎来了新的历史机遇。1983年年初,江州实行市管县体制,下辖1市5县和4个区。在H市的辐射带动下,江州地区经济发展迅速,先后有5个县成功撤县建市。为了更好地释放改革红利,江州于1992年和1994年重组行政区划,分别设立江州高新区和江州开发区。1993年,江州被国务院批准为"较大的市",获得了更多的发展资源。2003年,江州撤销原有H区建制,成立了香门区。2019年年末,全市共有52个镇、42个街道、1 160个居委会、1 017个村委会。

从历史变迁看,江州有2 000多年的建城史和1 500多年命名为"江州"的历史。近代以来,江州行政区划几经变化,但总体上维持了较稳定行政边界与文化归属。悠久的建城历史为江州奠定了深厚的人文底蕴。

二、 江州的环境

江州是J省下辖地级市,地处我国华东地区,是国务院批复确定的中国长江三角洲重要中心城市之一、国家高新技术产业基地和风景旅游城市。

我从地方志和网络资料查阅到了江州的自然环境与人文环境:

1. 自然环境：江州属于亚热带季风气候,温暖潮湿,四季分明,雨量充沛。常年降水量 2 000 毫米以上。江州全市总面积 8 488.42 平方公里,其中平原面积 4 660 平方公里,水面约为 3 607 平方公里,丘陵约 221 平方公里,分别占 54.9%、42.5%、2.6%。江州地势低平,地形以平原为主,素有"鱼米之乡"之称。江州全市水系发达,总共拥有 2 万余条河道,河道总长 1 457 公里。

2. 人文环境：江州下辖 5 个区、代管 4 个县级市,常住人口 1 072.17 万人,城镇人口 815.39 万人,城镇化率 76.05%,常住外来人口 538 万人。①江州人文底蕴浓厚,江州有多项非物质文化遗产,在戏剧、手工艺等方面形成众多江州品牌。作为历史文化名城,江州的主城区为江南古典建筑风格,在江州主城区分布了多处大片的古典建筑群。出于文化保护的考虑,江州市主城区禁止建设摩天大楼,保留了江南传统的古色古香。不过,江州制造业发达,经济的高速发展与城市空间布局形成强烈的冲突。为此,江州很早(1994 年)就设立了开发区,集聚现代产业,形成古色古香的主城区与现代化工业开发区的"双城记"。从江州开发区到江州主城区,能直观地感受到摩天大楼林立的现代城市到青瓦白墙的古典城市间的转换。

优越的自然环境使得江州自古就是丰饶富庶的地方。古典文化与现代文化的融合,形成当代江州的城市特质。这些本土文化是江州世界外国语学校发展的时空背景。

三、 江州的经济

江州是长江三角洲核心城市,毗邻发达城市 H 市,经济上深受其辐射带动作用。江州经济发展在全省名列前茅,属于省内经济发展的重要引擎。

---

① 2019 年江州市统计局统计数据。

在古代,江州以"鱼米之乡"、"江南粮仓"著称。江州凭借地势低平、雨水充沛、四季分明等优越的资料条件形成发达的第一产业。江州的农业主要种植水稻、麦子、油菜、棉花等粮食作物与经济作物。江州的丝织业比较发达,在全国都具有很高的知名度。

江州的经济发展有两个特点:一是制造业发达,二是县域经济发达。

江州依靠毗邻 H 市的区位优势,承接 H 市的产业转移,形成强大的制造业。江州的制造业主要集中在江州开发区。江州开发区是1994 年国务院批准成立的经济技术开发区。江州开发区成立前,这个地方还是一片荒地,20 多年的发展见证了江州的城市蜕变。从 2020 年江州市政府的统计数据看,江州开发区的 GDP 占据整个江州市的14%,工业开发区以 200 多平方公里的土地创造了江州近七分之一的 GDP。

江州下辖 4 个代管县级市,江州的县级市全都进入全国百强县,并且名列前茅。根据 2020 年的统计数据,江州 4 个代管县级市创造了江州 53% 的 GDP。江州的县域经济发达有多方面的原因:首先是江州市政府很早就开始了职能转变改革,强化服务职能;其次是江州下辖代管县区域优势明显,通江达海、紧邻经济强市的区位优势让江州每个代管县获得了发展资源;最后是产业升级助推经济发展。近几年,江州在生物医疗、纳米科技、人工智能等高技术领域培育了一批新型技术企业,助推产业升级。

江州是典型的外向型经济,对外开放程度较高,经济的发展为其民办教育的发展提供了良好的基础。

四、 江州的教育

江州历来非常重视教育。在江州实地扎根期间,我意外发现了一个"江州教育博物馆"。带着好奇,我参观了博物馆。江州教育博物馆入门的门庭上刻有一篇《江州教育赋》，赋云：

江州教育赋①

浩浩乎洋湖，巍巍乎江府，斯乃江州风物之繁茂。悠悠哉其史，煌煌哉其象，烨烨哉其神，此则江州教育之大观。

……

范公启教化，安侯达礼堂。书院林立功伟绩，千年五十状元，一地百余院士，英才蔚起文韬武略。

……

是以千百年来，举凡人文硕彦、科学大师、国学巨擘、兵家奇才、艺林俊秀、文苑名士、体坛巨将、商界良贾、劳模典范、能工巧匠，江州人才粲若繁星者，此教育之功也。

或曰：何为江州教育之要旨？答曰：立德树人，塑造生命灵魂而固守精神之乡；继往开来，培育文化基因以弘扬民族之光。是故，木铎金声，养心性，健人格，拓眼界，启智慧。

盛哉，江州教育之千年气象；美哉，江州教育万世其昌！

《江州教育赋》中的论述有歌颂的夸张成分，但其中说的"千年五十状元，一地百余院士"是有据可考的实际情况。

江州在古代，曾书院、藏书楼林立。江州教育博物馆中就介绍了一位藏书楼楼主曾言"家财万贯留给后代都是会用完的，唯有书籍万卷是可以世代传承的"。可见，江州民间对教育的重视。江州古代书院繁多，其中有据可考，影响力较大的就有十余所。这些书院并没有淹没于历史的洪流，许多书院在近代"废科举，兴学堂"的过程中转型为学堂，演化为现代的中小学。江州知名的江州第一中学前身就是一所百年书

---

① 江州教育博物馆序言。

院,我曾于 2016 年参与基础教育论坛到访过,校园内有一棵"百年紫藤",为其前身正义书院①留下的。

近代,江州很早就开启了学校教育近代化。江州教育博物馆中的一个展厅呈现了江州教育近代化过程中的诸多"江州教育之最"。

表 2-1　近代化过程中的江州教育之最

时间	性　　质	单　　位
1871	最早的新式小学	养正书院
1874	最早的私立中学	华英中学堂
1897	国人创办的第一所新式女子小学	江州两等女学堂
1900	最早的官办大学	江州高等学堂
1901	最早的私立大学	江州大学堂
1903	最早的官立中学	J 省中学堂
1904	最早的师范学校	江州师范学堂
1905	全国第一所省立小学	江州师范学堂附属两等小学堂
1907	最早的职业技术学校	江州府官立农业学校
1912	最早的幼儿园保教单位	省立第二女子师范学校附设蒙养园

资料来源:江州教育博物馆近代教育展厅。

从表 2-1 中可以看出,江州教育近代化的过程非常早,许多不仅是"江州教育之最",也是"全国教育之最"。

教育的发展具有延续性,江州古代、近代的教育繁盛为江州现代教育的发展提供了良好的基础条件。

近几年,江州教育发展势头良好。2013 年,江州成为全国第一批通过义务教育发展基本均衡的地级市。2014 年,"世界语言大会"在江州召开,并发布当年的会议公报《江州共识》,提升了江州语言教育方面的国际影响力。2019 年江州举办全国中小学艺术展、全国美育工作会

---

① 为遵循研究的学术伦理,该书院名称为化名。

议、全国职业教育改革发展研讨会等全国性展览与会议。

二十多年来江州民办教育也获得巨大发展。我从江州教育局官网查阅到民办教育的基本情况：

江州民办教育概况①

全市共有各级各类民办教育学校 557 所,在校生 37.27 万人,其中民办幼儿园 395 所,民办普通小学 82 所,民办普通初中(含九年一贯制)36 所,民办普通高中 32 所(含 4 所完全中学、12 所十二年一贯制学校),民办中职学校 3 所,民办高校 9 所。

江州民办学校多样,民办学校和在校生数量可观。

第二节　中景：办学历程中的江世外

一、建校初期的发展（1995—2002 年）

江州世界外国语学校的创校人是一位美籍华人黎先生。早年留学海外,学成之后回国办教育。黎先生是一位建筑学博士,该校的建筑均出自黎先生之手。黎先生是一位非常有才华和个性的人。

黎先生出生于台湾、长在美国,1992 年来到江州,并于 1995 年创办了江州世界外国语学校。黎先生曾谈道："'国家、荣誉、责任'是我们值得为此努力一辈子的六个字。'少小离家老大回',为了国家和荣誉,我们要明白自己的责任,要为国家的繁荣、民族的富强奋斗终身。国家经济越是发展,我们就越要强调责任心。"

学校前瞻性地作出"高起点、高标准建设国际化、信息化、个性化、

---

① 江州市教育局 2023 年统计资料。

特色化的一流民办学校"的决策,建造了精美的校园,装备了一流的设施,荟萃了素质优良的师资。

学校在建校初期就获得飞速发展,作为江州第一所民办学校,打开了江州民办教育市场。建校初学校的国际教育特色吸引了不少有国际教育需求的生源。在当时国际教育并不多见,不要说江州,即使是在周边地区都很少见。

> 我们当时做国际学校,主要为有出国留学需要的学生做出国预备教育,同时随着开放的扩大,全国掀起了外语热,出国和外语是我们当时的主要竞争力。在那个年代,整个江州市就我们一家做国际教育,周边的几个地区也很少,H市一家都没有,Z省稍微有几家,也不多。我们的生源主要就是H市、Z省和本省三大生源地。(F-Z-M-20200725)

国际学校的定性给江州世界外国语学校带来大量生源,推动了学校初期的发展。

二、 逆境中的江州世界外国语学校(2003—2007年)

1998年以后,江州世界外国语学校进入飞速发展时期,学校生源不断扩大,2002年达到峰值4 000多人。学校在江州地区民办教育市场站稳了脚跟,教师都对学校充满信心,不过好事多磨,学校并没有一直辉煌下去,反而在2003年以后陷入重重危机,濒临停学的危险。

(一)"桃子事件"引发的危机

2003年,全国爆发SARS疫情。疫情防控对江州世界外国语学校的招生和教学管理产生了一定冲击。但也是这个时候,学校发生了一起"桃子事件",引起广泛的社会舆论,对该校刚建立起来的社会形象产生了冲击。

桃子①是学校国际部的一名高二学生。桃子家境优越,从小娇惯,在学校里,是出了名的问题学生,一直让老师头疼。按桃子班主任李老师的说法,桃子在学生中是一副"大姐大"做派,早恋、夜店、欺负同学,样样坏事都会。学校在办学初期,以扩大生源规模为发展目标,招收了很多其他学校不接受的问题学生。学校本着教育的目的,对桃子的劣迹一直宽容处理,并没有过分严苛的处分。

有一次,桃子与另一名同学晴逸②在学校发生冲突。桃子纠集了自己的"姐妹"在学校教训晴逸。原本只是想吓唬一下,结果失手将晴逸的脸上划了一刀。晴逸的家人对此非常愤怒,来到学校要求给个说法。学校第一时间对这起学生打架的纠纷做了处理,将晴逸及时送到医院救治,同时组成领导小组商议如何处理此事。晴逸的父亲带着一些社会人员来学校,要求严肃处理此事,提出三个要求:第一,开除肇事的学生桃子;第二,学校负责晴逸的医疗费用;第三,学校赔偿晴逸营养费、精神损失费。

> 当时,道上的人(黑社会)来学校打砸,我们老师都吓得不得了。他们闹实际上只是以这件事为由头,目的要学校赔偿。这件事严重影响学校的声誉和办学秩序,所以学校为了息事宁人,最后给了他们一笔赔偿金,事情才算过去。(F-L-F-20200506)

学校的声誉对民办学校来说是影响学校发展的大事。家长带人来学校闹事对学校产生了严重的负面影响,为平息家长的愤怒,学校给予了晴逸一定金额的赔偿。桃子一直是学校头疼的学生。这次事情闹得这么大,校领导严肃处理,整治学校校风,对桃子做出退学处理。

桃子被开除以后,江州世界外国语学校以为事情总算告一段落了,

---

① 桃子化名,其他人名均为化名。
② 晴逸为化名。

学校应该能回到原有的轨道上。但事情并没有就这么结束，晴逸的父亲这边安抚完了，桃子的家长也不是个善茬。对于桃子被开除，桃子的家长觉得学校收了这么贵的学费，没有好好地教育桃子，却把她开除了，这是不能接受的。桃子的父亲将某著名电视台[①]的新闻记者请到学校，进行报道。

桃子的班主任李老师跟我说，某一天她突然接到桃子家长的电话，询问情况。李老师礼貌地回应说："您家孩子的事情，并不仅仅是这件事情，此前就有很多违反校纪校规的行为，学校一直是秉着教育原则宽容处理的。这次事情闹得特别大，学校不可能继续纵容孩子，学校处理也是经过慎重研究决定的，您可以向学校的相关部门了解此事。"结果第二天，李老师这段回应的录音就上了新闻。李老师对此表示非常意外，并且表示后怕，还好当时的回应是比较中肯的。否则，稍有闪失都可能会影响李老师的职业生涯。

尽管李老师并没有因此受到什么大的处分，但是学校却在全国"出了名"。不明事理的群众议论引发的社会舆论对江世外的社会名誉造成巨大伤害。江州世界外国语学校多年积累起来的社会声誉一下子跌至谷底。

桃子事件对江州世界外国语学校产生了恶劣的影响。学校的领导从此开始重视校内矛盾及社会影响。当年，因新闻媒体的负面报道，让学校损失了一大片生源。许多在校的学生为此转学，生源流失成了对学校的最大打击。

除了社会名誉上负面影响，桃子事件对学校直接的影响是执行校长廖校长引咎辞职。廖校长是江州世界外国语学校发展史上非常关键的一位校长，曾主导学校的"部为实体"改革。

（二）政策冲击下的江州世界外国语学校

政策是民办学校发展的外部环境，政策对民办教育的支持会吸引

---

① 某一影响力巨大的国家级电视台。

社会资源进入民办教育市场。2003 年以后,江州世界外国语学校开始陷入长期的衰退阶段,其中更为关键的因素是高考政策的变动。

江州启航投资集团的汤总经理曾这样形容江州世界外国语学校"我们学校是一个典型的外向型经济"。外向型经济是经济中表示依靠出口产品生产,积极走进国际市场,参加国际分工和国际交换来带动经济发展的一种经济类型。汤总经理之所以这么说,是因为学校的主要生源并非本地,而是周边的环江州地区。江州地处长三角经济带的核心城市的中心位置,东部与经济强市 H 市接壤,南边与经济大省 Z 省接壤。这样的外部环境使得学校不仅能在江州本地招生,也能吸引周边城市有民办教育需求的生源。学校在建校之初就考虑到这一点,所以在选址的时候特地选了一个交通非常便利的位置。校址距离江州北高速口 3 公里,距离江州火车站仅 5 公里。在 1995 年建校的时候,校址是一块尚未开发的荒地,目前已发展成江州高度发达的新区。

江州世界外国语学校"外向型经济"的形成与建校初"做大做强"的发展战略有关。学校领导层在建校初制定了"先做大(规模),再做强(实力)"的决定。"生源规模"是建校初面临的生死攸关的问题。扩大生源,就必须扩大市场范围。江州本土生源是发展的基础,挖掘江州周边地区的生源是扩大学校规模的重要突破口。为此,在招生上发展出了"划片管理,驻地招生"的招生策略,即将江州周边的地区划几个片区,每个片区都有一位招生人员专职负责。在每个地区设一个常驻招生处,负责该片区的招生工作。学校不惜人力、物力跨地域招生,目的就是尽可能地充实生源,扩大规模。学校在江州以外投入的招生人员、经费远多于江州本地。江州周边地区经济发展较好,有较强的民办教育需求。在这种形势下,生源呈现了江州、H 市、Z 省生源三足鼎立的局面,即三分之一为江州本地生源,三分之一为 H 市生源,三分之一为 Z 省生源,非江州生源占据三分之二的比例。这就是汤总经理所说的"外向型经济"的由来,学校的生源主体来自江州市外。正如"外向型经济"容易受到外部环境的冲击而影响整体经济的发展,学校生源"外向型"的特征,决定了生源规模容易受到外地教育政策的冲击。2000 年开始,我国高考招生制度开始改革,由全国统一命题逐渐改为各省自主命题,江州周边的 H 市、Z 省纷纷获得高考自主命题权,试行高考自主命题。这让 H 市的学生和 Z 省的学生都要回到本地区学习参加高考。

高考各省自主命题的推广对外地生源产生极大冲击。学校有三分之二的外省生源,其中 H 市的生源最多。学校原来有一个单独的"H部(段)"①,但是高考政策改革使得"H 部(段)"的生源极速萎缩,H 部(段)在两年后被撤销,H 市的少部分生源并入其他学部。

(三)同行业的竞争

同行业的竞争也是江世外 5 年衰退的一个重要因素。在 1995 年创校时,江州世界外国语学校在江州是第一家民办学校,并且以国际学校为特色,即使放眼江浙沪地区,像该校这样的同类学校也屈指可数。因此在创校初期,江州世界外国语学校就像一个新生事物,很快就占据了江州及周边地区的高端民办教育市场。但民办教育行业发展迅速,很快同类学校都不断涌现,到 2000 年时,仅江州已有 5、6 家同类学校。同类学校对民办教育市场的分流,是江州世界外国语学校生源减少的一大因素。此外,该校属于"纯民办"学校,不依托任何公办学校或者教育行政机构。在民办学校迅速涌现时期,有很多新生民办学校依托公立资源获得了比一般民办学校更多的发展资源。最典型的是2001 年由公办转制的江州外国语学校。江州外国语学校和江州世界外国语学校名字很像,因此常常有人将这两所学校混淆。江州外国语学校是一所公办中学,后经转制,从公办学校转为民办学校,并且名字更名为江州外国语学校。江州世界外国语学校的创校人在建校时,曾将"江州外国语学校"作为备用名,但最后为了凸显学校的国际特色,故

---

① 　H 部是单独为 H 市生源开设的学部,在下文"学段制改革"时期称 H 段,"部为实体"改革后称"H 部"。

在名字上加了"世界"二字。在江州外国语学校成立之前,江州世界外国语学校对外的简称就是"江外"。但后来江州外国语学校转制成立,这使得两所学校的简称都叫"江外"。这让江州世界外国语学校的领导很尴尬,品牌已经打出,很多家长会把两个"江外"搞混。为此,江州世界外国语学校的领导还和江州教育局申诉过校名问题,但江州外国语学校是江州教育局支持转制的学校,其校名本身得到教育局的认可,江州世界外国语学校申诉被驳回。"江外"的出现是对"江世外"发展的一大冲击。因为江外有公立学校的历史。江外转制时,很多教师仍然是保留公办教师编制的。在江外成立后的好几年,江外的新进教师也是有公办教师编制的。公办教师的编制对教师是一个极大的吸引。因此,江外的师资队伍稳定性比江世外好,选拔出来的教师素质也更强。2000年以后,还有许多类似江外的民办学校产生,这都对江世外的发展产生冲击。江州的民办学校规模已经扩大,江州民办教育已不是一家独大,以及"公校办民校"、"名校办民校"等形式产生的民办学校有很多的公办资源、名校资源,江州世界外国语学校要在江州地区民办教育市场站稳脚跟需要更多的优势。

(四)游走不定的教师

相比于公办学校,民办学校的教师队伍相对不稳定,江州世界外国语学校在这一点上尤为明显。学校的领导告诉我,我现在所能看到的教师,除了少部分领导和骨干教师,剩下的基本上都是近三年入职的新教师。教师流失严重也是我在该校听到的最多的"抱怨"。为什么这么多教师要离开该校呢?许多人给我的回答是"入编",也俗称为"上岸"。起初我以为该校教师只是和其他民办学校一样追求稳定上岸,但是在我进一步深入调研中却发现并不是这么简单。许多教师原来在老家是有编制的,处于"在岸"状态。该校教师普遍经历了从"在岸—离岸—再上岸"的职业旅行。

民办教师自其进入民办学校获得民办教师身份的那一刻起,就面临一场"上岸"与"离岸"间摇摆的职业旅行。"离岸"似乎是一种无奈，却也是值得尝试的权宜之计。"先离岸，后上岸"是许多民办教师职业旅行的真实写照。

1."离岸"：无奈的选择

从薄弱地区有编制的公办学校流动到无编制的民办学校，虽然并不情愿，但却是民办教师自发的无奈选择，这种现象是地区差序发展的结果。教师在流动的过程中存在筑巢式、伴随式、聚居式三种离岸现象。

（1）筑巢式"离岸"

编制是教师千方百计想获得的稳定状态，从无编向"在编"努力一直是新教师"上岸"的必经之路。但是，对于身处薄弱地区的老师，为了获得更好的生活和发展资源，放弃公办编制到一个核心城市的民办学校也未尝不是一种选择。为了获得更好的生活条件、发展平台、资源支持，许多薄弱地区的教师背井离乡放弃公办编制，从"在岸"走向"离岸"。

> 我当初想来江州发展，投了十几家单位，没有一个要我，是江州世界外国语学校给了我留在这个城市的机会。我为什么没有想过离开这所学校，是因为它给了我一个家，让我能在江州立足成家，所以我对学校充满感恩。除此之外，我觉得没有什么比给我这样一个机会更重要的了。（F-L-F-20200608）

"离岸"是为了将栖身之所筑在更好的地方，"移民"一、二线城市是许多年轻人的强烈愿望。大城市的公办编制竞争激烈，相比而言，民办学校就成了一个合适的选择。不过由此，他们也开始卷入"在岸—离岸—上岸"的职业苦旅。

（2）伴随式"离岸"

在大城市"筑巢"是年轻人的愿望，婚姻关系则更是一种影响民办教师流动的重要因素。跟随配偶到另一城市的发展也是教师中普遍存在的现象。有的教师为了跟随配偶到一个城市工作,甚至有从高校转到民办中小学工作的。

> 我原来在一所大学做公共英语课老师,我对大学的工作并不是特别满意。因为大学公共英语课老师,并没有太好的地位,也是个闲职。后来我爱人来江州工作了,为了能在这个城市生活,我跟着来到了江州。(F-L-F-20200612)

配偶伴随,家缘性是影响教师流动的关键因素。

(3) 聚居式"离岸"

除了"筑巢"安家、配偶伴随,家族聚居也是许多教师从公办流向民办学校的原因。

> 我原来在安徽公办学校工作,但我的好几个兄弟都在这边发展,所以我也跟着来江州工作了。家里几个兄弟,总归在一个城市发展比较好,有个照应。现在我父母也搬过来了,我们家族都已经搬到江州定居了。(F-L-M-20200605)

家族聚居、近亲投靠等家族观念一直是影响我国民族心理的重要因素。在教师流动中,家族观念以另外一种形式潜藏在教师的头脑中,影响着教师流动的方向。

筑巢安家、配偶伴随、家族聚居是"在岸"教师选择"离岸"进入民办学校的家缘性因素。尽管教师到民办学校工作的原因很多,但对于新教师和教师职业发展不顺的底层教师,家缘性是一个主要因素。

2."上岸":青年教师的理想憧憬

"上岸"是青年教师的理想憧憬,但不同教师的诉求不同。根据不同的"上岸"诉求,民办教师的"上岸"行为有过渡型、发展型、回避型三种形态。

(1) 过渡型"上岸"

过渡型"上岸"的教师本身对民办学校认同度不高,入职只是一种权宜的过渡。

> 我来这儿是我没考上公编,一辈子这么长,工作总会换来换去,谁还能一辈子在一个单位。我一直想着要考公编,去个公办学校。虽然公办学校待遇不一定多好,但是公办编制相对稳定。在这儿,你总觉得自己是一根水上漂流的稻草。(F-T-M-20200503)

过渡型"上岸"教师对民办学校的忠诚度、归属感不高,民办学校的人事部门在管理中也会对此类教师有所保留,避免将重要的岗位以及职业发展机会安排给这类老师。学校的这种做法,也会加剧教师的"上岸"诉求。

(2) 发展型"上岸"

发展型"上岸"是教师具有较强的成就动机,职业认同度高。在工作中,逐渐意识到民办学校工作的种种不利,想要通过"上岸"为自己的职业发展寻求更广阔的机会。

> 我原来并没有觉得民办学校和公办学校有啥差别。民办学校竞争性大,工作压力大,优绩优酬,我喜欢这样有挑战性的工作,所以我选择了民办学校。我是一个很要强的人。教师的发展需要一个好的平台,我一直在考市重点中学的公编。(F-T-F-20200113)

民办学校对发展型"上岸"的态度是摇摆的,一方面学校需要成就动机强的教师,精于业务,锐意进取;另一方面,又害怕其成长后流失到其他学校。

(3)回避型"上岸"

民办教师的"上岸"行为不仅是因为公办编制对教师的吸引力,民办教师的工作环境的复杂也促使教师产生离开民校的想法。回避型"上岸"是指教师的"上岸"行为是为了回避民办学校繁重的工作量与复杂的工作内容。

> 这个学校工作太累了。我不仅要教书,还有很多事务性工作占据了我大量的精力。比如说我们学校是需要接送学生的,那么每次接送的时候,我要陪护。平时,我是班主任,要和家长保持联系。我们学校的学费比较贵,这里的家长觉得自己花了很多钱,个个都觉得自己是"爷"。我是一点事情都不敢马虎。(F-L-F-20200312)

琐碎的事务性工作让教师不断从一项事务转到另一项事务,疲于奔命,同时又顶着教学、稳生、家校联系等多种压力。这都使得民办教师缺乏归属感,"上岸"是对高压、高强度工作的回避。

3. 职业旅行的结局

(1)"上岸"的教师

对于成功"上岸"的老师来说,"上岸"意味着摆脱民办教师"二等公民"的身份,一跃成为正式的人民教师。

> 在成功"上岸"之后,我终于不用担心随时被老板炒了。体制内的工作让我家人也很满意,我也摆脱了江州世界外国语学校陪护、维护家长、稳生等事务性工作。公办学校的家长也都很尊重教师,不用再面对傲慢的家长了。(F-T-M-20200503)

"上岸"给教师带来了期待的稳定、社会保障和地位,但编制的稳定性也让成功"上岸"的教师滋生一种安逸心态,职业发展的成就动机有所下降。

（2）超龄的教师

对于"未上岸"的超龄教师来说,"上岸"已不是现实的事情。这种情况下,他们会在所在单位锚定,寻求另外力所能及的发展目标。

> 我是从公办学校跑到民办学校来的。来了这边后,我从事招员,干到常务副校长,一路挺不容易的。我也曾想离开这个学校的,2015年我试着考过编制,但是不巧的是正好那一年S市事业单位招录改革,把招录条件从40岁降到了35岁。我刚过35岁。好了,想进,进不去了！没办法了,那就在这里工作吧。（F-L-M-20100906）

对于因超龄等原因无法"上岸"的教师,必须在职业发展中寻找另外一个能让他安定的固着点。这个固着点可能是民办学校对其的职业认可（如升迁或者担任重要职位）,也可能是家缘性因素对现在职业的默许、依赖,又或者其本身在职业发展中寻找到内在的满足感。总之,寻找适合的固着点将自己锚定在当前单位是必要的,否则,教师就会选择离职,甚至离开教育行业。

（五）两次救校行动

"乱世出奇招",当时江州世界外国语学校的总校长,也就是创校董事长黎先生的夫人施凤女士开始了一些救校措施。

施凤校长想的一个办法是改变学校的办学方式。一次偶然的机会,一位有中尉军衔的退役军官找到施凤校长,表示通过军事化办学能扭转学校的颓势。学校当时面临诸多问题：生源锐减、教师流失,生源的流失又伴随着无法挑选生源。入学的学生生源质量差,学风不好,教学秩序难以保证。那位中尉军官认为通过军事化改造,能用军队的铁腕手段让学生在短期内改变不守秩序、无组织、散漫的学习状态。施校长认为学校已经日渐衰颓，这不妨是一条解救之策。毕竟靠军事化办学起家的衡水中学在高考中取得了震惊全国的成绩。说干就干，施校长很快与中尉军官达成合作协议，聘请该军官为学校副校长负责学校的军事化管理改革。但这个救校办法很快就流产，学校董事长黎先生是一位极具教育情怀的教育企业家。他创办学校的目的是建立一所教育理念先进，能真正实施素质教育的学校。军事化办学的做法显然违背他的初衷，因此尽管当时军事化办学方案的前期工作已经实施，但很快被黎先生叫停。黎先生和施凤校长是夫妻，同时任职学校的董事长和总校长。两者观念的冲突在学校高层形成一次波动。军事化办学的方案最终因黎先生的反对而告终。

在军事化办学方案落空之后，施凤校长又产生了另外一个想法——不能改变学校管理方式，那就改变学校的业务范围。江州世界外国语学校是集团化运营，集团在学校教育外还有其他业务。学校生源锐减，留下很多闲置用地。施校长设想在学校附近的闲置用地开设一个儿童医院。江州世界外国语学校的学生一般家庭较优越，很多孩子有肥胖、近视等问题。施校长认为儿童医院能和学校相互补充形成相互促进的两条产业链。为开办儿童医院，学校购置了相关医疗设备，但儿童医院一天也没有开，就胎死腹中。

两次救校方案都偏离教育主线，当时的领导人没有从学校内涵提升、生源改善、稳定教师队伍等方面入手，反而在学校业务拓展、学校管理制度上做外部的改革。一方面是竞争日益激烈的民办教育市场，一方面是江河日下的江州世界外国语学校。此时的学校宛如一艘日渐破败的游轮，亟须新的组织变革。

三、转型期的新发展（2008年至今）

（一）2008年之前江州世界外国语学校的困局

2008年对于江州世界外国语学校来说是一个转折之年，一方面持续生源萎缩让这所创办了 13 年的民办学校濒临倒闭，另一方面为应对生死攸关的困境，学校董事会做了重大人事调整，决心做最后一搏。

从生源上看，2008 年学校生源已经萎缩至了 1 700 多名，与高峰期的 4 000 多名相比，生源减少了一半。生源危机转化为财政压力，逼迫学校裁员。许多教学能力一般的教师被辞退。学校的裁员对在岗的教师产生了冲击，连年的招生数下降，很多教师也慢慢开始感到学校前景的堪忧，部分优秀教师开始主动辞职，另谋出路。师资队伍的不稳，优秀教师的流失对学校形成了二次冲击。于是"生源下降—教师离职—教学质量下降—生源进一步下降"形成一个恶性循环，不断冲击学校的办学。学校董事会、校级领导、中层干部、骨干教师都感受到了江世外前景堪忧。办学的衰退让很多人对学校充满失望情绪，有不少人带着"办不下去就走人"的想法勉强在学校留职。

江州世界外国语学校当时已经奄奄一息，许多闲置的用地都做了商业开发的规划。学校的领导已经做好倒闭的准备。

（二）提升教学质量

2003—2008 年的生源危机，最大的内部原因是江州世界外国语学校教学质量的下滑。教学质量下降导致社会声誉变差，生源减少。为扭转这样的恶性循环，学校决定开展一场"提质量"为核心的教学改革。

在当时，全国盛传一种"四清"的课堂教学模式。所谓"四清"，即"堂堂清、日日清、周周清、月月清"。针对每堂课的教学知识，采取频繁做题的方式检测每堂课的教学质量。"四清"以知识目标导向，强化课堂监测，深受中小学老师欢迎，在全国掀起了一股学习"四清"教学法的热潮。正处于教学质量低迷困境中的江州世界外国语学校意识到了"四清"能短时间内提高课堂教学质量。于是，"四清"很快成为学校强力推行的教学改革。

在当时，全国都流行"搞四清，学永威①"。我们学校当时也组织教师去永威中学学习，我当时也去了。为了推行"四清"，我们教师的布局都变了，每个教室门口有一块专门的宣传板，记录着每堂课、每天"清"的状况。每个教师每天都是去看一下自己教的班级今天的知识是不是"清"了，没"清"就是要想办法补救。我任教的班级被推为当时"四清"的示范班。（F-L-M-20200605）

"四清"教学改革后来被证明是一种"应试教育"的产物，因此全国"四清"的热潮很快降了下去。不过江州世界外国语学校是"四清"的受益者，因为"四清"教学改革让该校的教学质量迅速提高。

（三）江州世界外国语学校规模的扩大

2011年以后，江州世界外国语学校进入高速的发展期，社会声誉的恢复，办学规模的扩大，使得学校不再满足于在本部办学，开始在校外办分校。

江州世界外国语学校的领导层主要是企业人，带着企业的思维办教育。企业是一种扩张思维，即不断地寻求规模扩张、产业转型。扩大办学规模是江州世界外国语学校重要的发展战略。扩大规模对于该校发展有很多好处，首先若你只有一所学校，那么你的资源是有限的，无论是生源还是师资，永远都停留在江州香门区的一亩三分地，资源是死的。其次，扩大规模可以壮大实力，形成教育集团。不断地扩大学校，形成自己的教育集团，那么江州世界外国语学校就不是一座孤岛，能获得集团的支持。若出现突发危机，集团的抗击打能力能远远大于个体学校。第三，教育集团是一个内部的生态系统，集团内的师资、课程、资金、生源可以内部流动，

---

① "永威中学"是当时推行四清教学法的示范学校，永威为化名。

相互支持,促进集团内资源的有序流动、合理分配、优化结构、提升效能。最后,教育集团可能形成品牌效应和规模效应,教育集团的品牌影响力是学校社会声誉的保障,品牌能给学校带来巨大的品牌红利。(F-L-M-20200320)

江州世界外国语学校办分校的理念在建校初就有,不过刚开始是在本地办分校。1998年,董事会在江州的下辖县级市K市创办了桂湖学院。桂湖学院的建立有两方面考虑,其一,江州世界外国语学校主要为基础教育,业务范围从幼儿园到高中,没有高等教育这一块。江世外董事会想要创办一个完整的教育体系,于是萌发了创办民办高校的想法。其二,1998年以后H市的生源在江州世界外国语学校的规模不断扩大,为了方便H市生源的管理,学校单独成立了H部(段)。同时,想将H部迁移到桂湖学院内部。因桂湖学院的位置紧挨着H市,所以将H部(段)迁移到桂湖学院能吸引更多的H市生源。学校董事会原本计划将桂湖学院办成一个高品质的民办高校,由于政策因素制约,桂湖学院仅获得高职院校的办学资格。此后,学校便将自己的办学重心放在基础教育领域。

2006年,在江州世界外国语学校尚处于危机期间,学校董事会跳出江州在Q市办了一所学校。这是江州世界外国语学校第一次走出江州,异地办学。Q市学校的建立也有两方面的考虑,一方面江州世界外国语学校陷入重重困局,希望通过另建新校获得新的生存空间,另一方面,Q市是在北面,Q市学校能和江州世界外国语学校形成南北办学的格局,互为补充。近几年经济发展较好,民办教育需求增加,学校也想拓展北面的民办教育市场。

2011年以后,江州世界外国语学校进入规模扩张的加速时期。学校在有了充足的资金和办学师资后,开始不断扩张办学规模,输出江州世界外国语学校的教育品牌。

（四）高端品牌的创立

2011年后，江州世界外国语学校除了在规模上不断扩大，形成遍及南北多省、数十个学校的教育集团，还在学校的内涵建设上取得突破性进展。

2018年学校制定"四五规划"将建设"卓越学校"作为学校未来发展的战略目标。经过20多年发展，董事长对办学环境有了新的洞察。在我国教育迈入高质量发展的当下，民办教育已经从公办教育的"有益补充"上升为共同发展的重要部分。我国社会已经进入高质量发展阶段，普通的民办教育已经不是当前民众的需求，个性化、差异化、高端化、精品化是未来我国民办教育的需要。

"个性、差异、精品、高端"成为江州世界外国语学校未来发展的重要方向。高端、精品的民办教育就要有"大品牌"，拥有较好的社会声誉，还要有国际视野，办面向全球的民办教育。适逢世界联合学院（UWC）在江州建立了分部，江州世界外国语学校与UWC的合作就此展开。

世界联合学院（UWC）简介

世界联合学院（UWC）创建于1962年，同年，位于英国南威尔士的大西洋世界联合学院开始招生。学院旨在将二战后冲突地区的年轻人聚集起来，通过注重分享、合作与理解的教育，培养推动和平的使者。UWC深信教育能够激励年轻人发挥最大的潜能。在风云变幻的21世纪，UWC的教育理念和宗旨与当今社会依然息息相关，甚至更显重要。我们比以往更加需要懂得理解，并致力于改变世界的未来领袖。

UWC在全球拥有18所院校，155个国家和地区理事会。已有来自180多个国家的60 000多名学生在UWC院校或短期课程项目中接受教育和培训。绝大部分毕业生获得奖学金进入世界名校继续深造。UWC 提供极富挑战的教育体验，促使学生实现自我蜕变。我们不仅强调学术成就，也关注社区及国际事务，服务他人，参与户外及体育运动，投身创造性的活动，通过这一系列教育，学生有机会发现真正的自己。（P-N-01）

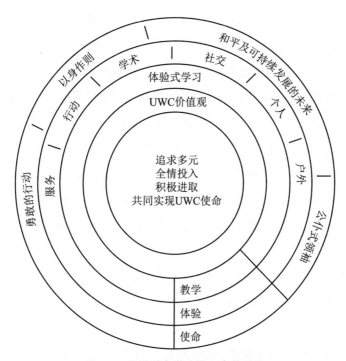

图 2-1　世界联合学院核心素养结构

世界联合学院的使命是致力于通过教育，联合不同的国家、民族和文化，从而促进世界和平与可持续发展。

世界联合学院的教育核心以多元化的学生群体为基础，所有学生都致力于履行联合学院使命和价值观。150 多个国家委员会面试和选拔的学生都学有所成并具备履行联合学院的使命与价值观需要的素质。学生会被选派到不同的学校中以确保每一所联合学院在文化、种族、性别和社会背景方面的多样性。这种全球性多元化使每个联合学院校区的学生之间能够加强联系、分享、探讨和社区生活,从而为促进学生的成长提供更大的空间,同时培养同情心和相互理解。教职员工会作为教师、辅导员、导师同时也是学习者,积极地参与到学校的社区生活中。

世界联合学院为年轻人提供宝贵的成长经历,通过勇敢的行动,以身作则和无私的领导素质,让他们去探索改变的可能性。这种教育十分重视青年人的平衡发展,这意味着鼓励个人在各个方面均衡、综合的发展,包括智力、道德、美学、情感、社交、精神和身体的发展。

体验式学习是世界联合学院教育的基础,通过亲身经历来认识与了解事物,把青年人放在一个充满活力的多元集体当中,提供一系列的具有挑战的经历,激发学生丰富的情感和学习的机会。这些经历会充满挑战,有喜悦也有沮丧,但促人成长。世界联合学院提供一个安全的、互助的环境,让学生通过直接体验来学习。学生通过共同生活和学习培养同理心,并通过自省、对话、试错,多角度思考来充实自己的学习生活。

体验式学习是一种较正规的教育方法。教职员采用这一哲学理念,运用多种教学方法,有意地为学生提供参与活动、锻炼和比赛的机会。

在与世界联合学院的合作中,江州世界外国语学校分别在幼儿园和高中两个阶段创办了两个高端品牌沃达斯幼儿园与肯特国际学校。

1. 沃达斯幼儿园(Wodas Kindergarten)

沃达斯幼儿园是江州世界外国语学校与世界联合学院合作创办的高端幼儿园品牌。沃达斯幼儿园的办学理念是"把学习还给孩子,把生活还给孩子,把选择还给孩子,把未来交给孩子"。沃达斯通过生活构建幼儿的品格,协助创造孩子的未来,通过课程丰富幼儿的体验,支持孩子的个性成长。沃达斯为孩子提供国际化与本土化深度融合的教育模式。为世界各国不同文化背景的孩子，创设丰富而又充满探究性的教育环境，提供丰富多元的课程体系，培养国际视野的世界小公民。

在课程设置上，沃达斯包括中英文主题探究课程、自然教育课程、园本运动课程、园本音乐课程、感统课程等多样化课程。

在师资配置上，沃达斯幼儿园每班 20—25 名幼儿，配有三教一保。每班配备一名专职外籍教师，在全球遴选有相关教学经验的优秀外教担任；配备两名中方双语教师，由英语口语流利、幼教经验丰富的教师担任；配备一名专业保育，负责幼儿日常生活起居，配合班级管理工作。

2. 肯特国际学校（Kent International School）

江州世界外国语学校肯特国际学校是一所通过国际文凭组织（IBO）[①]认证的国际高中，学校教师团队中有多名 IB 考官。

江世外肯特国际学校提供高质量的两年制 IB-DP[②] 和一年制预备课程，为学生提供多元文化的环境、具有挑战性和综合性的教育体验，为纳新融变、筑梦未来这一使命而躬行实践。

课程设置方面，包含中文、英文、物化、数学、经济、地理、环境科学与社会在内的六组课程。另外，还有知识论（TOK）、创造力、行动、服务（CAS）以及拓展写作（EE）三门核心课程。除中文课程以外，其他课程均以全英文的形式进行教学。

第三节　近景：多维视角下的江州世界外国语学校

实地研究要捕捉研究现场中的惊异事件，所谓的惊异事件不是种种客观的现象，而是复杂现象背后的价值意蕴。发现事实是表面的浅层入场，透视事实背后的意义与价值关系，才能触及研究现场深处的真

---

① IBO：The International Baccalaureate Organization.

② IB-DP 为该组织开设的大学先修课程。

实。近景,我们将从学生、教师、领导等不同主体的视角,走进江州世界外国语学校的多维现场。在多维视角的叠加中,深描该校总体图景。最后,研究从"我"的视角,对学生、教师、领导等主体进行批判性审视。

一、 学生视角之江州世界外国语学校

(一)童话中的城堡

江州世界外国语学校的建筑非常有特色,学校建筑为白墙尖顶。大大小小的粉红色尖顶让江州世界外国语学校在周边钢筋水泥的现代建筑群中脱颖而出。从紧邻的高速公路上,很远就能看到白墙红顶的江州世界外国语学校。在一次来该校的考察途中,我们系的一位教授对该校的独特尖顶风格非常赞赏,戏称:"这不是'尖顶学校',而是'顶尖学校'"。该校的校车上印有代表学校建筑形象的"尖顶剪影",这个剪影成为该校的形象标识。在江州世界外国语学校的信封、手提袋、校刊等产品上都印着代表江州世界外国语学校的"尖顶剪影"。

这白色的墙与粉色的尖顶,就像童话故事中的城堡,给学校带来童话般的梦幻色彩。一位学生曾在作文中这样写道:

> 在美丽的洋湖畔,坐落着一座梦幻般的城堡,她犹如一个充满回忆的小瓶子,里面都是甜甜的回忆。她,白墙红瓦,绿意葱茏,如同美丽的童话城堡。(P-X-01)

在童话般的城堡中,还有三只散养的孔雀,在校园中自由漫步。行走在校园中,常常会被突然跑来的孔雀惊吓到:

> 悠闲地走着,细细欣赏,江州世界外国语学校的风景让人心旷神怡。走着,走着,我听到了一声声清脆的鸟鸣,让人心情愉悦。突然,一只不明"飞行物"飞到了我的面前。呵!是一只漂亮的孔

雀。七彩的羽毛,高贵的身姿,着实漂亮!(P-X-01)

这孔雀成了江州世界外国语学校的"吉祥物",在许多该校宣传视频中都有出现。学校领导告诉我,之所以散养孔雀是因为创校董事长黎先生提倡"环境育人",让孩子亲近自然,获得大自然的教育。

(二)丰富的校本课程

创校董事长黎先生非常注重"素质教育",关注学生的兴趣,提升学生的动手实践能力。

江州世界外国语学校开设了手工课、陶艺课等提升动手实践能力的课程。为了全方面发展孩子的兴趣,围棋兴趣组、轮滑队、舞蹈队、足球队、篮球队、击剑队、武术队、跆拳道队等四十多个社团。为了弘扬本土文化,打造具有江州文化烙印的课程,学校开设了江曲课程、江州话研习课程。为迎合国际化的浪潮,学校还开设了非洲手鼓等国际文化课程。

丰富的校本课程为学生提供了充实的学习环境,吸引了许多家长将孩子送来学习。

(三)别样的校园文化:篝火晚会

江州世界外国语学校有许多校园文化节日,如科技节、读书节、体育节、外语节、迎宾节等。在诸多的校园文化活动中篝火晚会是最引人注目的。

篝火晚会起初是吸引生源的一种策略。

我们当时搞篝火晚会主要是为了宣传,我们从营销策略的角度想,家长为什么愿意把孩子送到我们这边?如果孩子来我们这儿,接受的是与公办学校一样的教育、校园生活,那我们就没有什么吸引人的地方。如果我们做的与别人(公办学校)不一样,同时又是一种有趣的学习体验,那肯定会很吸引人。在当时篝火晚会相当于现在的校园体验日,邀请家长和孩子一起来参与,家长和孩子觉得在其他地方没有体验过。同时,也能领略不同的文化,就很愿意把孩子送过来。(F-L-M-20200607)

学校领导的营销策略是成功的,篝火晚会确实成功吸引了许多生员,并且篝火晚会成为了很多学生的美好记忆。

> 那与实验小学、科技小学可不一样,我们学校有很多的活动,比如:艺术节、科技节、读书节、体育节……它们帮助和陪伴我成长,既有趣又有意义,让我念念不忘!(P-X-01)

篝火晚会给家长和学生留下了美好而深刻的印象。

二、 教师视角之江州世界外国语学校

(一)入职军训

教师的入职培训是教师融入校园生活的第一步。江州世界外国语学校的入职培训并不仅仅是简单的培训,还有一次令所有教师难忘的"入职军训"。

一位新教师曾这样描述入职军训后的感受:

> 当所有新教师站在灿烂的夏日阳光下,一起迈着整齐的步伐,一起喊着响亮的口号,一起流着汗、聊着天时,如此不一般的教师军训,让我很快结识了一批心中充满了教育热情的好同事。(F-T-F-20200113)

入职军训,不仅对新老师是一种难忘的入职体验,对于工作二十多年的老教师,回想起二十多年前的那次入职军训依然难忘。

2000年8月，我正式成为江州世界外国语学校的一名中学教师。当一百多名新聘教师整齐列队，站在烈日下，挥汗如雨，迈着整齐的步伐，喊着嘹亮的口号，英姿飒爽经过主席台，接受学校领导的检阅时，我的眼眶湿润了。多么特殊而又有意义的军训呀！虽已过去了二十多年，却恍如昨日一般，让我终生难忘。（F-L-F-20200612）

为期两周的封闭式管理和全天候练操，是这群教师在涅槃重生的第一步，作为新人，很快就打破了对陌生环境的隔阂，一下子就融入了学校生活，在这期间和战友同甘共苦相互照应，结下了深厚的友谊，这更是日后工作中同行互助的伙伴。

（二）师徒结对

对于一个新手教师，从求学到入职是一个巨大的角色转换，新手教师缺少实践经验，需要有经验的教师提供指导。江州世界外国语学校给每位教师配备了师傅，引导新手教师尽快进入职业角色。

学校给我们新教师的成长营造了优越的环境，提供了很多便利的条件。在工作中，领导充分考虑到了我即将面临的挑战，在新的模式下，无论是教学还是班主任工作，我都缺乏经验。怎样提高课堂的质量，怎样与学生相处，与家长交流，面对形形色色的问题怎样妥善地处理，刚入手的我都毫无头绪。学校安排了师徒结对活动，由骨干教师吴老师和德育主任刘老师分别担任我教育教学、班级管理方面的师父。珍惜这来之不易的机会，我在师父们的指导下，不断努力学习，不断完善自己，更快地适应和成长着，少走了很多弯路，为我今后的发展奠定了坚实的基础。（F-T-M-20200503）

除了师徒结对,学校还有青蓝工程、菁英教师计划等项目促进新手教育专业发展。

(三)教育会诊

学校教育中常常会出现一些问题学生,一个问题学生能让各科老师头疼不已。不过,江州世界外国语学校有一套自己的应对方式。学校以教育会诊的形式,让各学科老师及家长联合行动,为问题学生定制个性化的教育方案。

小学部张老师遇到过一位极难管教的学生。据家长反映,该生从幼儿园开始便让老师焦头烂额,转学数次,可谓是顽固多年的问题学生。张老师作为班主任,面对该生作业不交、承诺反悔、检讨无效、恩威不受等诸多问题痛苦不堪。长达几个月的尝试,终于在通过家访活动,家校联合出力,各科老师的教育会诊,使这位问题学生情况好转。张老师曾在教学总结中写道:

> 将家庭教育与学校教育相统一,是转化该问题的着手点。作为班主任,我召集各科老师,并邀请了他的父母,专门讨论该的个案,对其进行教育会诊,最后探讨出一套为其私人定制的学习方法。一个星期后,各科老师开始向我反映他的变化。一个月后,孩子妈妈满脸笑容地告诉我,爸爸再也没有打过孩子,家庭关系在变好。一个学期后,这位同学期末考试居然考到了班级前面,暑假里跟着爸爸去旅行了。我真心地为这家人感到高兴,作为老师,我们只做了我们该做的,一些微不足道的努力,却给一个家庭带来巨大的改变,孩子的人生可能从此改写。(P-W-04)

教育不是单靠一位老师,或者几位学科老师就能完成的。对于一些问题学生,学校要将学科教师、家长组织起来,形成共同的联合行动。教育会诊是一种很好的问题学生的教育形式。

三、 领导视角之江州世界外国语学校

学生和老师的视角能看到江州世界外国语学校的校园生活和工作场景，但是还不能深入到学校治理。从领导的视角，能看到管理层面对学校的认识。

（一）民办学校中的"当家的"

民办学校与公办学校最大的区别在于民办学校有一个"当家的"。当家意味着学校的兴衰都由当家的来承受。学校发展好，当家的享有更多的剩余分配权；学校衰退，当家的要承受衰退带来的损失。

> 我曾经做过公办学校校长，也在教育局工作过一段时间，现在又来民办学校工作。我最大的感受是民办学校做啥事都有个"当家的"。公办学校的校长是轮流的，这几年我来，任期到了，我就换个地方。公办学校的校长不需要对学校负所有责任，因为学校不是他的。我在这边做得不好，我换个地方做好点，就可以弥补我之前的不好。民办学校就不一样，这学校就是"当家的"的，什么事情都要"当家的"点头。（F-L-M-20200112）

"当家的"现象反映了民办学校管理中领导意志的影响力。若是个家族型民办学校，"当家的"就会变成强大的家族意志，左右民办学校的重要决策。

（二）"节约越多经费越好"

在一次与江州世界外国语学校合作会议上，鲍校长在总结中提到了一个比较有意思的判断"公办学校是争取越多经费越好，民办学校是节约越多经费越好"。民办学校没有共用经费的支持，在经费使用上非常注重开源节流。

在我还没有驻校之前，我与江州世界外国语学校有过几次工作上的接触。在我的印象中该校是一个非常豪的民办学校，学校的老板出

手也很阔绰。在招待我们工作组时,处处都反映了学校待客的阔绰。不过,这个印象很快在一次中层会议上被打破了。江世外现任董事长施校长在中层干部会议上谈起了节约办公资源的问题。

> 我们每个学部在办公资源的使用上,不能有无谓的浪费。你说一张纸,明明能双面打印的,你非要单面打。你多打一张,我多打一张,我们整个一天要多耗费多少张纸?整个启航集团这么多学校要耗费多少纸。这些耗费的经费省下来,用于员工的绩效奖励、教师专业发展不好吗?前几天,我看到中学部办公室多了一台跑步机,一台跑步机少说也要万把块吧。肯特刚装修好健身房,你不用,非要专门买一台,有什么必要?你们一定要清楚,你们一个人一点的浪费,扩散到整个系统,将会是一个巨大的无底洞。(P-D-02)

一张打印纸都需要双面打印来节约经费,这一下子改变了我对该校阔绰形象的印象。同时,这让我在接下来的驻校调研中,开始减少没有必要的资料打印。

(三)江州外语名师培训中心

江州世界外国语学校的教师流失现象严重,这令学校负责人事工作的领导很苦恼。该校的外语教学有一套长期探索的培养方式,被称为"模式课",学校的外语教师具有很好的外语教学能力。学校培养了许多优秀的外语教师,而这其中部分外语教师在提升教学能力之后,流动到了其他学校。因此,学校的领导会戏称该校为江州外语名师培训中心。

> 我们的外语教师培训是很严格的,我们对外语教师的投入也是很大的。我们每年都会选择几位优秀的教师参与加拿大交流项目,一个人培训费近 10 万元。但是,我们很多老师在教学水平提

升之后，就跑去其他学校。江州现在许多外语教学名师是我们培养出来的。我们这儿就像一个江州外语名师培训中心。（F-L-M-20200605）

这位领导吐的苦水，并非虚言。我在访谈学校特聘专家唐校长时，唐校长就给我看了一位曾经在江世外成长起来的英语教师给唐校长发来的感谢信：

> 唐校长您好，我现在在我老家这边的一个学校担任学校英语教研中心主任。江州世界外国语学校的"模式课"让我在英语教学上获得了很大的进步，非常感谢学校为我提供的学习机会，感恩您对我的照顾与指导。（P-W-05）

流失的教师是江州世界外国语学校的巨大损失，不过这也反映了该校在外语教学上的专业水平很高，培养的外语教师非常受欢迎。

四、"我"的视角之江州世界外国语学校

（一）"校园节日"的营销价值

江州世界外国语学校有许多学校节日。在学生视角中，校园办节日是为了丰富学习生活，发展学生多方面能力兴趣，提升学生综合素质。这样的解释有其现实意义，外语节、科技节、读书节等活动确实是学生综合素质的一种锻炼，每年的校园节日也是学生各方面能力的一次展示。不过，我好奇的是该校为什么有那么多节日？如果仅仅是给学生提供展示才艺的平台，完全不需要那么多的节日。我刚到该校考察的时候就听说学校有五大节日，五大节日每年循环滚动，也就是去掉寒暑假，平均每两个月就有一个节日。每次全校性的节日都要花很多时间去准备，这难道不占用学生的学习时间？这些疑问，让我感觉到这

么多的校园节日一定还有其他的用意。关于这个问题，在我了解迎宾节的过程中获得一条线索。

> 迎宾节是每年12月，为什么要搞迎宾节呢？所谓的迎宾就是欢迎家长。其实这本来不是个节日，就是建校初用于招生宣传的一次集中展示。后来发现，把它做成一个专门的宣传推介会会给家长一种作秀的感觉。还有考虑的是家长对专门的广告活动会有抵触心理，大家都知道你展示的是包装过的东西，不真实。那么我后来想，要不把这宣传推介会做成一个校内活动，同时邀请外校的家长参与，这就成了现在的迎宾节。（F-L-M-20100906）

迎宾节产生之初就是为了做招生宣传，同时这让江州世界外国语学校的领导意识到，每一次的校园活动都可以是一次招生宣传活动。因此，后来所有的校园节日都有一定的招生宣传味道。

> 我们现在所有的节日都按照这个做法做的。这是在高校长手里开始做的，当时高校长说，我们要做好宣传工作。在平时要让教师、学生多参与各种竞赛活动，不仅要参与，还要获得一定的成绩，然后每次搞活动的时候，就有成果可以宣传了。宣传做好了，家长就愿意把孩子送过来了。（F-L-M-20100906）

营销是江州世界外国语学校的重要工作，将校园节日与招生活动相互结合。不仅是校园节日，对学校的深入考察，我发现学校所有的工作都与招生工作有一定联系，招生是民办学校的命脉。

（二）领导与教师的关系

在江州世界外国语学校，领导和教师之间的关系是什么样的呢？在合作项目的座谈会，学校中层会议、教研活动中，我看到了领导和教师之间融洽的关系。不过,领导和下属之间真的那么和睦吗?

> 在我们学校,家长是学校的摇钱树,学校在与家长的联系中,对家长是一种迎合的态度。每当家长对学校有什么不满,指责教师的时候,学校领导都会比较袒护家长。这其实对教师是一种伤害,我们的家长花了很高的学费将学生送进来。每个家长都觉得自己是金主,对教师有一种不屑一顾的傲慢。如果你碰到难缠的家长,只能自认倒霉。在公办学校,你就不会碰到这样的事情,因此也有不少老师因为不想受家长的气而离开江州世界外国语学校。(F-L-M-20201016)

领导与教师的关系就像"猫和老鼠"的游戏,矛盾是不可避免的,表面的融洽是出于工作上的需要。在我与教师相处的过程中,经常听到教师对领导的吐槽。家长是民办学校的金主,在家长与教师的冲突中,民办学校的领导出于利益的考虑,自然会偏向于家长。这使得许多教师不愿承受家长的傲慢而离开江世外。教育是一项专业性很强的活动,民办学校尊重教师工作的专业性,在家长和教师之间寻找恰当的平衡关系。

(三)施校长是个什么样的领导?

董事长施校长是江州世界外国语学校的核心人物。①在我的印象中,施校长是一个很随和的人,对教师很尊重。不过,在驻校了很长时间后,发现我很少能接触到施校长。除了几次工作会议,平时工作场合很少接触到施校长。这引发我对施校长的好奇。为了更多了解施校

---

① 按职位看施校长是学校现任的董事长,准确的称呼应该是施董事长,或者施董,但是江州世界外国语学校是所学校,施校长不希望别人把他当成一个企业家、老板,因此施校长让别人称他为校长,而不是董事长。本文在行文过程中,尊重江州世界外国语学校对施校长的称呼。

长,我在许多访谈中增加了一个问题"您认为施校长是一位什么样的领导?"有趣的是,不同的人给出了"五花八门"的答案。

1. 战略家

施校长不仅管理着江州世界外国语学校,还管理着其他产业,因此有人认为施校长是个战略家。

> 施校长,他是一个战略家。你看他家大业大,不仅管理着江州世界外国语学校,他还有另外的产业。一个人能管理这么大产业,并且能不断地开创新的业务,不断拓展集团的规模和业务,应该有战略家的眼光。(F-L-M-20200602)

2. 企业教育家

作为"教育企业"的领导人,施校长兼具教育家和企业家的特征,我在实地调研之中认为施校长是一位"教育企业家",不过有一位校长却跟我说施校长是一位"企业教育家"。

> 我跟了施校长二十多年,在江州世界外国语学校我是非常了解施校长的。我对施校长的理解是他是一个企业教育家,他做的是教育,但他是用企业的方式管理学校。在"企业"和"教育"两个属性中,企业是第一位的。你其他地方很少能遇到这样的人。(F-L-M-20200605)

3. 关系通

施校长是一个神通广大,能打通各个行业深层关系的人。

> 施校长是一个神通广大的人。他是个关系通,不仅是在教育行业关系很深,在企业、政府等多个领域都有强大的关系网,他认

识任何领域行业内很厉害的人。你知道吗，他在医疗领域都认识很厉害的人，有一次我生病了，他帮我打听到一位很厉害的中医，给我了个方子。（F-T-M-20200318）

4. 勤勉的创业者

施校长工作非常勤勉，常常看到施校长放假了还住在学校里工作。

施校长是个很勤勉的人，对工作非常负责。你看我平时在学校时间很长，我跟你说，在这个学校待在学校时间最长的人肯定是施校长。他有的时候，过年都还待在学校。我刚开始见到施校长的时候，以为他应该是个一身铜臭的阔老板，没想到不是。（F-T-M-20200609）

5. 学习型组织领导者

施校长注重组织建设，并且引导组织成员不断学习。

施校长很注重学习型组织的建设。我们全校的中层领导都有读书会，施校长还给我们每个人都购买了凡达读书会①会员。我们每两周都有读书会，需要汇报近期学习的书目，与大家交流。施校长一直提醒我们再忙都需要不断学习，学习才能更新自己的观点，不被时代淘汰。（F-L-F-20200612）

6. 脾气很差

在多数访谈中，我听到的都是关于施校长正面的评价。这令我对这些访谈材料的真实性存有一定疑虑，不过我在访谈一位退休的

---

① 凡达读书会是一款读书交流的智能应用，为遵守学术伦理，此应用为化名。

校长过程中听到了一些对施校长的负面评价,这扩展了我对施校长的认识。

> 平时施校长是个很随和的人,对你总是笑嘻嘻的,但是他也是个脾气很大的人。他对我们校长发脾气的时候,他能把我们几个校长骂得狗血喷头。不过他对下面的老师不会发脾气,因为他不需要直接接触教学的老师,他主要的工作是管理校长。我们几个校长有时候会看到施校长发脾气。(F-Z-M-20200725)

7. 关心下属

施校长尽管对校长会有脾气不好的一面,不过还是一位优秀的领导者,对下属非常关心。这让施校长获得了很多忠诚的员工。

> 我对施校长非常感激,是因为施校长在我最困难的时候给了我最大的支持。有一年我女儿和我妈出了车祸,当时情况非常严重。我在现场完全被吓到了,不知道该怎么办。施校长知道情况后,马上帮我联系这边最好的医院。他到医院来看我,还给我带了一根手机充电线,他说"我知道这事情突然,你肯定啥都没准备,怕你手机没电,给你带了根充电线"。这样细小的事情,施校长都能想到。自那之后我对施校长充满感激,这也使我对江州世界外国语学校归属感很强,做得再苦、再累,也没选择离开学校的原因。(F-L-M-20201016)

通过多个人的论述,"我"发现施校长是江州世界外国语学校的核心人物,其身上具有诸多特征,反映了江世外这所学校领袖人物的多面性。在事业上,施校长是一个战略性专家,布局多个行业领域,对于民办学校,他用企业管理的方式将江州世界外国语学校管理得井井有条;

他勤勉,热心于组织建设,精通各种人脉关系。在生活上,施校长既有脾气差的一面;有时又对下属关怀有加。

江州世界外国语学校的生活中许多事件都具有营销性,营销与学校教育融为一体,领导与下属间的关系在融洽与冲突之间摇摆,微妙的关系是学校治理现象复杂的表征,一个好的民办学校需要有一位卓越的领袖人物,这些领导具有多种面貌。

现在,我们已经通过远景、中景、近景,由远及近,由浅入深地进入了江州世界外国语学校的现场。接下来,就从治理的视角,展开学校治理叙事。

小　结：江世外——一所有故事的民办学校

江州地处长三角经济带腹地,是一个典雅的江南小城。江州自古文化教育氛围浓厚,曾诞生多所古典书院和藏书楼。深厚的人文底蕴、发达的经济水平和便利的区位条件,为江州民办教育的发展提供了优渥的土壤。

江州发达的经济,为江州教育发展提供了坚实的基础。2013 年,江州成为全国第一批通过义务教育均衡发展验收的地级市。2015 年,江州承办全民终身学习活动周;2016 年实施《江州市教育事业第十三个五年发展规划》,提出名城名校融合发展战略。为吸引全国优秀人才,发布了《江州教育人才计划实施细则》。江州的民办教育发达,截至2023 年,江州有民办学校 557 所,占江州学校的 22.66%,民办学校在校生 37.27 万人,占江州总学生的 14.37%。

江州世界外国语学校是扩大开放以后江州第一所民办学校,办学历史涵盖我国民办教育发展的主要阶段。总体发展大致分为三个阶段:从 1995 年到 2002 年是建校发展期,是从无到有的第一个高速发展阶段。第二个阶段是 2003 年到 2007 年的转型低谷期，这一时期经历了外部政策动荡，民办教育行业激变与内部管理危机，陷入了一个持续衰退的低谷期。第三个阶段是 2008 年至今的发展成熟期。2008 年以后随着新任董事长施校长大刀阔斧的改革，学校走出低谷，进入新的发展阶段。这个时期江州世界外国语学校规模逐渐扩大，形成体系完备的民办教育集团。其曲折的发展历程是我国民办教育发展的一个缩影。

江州世界外国语学校是一个很有故事的学校，其发展并非一帆风顺。2003 年至 2007 年的低谷期，濒临倒闭。其间学校面临复杂的内外部环境，没有因为低谷而倒闭，反而在 2008 年以后成功克服危机，进入一个高速发展的新阶段。这个曲折过程蕴含了学校领导人积极应对挑战，力挽狂澜，走出困境的组织变革智慧。其次，学校内部构成复杂。江州世界外国语学校不仅是一个学校，江州启航投资集团和学校是一种相互依存的复杂关系。学校的管理层出身企业，企业人与校长和教师等教育人之间存在思维方式的差异。江州世界外国语学校的学生家长是一批社会经济地位较高的阶层，家长对学校的期待高，参与学校治理的意愿强，构成学校人员结构的复杂性。最后，江州世界外国语学校不仅成功地走出低谷期的困境，而且在 2008 年以后教学质量迅速提升，教育产业链逐步完善，办学规模不断扩大，成为民办教育领域的翘楚。江州世界外国语学校的故事具有鲜明的典型意义，值得做一个细致的实地研究。

江州世界外国语学校的典型代表意义吸引我走进了该校现场，开始了为期一年零七个月的驻校考察。

第三章

企业型治理：用市场思维办教育

> 民营化是一种手段，而不是目的；目的是更好的政府，更美好的社会。
>
> ——E.S.萨瓦斯：《民营化与公私部门的伙伴关系》

第一节 企业型治理的产生

江州世界外国语学校是一所企业特征很强的民办学校，走进这个学校就可以充分感受到企业思维对学校的影响。该校有一个企业部门——江州启航投资集团。集团办公的地点在学校一个很隐秘的地方。在访谈江州启航投资集团总经理汤总时，我进入过这个集团。在集团工作人员的引导下，我来到一个常闭式门。这个门平时不打开，只有集团工作人员能通过门禁卡进入，仿佛学校中的一个"世外之境"。进入大门后是一条长长的廊道，廊道的尽头是带着江州世界外国语学校阶梯形校徽的启航教育集团门牌。粉红的阶梯校徽在白色的廊道尽头的正中央悬挂，特别显眼。启航集团的存在是江世外企业型治理的体现。在江州世界外国语学校为什么会产生企业型治理？市场思维又是如何影响学校的？企业型治理在该校的出现，既有外部原因，也有内部原因。民办教育市场的开放是企业型治理产生的外部原因，企业型人员的注入是江州世界外国语学校企业型治理产生的内部原因。

一、 民办教育市场的开放

20世纪80年代开始,我国民办教育市场逐步开放。我国教育体制从原有的公办学校"一盘棋",转变为多种社会力量参与办学。在这个潮流下,江州的民办教育市场逐渐形成。1995年,江州世界外国语学校成立,是江州第一所民办学校。民办学校作为一个新生事物,在组织管理上与公办学校有着很大的不同。民办学校自负盈亏,与公办学校相比,民办学校更像一个企业。学生是民办学校的服务对象,家长是学校的消费者。民办学校的这些特征给民办学校披上了一层企业的外衣。随着我国经济的发展,民众对于教育的品质有了更高的要求,个性化、现代化、国际化的教育需要成为民办教育产生的推动因素。

二、 企业型人员的注入

学校是一个办教育的地方。学校工作人员,从教师到领导一般都是教育出身。教育出身的人员,具有纯正的育人思维,市场思维不足。企业人员的注入是为企业型治理产生提供了基础。江州世界外国语学校的企业型人员来源有两类:一类是外部企业管理人员,从事教育管理工作,另一类是教育出身的人员,在企业型治理熏陶下形成市场思维。第一类是纯正的企业人员,第二类兼具企业和教育双重背景。这两种来源充实着江州世界外国语学校的企业型人才,形成了该校企业型治理的人员基础。

（一）走进学校的企业家：施校长的到来

"施校长是江州世界外国语学校无可置疑的领袖。"李校长激情澎湃地跟我介绍施校长在学校的地位。从他的神情中我能感受到施校长在学校的独特地位。李校长口中的施校长是江州世界外国语学校现任的董事长。2008年学校陷入严重的危机,生源规模跌入谷底。施校长从前任董事长黎先生手中接手学校,对学校开展了大刀阔斧的改革,让学校起死回生。

施校长的工作经历比较丰富,曾从事过很多行业。在来到江州世界外国语学校之前,施校长一直从事经济领域工作,如风险投资、房地产开发、银行、人事管理。对于为什么来到教育行业,他自己有种难以言说的感受。

"在来到这个学校之前,我平均每两年就换一个工作,直到来到这个学校之后,一干就是 22 年。"(F-L-M-20200116)

在施校长眼里,教育是一件非常重要又复杂的事情。

"教育是最复杂的事情,因为他是与人打交道,没人能说清楚人性是什么。最起码比原子弹复杂,原子弹是可以用公式算出来的,但是人性你怎么算?"(F-L-M-20200116)

施校长对人性的认识,让他对教育行业产生了独特的情感。这使得他在教育岗位上一干就是二十多年,中间曾离开学校一两年,但很快又回到了学校。

施校长的企业思维体现为以下几点:

1. 重视营销

民办学校是一种企业式生存,生源是民办学校的"口粮"。每年两次的全校招生动员大会是江州世界外国语学校重中之重的大事。施校长是一个非常成功的营销专家,懂得如何扩大宣传力度? 如何获得更多生源? 在担任学校副董事长时,施校长就主抓招生工作,用营销思维使学校获得充足的生源。他提出了驻点招生的招生策略,扩大了学校的招生范围。所谓的驻点招生是指学校对周边重要的生源地划定片区,每一个片区有专职招生人员常驻招生。

2. 重视年轻人的培养和提拔

高品质民办学校需要高效率的领导队伍。学校中高层领导的培养对学校的发展至关重要。施校长特别重视青年人才的培养和提拔。在施校长之前,有一位廖校长,特别喜欢用"老人"①。

> "自古英雄出少年",出名要趁早。为什么这样讲?有很多单位怕提拔新人,怕的原因就是怕年轻人影响自己地位。廖校长有一个最大的特点是,他喜欢用"老人",也就是自己熟悉的人。他这么做也有他的考虑,毕竟自己熟悉的人比较放心,用起来也得心应手。但是"老人班子"太大对学校发展并不是好事。年轻人起不来,等着一批老人要退下来的时候怎么办?民办学校是一个求新的领域,市场信息瞬息万变,社会对教育的需求都是千变万化的。现在幼儿园的家长基本都是 90 后,你说让一个 60 年代出生的人管幼儿园的话,他可能了解家长的想法吗?(F-L-M-20200710)

施校长常说"我们这些老同志最大的贡献就是让年轻人在台上发挥作用。"队伍的年轻化让江州世界外国语学校各个领导团队保持充足活力。

3. 教育企业家精神

董事长施校长是一位成功的企业家。施校长有着典型的企业家特征,可以说是在用企业家精神办教育。作为教育行业的企业家,施校长具有教育人和企业人的双重特征,形成了教育企业家的精神。

所谓教育企业家精神有三点:一是用市场思维办教育。学校管理注重效率,用"成本—收益"分析运营学校。民办学校既要尊重教育规

---

① 是指"老部下",熟悉的人,不愿意提拔新人。

律,又要尊重市场规律。第二是育人精神,民办学校终究是学校,要牢牢把握育人这一核心,不能为了盈利改变教育的性质。三是创新,企业家精神就是创造精神,不断用最新的技术和潮流引领行业发展。

（二）从讲台走上来的经理人

汤总是误打误撞走上民办教育集团总经理这个职位的。按他的话说,原来只想做个教书匠。不过由于他在学生时代就有学生干部的经历,调任学校管理岗位,还是很顺利地适应了管理工作。

汤总毕业于1999年,是他家乡一所省属师范院校的双优毕业生。在那个年代,工作是分配的,双优生能分配到较好的工作岗位。汤总跟我说,他的同学一般都分配到家乡的乡镇中小学教书,但他分配到了当地县城的一所中学做化学老师。他表示起初对工作并没有什么不满意。在当时,一个农村出身的年轻人在县城中学当老师,是不错的工作,教师具有较高的社会声誉和地位。若不是后期遇到的波折,汤总也许就在家乡的县城做一名踏踏实实的教书匠。不过,转折还是在一场欠薪风波中发生了。在汤总入职化学教师的第二年,该县出现了拖欠教师工资的情况,汤总也不能幸免。拖欠工资,对于一个新教师来说是很难受的,刚工作也没有多少积蓄,工资又不高。这件事让汤总意识到自己的工作并非那么体面,甚至也会朝不保夕。汤总感觉到自己的工作是否可以动一动?

在2000年左右,民办学校如雨后春笋般出现。在当时,民办学校的教师工资比公办学校教师工资高出2—4倍。这是个很诱人的待遇,很多教师因此放弃公办编制,转到民办学校当老师,江州世界外国语学校的很多教师是在那个时候从公办学校转到民办学校的,汤总也是其中之一。

2000年12月,汤总入职江州世界外国语学校。在此之前,汤总还应聘过另外一家民办学校,但没做几个月就离职了,来到了江州世界外国语学校。起初,他应聘的是人事岗位。进入该校后,汤总发现民办学校的管理方式与公办学校完全不同。民办学校的岗位是变动的,应聘的岗位与实际的工作可能完全不一样。民办学校的工作是跟着业务走的,民办学校工作调动是常见的。入职没多久,汤总被分配去做招生工作。对于民办学校,招生是件大事,民办学校靠天吃饭,生源多寡决定了学校发展的兴衰。为此,历任学校领导都将招生作为头等大事。为了激发教师的招生意识,学校很早就提出了全员招生的政策,要求每一位员工(包括教师和管理岗员工)都参与招生工作。不过全员招生只是一种倡导,并不是强制要求。毕竟各科教学老师更擅长教学,部分教师不擅长招生工作。学校通过奖金激励的方式鼓励教师参与招生,帮助学校扩展生源。主要的招生工作由专职招生办公室负责。

汤总入职时,正值学校规模扩展的第一次高峰,招生指标正逐年扩大。汤总就是在这样的背景下被调任招生的市场拓展专员。招生是分片区招生的,每个市场拓展专员都有负责的区域,汤总被分配到凌市片区。对于为什么被分到凌市片区,汤总有自己的一番苦水:

> 我刚开始也没想过为什么自己会被分配到凌市。后来明白了,因为江州附近的 S 片区、W 片区、Z 片区都是很成熟的片区,有着很稳定的生源。凌市是一个新市场,当时没人去招生过,我是第一个。根本不知道能招到多少生源,几个招生办的老人把几个好的片区一分,就剩个凌市没人要,就分给我了。(F-L-M-20200320)

汤总的这番苦水是民办学校招生工作的常态。招生办相当于一个企业的市场营销部,招生的好坏决定了学校一年的业务量,学校一年的营收。划片招生是招生工作的常规策略,一方面为了明确分工,熟悉片区行情,另一方面也为了强化招生指标,方便绩效考核。对于学校来说,划片招生是一种便于招生管理的策略,对于市场拓展专员来说,争夺好的生源片区是其完成优质绩效考核的策略。新人往往被分配到生源不好或者不确定的片区。这给新人带来巨大压力，不过这也是一种锻炼的机会。新人若能在原本生源差或者不确定的片区取得很好的业绩，往往会被学校领导重视，获得晋升。

汤总被分配的凌市片区是学校董事会拟拓展的新市场。因为是一个新市场，并没有前期的招生经验，充满各种不确定因素。董事会给汤总的招生指标为 10 个学生。凌市是江州临近的江苏省的一个县级市，该市小商品经济发达，滋生了很多民营企业家。凌市有一个劣势是交通不算便利，当时还没有高铁，从凌市到江州要坐 10 个小时的绿皮火车。尽管如此，当地的一些企业家还是很愿意将孩子送到一个高端的民办学校，接受优质的教育。江世外的外语特色和国际班成为吸引这批家长的亮点。汤总在凌市的招生非常顺利，他从 2001 年 3 月到凌市招生，5 月返校，共招生 30 名，远超招生指标 200%。汤总得意地回到江州世界外国语学校，想以此作为和领导讨价还价（转岗）的筹码。

汤总认为招生是一个不稳定的工作，每年市场有波动，难以旱涝保收。他还是想做原来的本职工作——中学化学老师。他回来和当时一名负责人事的领导说好，让他明年调到中学部做化学老师。负责人事的领导是汤总的一位老乡，他也理解汤总的想法，他表示默许。在得到领导的默许后，汤总心里一丝窃喜，以为能换到一个稳定的工作了。但却被当时的副董事长施校长截住了，施校长认为汤总是个管理人才，不能调到教学岗位，将其分配到了后勤处管理后勤工作。就这样，汤总在不情愿的情况下走上了学校管理岗位，正是这次意外的转岗改变了他的职业方向。

民办学校是企业和学校的综合体。民办学校既需要受过教育学专业训练的教育人，也需要懂得企业管理的企业人；兼具企业人和教育人两种背景的人才并不多。汤总恰好充当了江州世界外国语学校既懂教育，也懂企业管理的复合型人才。

（三）市场总监：既懂教育，也懂市场的邓校长

邓校长是江世外的传奇人物，按施校长的话说"他是江州少有的既懂教育，又懂市场的人"。

邓校长2000年来到江世外工作，从班主任开始做，2005年以后接触招生工作，并一路做到了常务副校长（主管招生工作）。邓校长有在公办学校工作的经验，同时在来该校之前，又在江州隔壁的 W 市的 G 民办教育集团工作。邓校长亲身经历了民办学校发展，对民办教育行业特别熟悉。

1. 民办教育规律：市场规律与教育规律的互补

学校有教育规律，企业有市场规律。民办教育作为学校与企业的复合体，民办教育需要什么样的规律？其中市场规律与教育规律是什么样的关系？对于这个问题邓校长有自己的看法。

> 民办教育是自负盈亏的单位，意味着民办教育要生存先要遵循市场规律。与教育规律相比，市场规律具有优先性。民办学校办学不遵循市场规律只有死路一条。这是江州世界外国语学校曾经经历过的"血泪教训"。但是市场规律具有优先性，不意味着就可以忽视教育规律，毕竟民办学校还是一个学校，学校是讲教育规律的地方。教育是民办教育的业务，也就是说为市场提供的服务，市场服务一定要讲究品质也是市场规律的内容。市场规律就是商品优胜劣汰，谁能提供更优质的服务，谁就占有市场。市场规律和教育规律在学校是可以共存的，并不决然对立。如果把他们对立起来，既办不好"企业"，也办不好教育。市场规律和教育规律可以互补。按市场规律办学，资金充足了，就能改善办学环境，吸引优质师资，这不就是按教育规律办学吗？教育可是一个需要大量资金投入的行业。（F-L-M-20200617）

许多民办学校办不好，做几年就倒了。其中主要原因是没有处理好市场规律与教育规律的关系。唯市场规律是从，把学校办成了企业，恪守教育规律，把教育企业办成慈善机构，这都不行。只有深刻理解市场规律与教育规律的互补性，把两者结合好，才能办得好民办教育。

2. 全员招生：招生人员懂教育，教育人员懂招生

在招生策略中，邓校长有一些创举。为了拓展招生团队，邓校长提出了全员招生的理念，每年全校招生动员大会都会由邓校长主讲，给每位教师讲解招生政策。招生是一个系统的工程，并不仅仅涉及招生办。民办学校的很多生源是通过家长口耳相传介绍过来的。因此，激励一线教师和班主任参与招生工作具有事半功倍的效果。学校的招生办是专门负责招生的团队，具有专业的营销策略与招生技能，但营销与教育不同，很多招生人员懂营销，但不懂教育；相反，一线的教师懂教育，却不懂得营销。为了弥补招生团队与教师团队两者各自的不足。邓校长提出了"招生人员懂教育，教师懂招生"的全员招生策略，即给教师和招生人员提供相应的培训，弥补两类群体的不足。

> 我们招生办每年都会定期给教师进行招生的培训，讲解招生政策、营销策略、招生技巧。同时，招生人员要经常下课堂，听一线老师的课。你想想一个专门的招生人员，答不上家长的问题，比如问你们学校的课堂是什么样子的？有什么教学特色，会极大地降低家长对教师的信任。因此，我们要求招生老师经常下课堂，一次不行，就两次，让招生的老师懂教育。此外，我们还建立了招生奖励制度，利用经济杠杆激励招生团队，培养招生团队的狼性。（F-L-M-20200617）

3. 盈利是民办学校对社会的最大贡献

学校常常被贴上公益性的标签，使得民办学校在营利与公益两端间摇摆。对于企业来说,盈利也是企业对社会的贡献。

> 我们现在的民办教育分类管理政策要求义务教育阶段不准办非营利性学校,两头(幼儿园、高中)你可以去盈利去,这个政策影响很大。从市场角度来看,盈利对一个国家和社会是有贡献的。从市场行为来看,一个组织对社会的最大贡献就是盈利,盈利可以交税,交税后组织和社会都可以长期发展。如果一个组织不盈利,没有一个企业说连续亏损10年,还能继续生存的,最终就宣布破产了。企业没了,那国家还怎么办?对于民办学校,盈利可以提高教师待遇,教师待遇提高了,教师队伍才能稳定,教师队伍稳定就能良性发展。如果继续盈利,就是在提高教师待遇,教师队伍结构可以优化,吸引更高层次的人才。本科生教书,我给他15万元;硕士,我要给20万元才愿意来。如果再盈利,钱赚得多,我就可以叫博士来教,给他30万。这并不是说学历越高越好,但教师待遇越高,教师的整体水平高,这是定律。N外国语学校就公开招清华、北大的博士,年薪起步价30万元。(F-L-M-20200617)

盈利对社会发展的意义不容小觑,一个社会若没有强大的企业,那将解决不了基本的就业问题,无法参与大国间的竞争。民办学校的营利性问题,不能仅仅从学校的角度单方面思考,还要看到学校盈利背后的社会效益。

施校长、汤总和邓校长是江世外企业型治理的中坚力量。他们三人中施校长总揽全局,负责学校发展的战略和未来规划,汤总负责学校集团业务,即学校新业务的扩展和布局,邓校长负责学校常年的营销宣传与招生策略。施校长、汤总和邓校长形成江州世界外国语学校企业型治理的核心团队。

第二节 企业型治理的表现

一、"做大"与"做强"的争论

（一）"先做大，再做强"

"做大"还是"做强"是江州世界外国语学校在初创期面临的一大难题。作为一所新生的民办学校，初创期面临着是先"广纳生源，做大学校规模"，还是"提升学校实力，做强学校品牌"的两难选择。做大与做强的办学路线引发了董事会与行政领导层之间的争论。

做大、做强是民办学校发展的两个方向，两者并不矛盾。若协调好办学规模和办学质量的关系，两者能相互促进，但对于新生的江州世界外国语学校，这确实成了一个现实的矛盾。矛盾的焦点在于是否需要对招进来的生源进行一定选拔，还是来者不拒。用企业的角度看，生源是学校的客户。江世外招生办每年花了大量的人力、物力投入于招生。若对生源进行一定挑选，势必意味着浪费一定的招生成本。此外，民办学校招生面临很多变动因素，许多家长对民办学校是有疑虑的，若要挑选学生，对招生工作会带来巨大困难。

> 招生工作是我们江州世界外国语学校每年最重要的工作，领导也最重视这个工作。我们民办学校没有政府拨款，我们是靠生源生存。每年招生，我们都是划片定点招生。我们会将学校周边的几个区域划片，有专门的常驻工作组负责片区的招生工作。每一个招进来的生源都要花费很大的精力。你说我们招生办，好说歹说招进来的学生，你又把其中一部分踢出去，那不是我们招生办的工作白做了吗？还有，在当年，民办学校才刚产生，很多家长本身就对民办学校有顾虑。有些家长是模棱两可的，你要是说，我们

> 还有考试，有一定淘汰率，那这部分家长肯定不会考虑我们学校了。（F-L-M-20200617）

若把江州世界外国语学校看成一个企业，招生办就是市场部门，董事会自然重视市场部门的意见。市场对于一个企业的重要性不言而喻，对于新生企业更是重要。因此，董事会在做大与做强之间更倾向于先做大，再做强。学校必须先生存，才能追求品质的提升。若为了提升学校办学质量，导致学校入不敷出，关门倒闭——那教学质量再好，也无济于事。

但民办学校并非企业，教育行业有其自身发展的规律。从教育的角度看，学校在初创期，最重要的是树立高质量的学校品牌，而教育品牌体现为学校的产出——即毕业学生的发展。学生的发展一方面需要高质量的教师团队，另一方面则需要相对优质的生源。这势必要求对进来的生源进行一定选拔。江州世界外国语学校当时的执行校长是从国内一所知名外国语中学引进的名校长——方校长。方校长以其资深的办学经验向董事会建议先做强，再做大。方校长认为学校要办出水平，学校的品牌和声誉很重要。

> 方校长的大概意思是，新生学校最重要的一件事是要在教育界内打响品牌。学校的品牌依靠亮点：一是师资，二是学生，其中生源是一个抓手。若生源优质，教师教得轻松，教学成果很容易就能表现出来。学校成绩做出来了，好的教师也愿意过来教书，家长愿意把孩子送过来——这是一个良性循环，所以一定要抓住生源这个抓手，对生源进行一定筛选，不能啥都不挑。（F-L-M-20200607）

教育出身的执行校长和企业背景的董事长对学校的办学路线产生

了巨大分歧。这是江州世界外国语学校初创期发展路线上的一次重要争论，对学校后来的发展产生了巨大影响。

方校长的观点代表了教育行业对学校发展的认识，董事会则代表了市场思维对学校发展的看法。两种不同的思维方式在江世外创校初期产生了直接冲突。理论上，董事会应尊重校长的办学自主权，不干涉校长办学；但江州世界外国语学校处于创立初期，管理机制尚未完善，还面临建校背负的巨额贷款。在这种情况下，董事会试图说服方校长采取先做大，后做强的做法。

实际上，董事会的意见并非没有道理。学校常年负责招生的领导这样回顾当时的争论。

> 做大与做强本身是学校发展的两个方向，其中做强是学校办学的核心目标。我们办教育，主要还是想把学校办好，但新学校必须面临很多生存困境。学校建校背负了上千万元的贷款，学校每年的运营都需要巨额成本。如果先做强，假设我刚开始只招 200 个学生，每个学生我收 10 万元，也就只有 2 000 万元；但是如果你招 4 000 个学生（学校现在的规模），每个学生收 2 万就能有 8 000 万元。你说家长更愿意花 2 万上你的学校，还是 10 万元？规模给学校带来的收益是可观的；在建校初期，学校就是需要这样迅速见效的路线。即使每年招 200 个学生，办学成效也要在五六年后才能显现——那时候，可能学校都不在了。（F-L-M-20200617）

资金、生源、师资是民办学校办学的三个重要因素。对于一所新生学校，江州世界外国语学校需要协调好三者间的关系，促使三者形成一个良性循环。高品质民办学校建设不能在早期过分扩大规模，但对于办学资金的依赖，使得学校不得不在早期发展阶段选择一种规模扩张的发展方式。

做大与做强的争论,最终以董事会先做大的办学路线实施,江世外在早期办学中并不对生源进行筛选。江世外将品牌的着力点定位于特色发展,以外语学校和国际学校为特色,吸引生源。

（二）先做大带来的困境

做大与做强的争论最终以做大学校规模办学路线的胜利而告终。这一争论的根源是作为企业人的董事长与作为教育人的执行校长之间思维方式的差异,即市场思维与育人思维的冲突。无论将江州世界外国语学校看成一个企业,还是一个学校,董事会在组织管理中拥有最终决定权。

领导层的路线争论往往不是风平浪静,江州世界外国语学校为此也付出了一定代价。主张先做强,再做大的方校长,因不认同董事会的决策,辞职离开了学校。对于方校长的离开,李校长表示非常惋惜。"要是方校长,当初不走,江世外一定能办得更好,可能就像现在的华洋学校①一样了。"

先做大,再做强在江世外领导层达成一致意见后,迅速推行。建校初招生不设门槛——来者即招,这缓和了招生办与教学人员的冲突。

1998 年到 2002 年是学校发展的快车道,生源逐年增长。生源从建校初的 500 人,逐步发展到高峰期的 3 800 人左右。生源的扩大,缓解了办学资金紧张问题。学校在短期内还清了建校初期的银行贷款,并且实现了盈利。学校越办越好,吸引了很多师资,迎来了发展初期的高峰。

不过,事情并没有这么一帆风顺,戏剧化的剧变很快降临到了这所初生的学校,迫使领导层不得不转变了发展战略。

2002 年以后,生源开始走下坡路,一路急转直下,到 2008 年生源

---

① 华洋学校是省内一所知名民办学校,方校长离开江世外后,着手创办了该校,并在短时间内取得巨大的社会影响力。

萎缩到了1 700人左右(将近为高峰期的一半)。2002年到2008年是办学最艰难的时候,这是记忆犹新的艰难岁月。

生源是民办学校的晴雨表。生源的萎缩意味着办学经费的短缺,其次还意味着家长对学校办学的不认可,社会声誉降低。外部的变化也会引起内部的动荡,师资成为最大的受灾区。

> 老师们看着学校发展越来越不景气,都会有危机感。生源下降意味着不需要那么多老师,学校就会裁员。那怎么裁员呢? 学校肯定会从教学能力差的开始裁。生源一直下降,就年年裁员——如果你是在职的老师,你看着不慌吗? 当时每个老师都在替自己的未来找出路。最后,就变成了"有本事的老师,自己跑了;没本事的老师,被我们裁了"。(F-L-M-20100906)

生源萎缩、社会声誉下降、师资裁减,这都反映了江世外人对未来发展的失望。

> 当时,看着每年好多同事离职,或者被开掉。我也考虑过要不要换个工作,不过最终还是留在了这里。毕竟,学校对我有知遇之恩,我对学校还是有感情的。在那时候,学校确实弥漫着恐慌的氛围。(F-L-F-20200612)

2002年以后的生源危机是由多方面的原因造成的。学校领导在后期这样分析当年生源危机的原因:

> 2003年以后,特别是2004年,我们遭受了严重的生源规模萎缩危机。这在当时是有几大原因共同造成的。第一个原因是行业的竞争变大,江州民办教育市场结构不断变化。这其中又有两个

层面：一个是同类型学校越来越多。1995年,我们刚建校的时候,整个江州只有我们一所民办学校。后来,国家鼓励社会力量办学,很多资本开始进入江州民办教育行业,出来了一系列同类型的学校。这些同类型的学校势必抢占一部分生源。江世外的生源就这么分流出去了一部分。另一个层面是,不仅民营资本进入民办教育,原来公办学校也开始转制成民办,或者名校办民校。名校办民校对我们的冲击是巨大的。因为名校本身有很多资源是我们学校没有的。在名校的牌子下做民办学校,在民办教育市场分一杯羹。那么这些学校有更多的资源支持。像江州世界外国语学校,创办的时候很多老师都还是有编制的。他们能吸引更好的教师,这一点我们是没法比的。民办教育市场的复杂化,使得江州世界外国语学校必须对这些变化的环境作出相应的调整。第二个原因更直接,最直接的原因是 H 市的高考政策的变化。那个时候开始高考自主命题改革,上海市的高考招生自主命题。这使得上海市的生源都要回到上海市去读书。我常说我们是"外向型经济",我们当时的生源结构有三个"三分之一",三分之一是本地的生源,三分之一是江苏省生源,还有三分之一是上海市生源。那么上海市的高考招生改革,使得我们失去了三分之一的生源,这是个很吓人的冲击。在当时,我们成立上海部单独管理,可见规模有多大,后来慢慢地变小了,就撤销了。这两个原因是 2003 年以后生源锐减的关键原因。当然也还有第三个原因,就是自身人事变动的原因。方校长离开后,接任的校长对民办学校的管理不是很熟悉,内部的管理也出现过一段时间的混乱,主要是没能及时应对突如其来的变化,没有采取适当的措施。(F-L-M-20200320)

这位高管对江州世界外国语学校面临的外部环境的分析非常到位,招生政策和市场结构的变化是该校面临的现实冲击。这成为该校短暂辉煌后生死存亡的严重危机。

> 当时学校已经不像学校的样子了，很多老师走了。我听说操场都要拆了，准备盖楼。董事会就想着这学校办得下去就办，办不下去就换个行业做其他的了。（F-L-M-20200607）

用"奄奄一息"形容当时的江州世界外国语学校的现实状况一点也不为过。不过，学校并没有因此而一蹶不振，这次危机反而成为人事变革和教育理念转型的重要契机。

（三）危机中的转向：从来者不拒到精挑细选

江州世界外国语学校在建校初期一直奉行来者不拒的零门槛入学。这个政策让学校迅速扩大规模，获得了充足的办学资金，在江州以及周边地区站稳了脚跟。但来者不拒的弊端也是显而易见的。来者不拒使学校生源质量不佳、学风不良，生源鱼龙混杂。在某段时间，该校成了江州地区问题生源的收容所，即其他学校不接纳的生源，跑到江世外来拿个学籍。

生源不良的问题从创校初期就有，做大与做强的争论反映了学校在这两条路线上的冲突。组织发展的过程总是内含诸多冲突因素。整体的发展能掩盖局部的问题，在 1995 年到 2002 年的高速发展时期，生源问题一直作为一个隐患潜藏在江世外。学校生源规模的快速扩张使得这一问题无关紧要。在高速发展中，领导层几乎忘了生源问题对学校发展的影响，直到 2002 年以后出现政策冲击，陷入停滞。这一问题才再次进入领导层的视野。

在生源危机出现的时候，学校的发展状况与建校初相比已经出现很大变化。首先，通过前几年的快速发展还清了学校的银行贷款，解决了学校发展的经济负担。其次，已经在江州及周边地区产生一定影响力，具有相对充足的生源。

从生源危机的原因来看,招生政策和市场结构的改变是外部环境的冲击。对于外部环境,江州世界外国语学校作为民办教育主体,只能适应环境变化。无法对变化了的环境做出改变。因此,生源危机的解决之道关键在于优化内部结构,以适应多变的环境。

为应对重大的生源危机,领导层做了重大的人事变动,施校长接任黎先生出任董事会新任董事长。施校长对学校做出了重大变革。

生源危机的关键在于家长的选择。家长是否选择江州世界外国语学校在于家长是否信任学校的教育质量,即家长将孩子送到学校能否得到更好的发展。学校在早期发展中,注重规模扩大,来者不拒,导致学风和教学质量难以提高。教师和领导都意识到不能来者不拒,要对学校生源有一定的筛选。

2008 年以后,学校开始对入学学生进行统一考核。施校长明确表示,即使生源变少,也不能放低对学生入学资格的考核。

在收紧入学门槛之后,学校还配合"四清"教学改革,紧抓教学质量生命线。教学质量也在短期内获得很大提升。教学质量的提升改变了学校的社会声誉,越来越多的家长愿意将孩子送到江世外学习,生源质量也进一步提升。

2011 年生源质量获得显著提升。

> 到 2011 年的时候,我们已经可以随便挑招学生了。完全改变了从前招不到好生源的情况。(F-L-M-20200607)

2008 年以后的改革将江州世界外国语学校从一潭死水中拯救出来,并逐渐步入一个迅速发展的快车道。

二、 灵活的职位

民办学校在人事管理上相对灵活。在江州世界外国语学校,职务的变动是相对灵活的,职务的任用更加随意。

（一）捉摸不透的职位:从"主任"说起

我对江州世界外国语学校的职务的关注开始于该校捉摸不透的"主任"。刚开始时,我感觉该校似乎有很多主任,因为与我接触的人,基本上都是"××主任"。于是,我带着疑惑和不解开始留心身边的一个个主任。有一次,我在小学德育主任的访谈中,好奇地问"为什么有那么多主任?"张老师跟我说:"你说的是正主任,还是副主任?"我初来乍到,对该校的职务制度并不了解,我也不知道是正主任还是副主任,只知道身边有好多主任。小学部德育处张主任告诉我说:"你一般听到的主任,大部分都是副主任,副主任是有很多,因为只要从老师晋升到中层管理岗位都是副主任起步,但是正主任并没有很多,全校目前只有四个主任。"张主任给我的解答让我更加疑惑,全校只有四个正主任,但副主任却有很多,以我的观察至少有四十几个,也就是说一个正主任平均要带 10 个以上的副主任团队? 以及学校那么多副主任,为什么只有四个正主任? 四个正主任如何统筹全校。这个比例显然不太科学。不过,我在张主任的介绍中了解到了正主任和副主任并非严格的隶属关系。

正主任和副主任是学校管理层的一个职务等级,并非一个科室的岗位分工。正主任和副主任之间的岗位待遇差别很大,从副主任晋升到正主任很难。因此,副主任很多,但正主任很少。正主任与副主任在形式上具有上下级的领导关系,但业务上并不是一种隶属关系,每个副主任都有自己负责的一个处（室）或者某个业务。在各自的业务中,副主任独立完成自己的工作,不需要跟所在学部的正主任请示。由于副主任非常多,副主任也没有直接对应的上级正主任,因此在工作中都会直接将副主任称为主任。

（二）因人设职:鲍校长的转岗

鲍校长刚来江州世界外国语学校的时候是执行校长的职位。鲍校长是一位教育家型校长，入选 J 省"人民教育培养对象"工程，其曾在校长、教育局处（室）领导岗位上工作多年。董事会看中了鲍校长教育家型校长的特点，希望鲍校长用其教育思想为学校带来新的发展前景。鲍校长也不负众望，在短短一年多时间内就给学校带来了许多新的改变，如邀请众多教育专家来讲学，引进一批周边地区的教育名师，推行教学改革和微型课题。鲍校长对学校的贡献获得了校领导和教师的一致肯定，大家都能感受到鲍校长的到来为学校打开了一条新的发展道路。

不过，好事多磨，鲍校长在来到江世外一年半后，工作职位进行了一次调动。鲍校长由执行校长转变为执行董事。鲍校长岗位的变动是董事会反复研究决定的。

鲍校长职位变动的原因有很多说法。不过，这其中涉及领导层的机密。出于尊重学术伦理，我并未对这个问题进行深究，不过在一些访谈中，我了解了鲍校长工作调动的原因。

> 最可惜的是鲍校长身体不好，他承受不了过多的工作负担。若鲍校长身体好一点，他能给学校带来更大的变化。（F-L-M-20200607）

健康原因是鲍校长工作调动的主要原因。鲍校长工作刻苦，他的司机经常跟我说"鲍校长，工作太拼命了"。鲍校长每天晚上 9 点多才会离开办公室回家，早上又很早过来。鲍校长早年还是一所公办学校老师时，生过一场大病，做过一个手术。此后，鲍校长长期体虚，不能承受过高的工作强度。不过，身体的病痛并没有打倒鲍校长，反而使他更加热爱自己的工作。他曾跟我说："对教育热爱的人，他工作起来就会忘我，他就会不惜一切努力投入教育工作。"

鲍校长的职位调动成了执行董事，原来的执行校长由董事长施校长兼任。鲍校长从执行校长调动到执行董事，是从管理层调到领导层。这是升职，但空出的总校长却由董事长兼任，这其实是一个难解的现象。这种执行董事与执行校长、董事长之间的难解难分，恰恰是民办学校人事管理上的真实现状，民办学校的管理体制确实"灵活"。

董事会调动鲍校长的工作是希望减轻他的负担，将他从学校的执行工作中解脱出来，全身心投入领导工作。但是执行校长角色的实际空缺，让鲍校长不可能完全从管理工作中解脱。在我后来的驻校观察中，我发现鲍校长这一工作调动只是形式上的，鲍校长并没有因为职务变化而改变工作内容。实际上，在转到执行董事岗位上后，鲍校长做的工作依然是原来执行校长的工作。这一工作上的调动只是体现了鲍校长和董事会都希望另外一个能承担执行校长角色的人出现，分担鲍校长的行政工作。

我曾问施校长有关鲍校长职位的变动，他这么说：

> 虽然鲍校长名义上现在是执行董事，不做执行校长了，我兼任执行校长；但实际上主要工作还是鲍校长在做，执行校长的位置现在实际上是空缺的。我们也一直在寻找这样一个角色。但是，你知道这样一个角色是很难找的，市场上并没有非常适合这个工作的人选。我们执行校长的人选要符合这么几个条件：第一，要懂得民办教育。民办教育和公办教育差别非常大，民办教育你光懂教育不行，还要懂市场。不懂市场的，民办教育做不好。第二，要教育名家，我们学校物色校长人选，都是从教育名家中挑选的，只有教育家才能办好一所学校。学校一直奉行教育家办学，董事会对校长办学干涉不大。第三，要对学校有情感，对学校忠诚。这是民办教育挑选校长必须考虑的。执行校长会了解学校很多办学机密，若对学校没有情感，不忠诚，会给学校带来不可想象的不良后果。正因为如此，我们学校执行校长的位置经常是空缺的，非常难

找。(F-L-M-20200116)

鲍校长职务的变动表明领导层注意到鲍校长由于身体健康问题不能承担太多的执行校长工作，但是这样的角色很难有人代替，市场上一时很难找到合适的接替人员。将鲍校长纳入董事会，做执行董事，但鲍校长的工作很难放手给另外的人，因此实际上还是充当着执行校长的角色。像鲍校长这样因人设职①的现象非常普遍，这是管理体制灵活的表现，职务的设置依据组织的实际需要而不是死板的规章制度，也不是领导个人的意志。

（三）一人多职：多面手庞主任

庞主任是一位多面手，在江州世界外国语学校很多场合都能看到他的身影。在来江州世界外国语学校之前庞主任是一位公办中学的校长，正高级语文教师，是江州名师之一。庞主任在学校的职务是高中语文教研组主任（副主任），中学语文名师工作室主持人，主要负责中学部语文学科建设，组织教研与培养年轻教师。不过庞主任综合能力强，在工作中，不断被赋予诸多职能，成了多面手。

2018年，鲍校长为顺应卓越学校建设战略目标，筹划创办一个校刊《卓越教育》，展示各学部卓越学校建设成果。庞主任是江州正高级语文教师，有过办刊经验，显然是《卓越教育》编辑部主任的最佳人选，庞主任也当仁不让，欣然接受了这个工作，同时邀请小学语文教研室王主任一起参与《卓越教育》的创刊工作。

江州世界外国语学校曾经有过一段办刊经历，创办过校刊《攀登》。攀登是江世外阶梯形校徽的隐喻，也是创校董事长黎先生创校之初认为的学校精神。不过，《攀登》这个校刊的创办不规范，一般为年刊，有几年工作安排不过来就没有出刊，以及遇到重大的领导层变动，也会停

---

① 执行董事的职位是因为鲍校长需要转岗才设置的，原来并没有执行董事这一职位。

刊。在内容上,《攀登》更像一个工作汇报,很多一线教师没有参与期刊建设。《攀登》的"江州世界外国语学校十五周年校庆特刊"主要内容为校友返校的现场报道,不像一个规范的期刊。

要创办一个刊物仅有两个人显然是不够的,必须有一个编辑部。为扩大各学部对《卓越教育》的参与度,庞主任和鲍校长商议,通过自荐和学部推荐的方式,由各学部推选 2 名编辑,加上两位主任组成一个 10 人的编辑部,筹备创刊。这个提议获得了鲍校长的认可,于是各学部各推荐 2 名编辑,庞主任和沈主任分别对编辑做了征稿与编校培训。

有了编辑部,《卓越教育》的栏目也需要筹划。各个栏目该怎么设计。如何才能提升校刊的层次,办出特色。庞主任为此花了不少心思。他从学校图书馆查阅了教育类期刊和其他兄弟学校的期刊。从二十几本期刊中,汇总了一些常见栏目的设置类别,形成《卓越教育》的备选栏目。庞主任还结合本校的特色、工作重心,草拟了一些特色栏目。在编辑部讨论与领导审议后形成了"关注、专栏、感悟、话题、探航、读书、心语、视野"八大栏目。在具体内容上"关注"主要刊发学校重大教育教学活动报道,各学部、中心、处室具有影响性、创新性工作、改革实践的文章,同时还会刊发学校具有前瞻性、政策性工作计划等内容;"专栏"主要刊发"民办教育研究""招生稳生工作""教师发展"等专题和学校重要人物专访等内容文章;"感悟"主要刊发名师及名师工作室成员教育教学工作感悟,教育教学工作探索的文章;"话题"主要刊发德育、教学工作中的专题讨论、主题活动、主题汇报等方面的文章;"探航"主要刊发各学部、各科教师的德育研究、教学设计、教学探索、教学策略、教学反思、教学实录等教育教学论文;"读书"主要刊发教师读书笔记、心得体会、读后感;"心语"主要刊发教师教育、教学工作中的随笔,教师学习、工作、生活中的心灵寄语;"视野"刊登教师的读书感悟和观点性文章的分享。

2019 年年初,《卓越教育》创刊号正式发刊。

《卓越教育》的创刊让庞主任成了江州世界外国语学校的"头号笔

杆子"，这也给他带来了不少新角色。后来，江州市评选星级文明学校的工作也交给了庞主任。评选的材料非常复杂，校办只有两个文职人员负责。施校长觉得校办的两位太年轻，写不好材料就让庞主任负责。有时候，校长的讲话都会让庞主任把关。

庞主任曾跟我吐槽：

> 现在学校很多文案工作都会推给我，啥评比材料，啥发言稿，学校的大小文件的制定。有的时候我感觉自己的办公室变成了校办。我这个办公室本来就是综合的。我是主要负责《卓越教育》，因此这里是《卓越教育》编辑部，同时王主任主要是负责督导工作，因此我们这办公室也是督导室。现在又多了个"校办"。我也没因为这些事情就多拿工资，这边是实行年薪制的，我纯粹是义务劳动。（F-T-M-20200609）

人尽其用是组织有效开发人力资源的目标，像庞主任这样能力强的人在江州世界外国语学校往往具有多个角色。

（四）低职高用：国际部的主任级校长

职务的变动是有条件的，但工作环境瞬息万变，民办学校尤为如此。在复杂的环境中，江州世界外国语学校的职务会出现低职高就的现象，国际部的刘主任就是如此。

在我了解正主任和副主任的关系时，我得知整个学校只有四个正主任，国际部的刘主任就是其中的一位正主任。不过，刘主任虽然仅仅是一位主任级干部，却承担着校级干部的工作。

刘主任是国际部的正主任，同时也是国际部的负责人。在第一次接触刘主任时，我就对她的介绍很好奇。我第一次见到刘主任是来江州世界外国语学校调研的集体座谈会上。会上，坐着学校主要领导和各学部的负责人，小学、中学部都称校长，幼儿园的则称园长，唯独国际部并不称校长，而是主任。我起初以为是国际部比较小，可能只设置了一个主任级别的岗位，负责国际部。实际上，这里面有一番故事。

在我刚来驻校时，刘主任刚上任国际部负责人一年左右，算是履新。国际部是非常重要的学部，是江州世界外国语学校的国际中学。国际中学是该校的特色，凭借国际教育，在建校初获得飞速发展。国际部几经辗转变成现在的国际部。

在刘主任之前，国际部是一位吴校长负责。国际部生源比较复杂，非常容易出事。国际部涉及出国，国际部的学费都在 10 万元/年以上，根据项目时间和合作对象的不同费用有所差异。国际部就读学生的家庭条件都是非常优越的，但是家长背景比较复杂。

一位教师在随笔中这样写道：

> 还记得那是 2017 年 9 月一年级学生报到的第一天。
>
> 刚拿到学生资料的我就被这样一个孩子吸引了。"耗子"，爸爸 63 岁，妈妈 29 岁。
>
> "天呀，这么大的差距，是真爱吗？"这是我当时心里的第一反应，所以在入学报到那天我特别关注这个孩子。（P-W-02）

诸如老夫少妻、离异、重组家庭等情况很多，使得国际部的学生都有着复杂的成长环境，学生容易出现心理问题。每年国际部最重要的工作是学生安全工作和德育工作，学校特别重视这一方面。国际部的陈主任曾跟我提到她的班级每年都有一两个精神上有障碍的学生。

在吴校长任职期间，国际就出现了一起极端事件。有一天，吴校长突然接到一个非常紧急的电话，是国际部中澳班班主任黄老师打来的："吴校长，您好！您赶紧过来一下，我们国际部有个学生跳楼了。"吴校长匆忙赶到现场了解情况，事发的是一名叫小鹏的学生。小鹏此前是小学部的学生。在小学时，小鹏成绩优异，性格积极、乐观。带过他的老师都说"看不出小鹏会做这种事情"。小鹏的父亲是清华大学博士，对孩子的教育期望非常高，家中只有小鹏一个孩子，对小鹏的离去，家长无法接受，要求学校严格查清此事。警方介入了事件调查，因小鹏生前未表现出消极精神状态，从监控视频中看到小鹏早上很早就起来，来到教学楼楼道的窗台背书。警方将其认定为"不慎坠楼"。家长要求学校对此事负责，作为国际部负责人，任内出现这样的极端事件，吴校长被调离本部，去一所启航集团新建学校做副职校长。

吴校长的离开让国际部失去了校长，成了没人领导的部门。一个部门没有领导肯定不行，此时国际部还没有合适的校长人选来顶替吴校长的位置，董事会就先让刘主任兼任国际部的负责人。刘主任成了学校唯一的主任级校长。

主任职务含糊，因人设职，一人多职、低职高聘反映了人事制度上的灵活性。对于江州世界外国语学校来说"实用"是最重要的，因此没有太多的墨守成规、循规蹈矩，每个成员之间的分工不是很明确，但成员之间的配合却很默契。

三、产业兴校

企业型治理在江州世界外国语学校最典型的表现是产业兴校。产业兴校体现在两个方面：一是用产业思维管理学校发展，在江世外表现为设置超市化班型，吸引不同需要的客户，完善产业链，赚取产业链利润，扩大产业规模，形成规模效应；二是以实体的产业反哺学校办学，形成产业与教育共同发展的"双子峰"。

（一）超市化的班型，满足家长多样化的需求

江州世界外国语学校在课程体系和班型设置上与一般学校有很大不同，学校根据不同的主题和特色在同一个年级设置了不同的班型。不同班型在课程设置、培养目标、收费标准上均略有不同，这一做法旨在为不同家长提供个性化的"课程套餐"，为学生发展提供不同的学习通道。

　　学校不同班型在不同学段、年龄段有不同的设置，主要有四种，分别是科技创新为特色的科技创新班，艺术发展为特色的艺术创新班，以外语为特色的国际英才班和使用实验教材的教材实验班。外语是建校时就提出的特色，所以从幼儿园到高中，所有学段均有外语特色的班型。科创与艺术是在办学过程中慢慢发现科技创新是社会发展的需要，艺术教育有很大的市场需要，设立了这两个班型。教材实验班是引进了北京景山学校的数学教材后开设的一个实验班型，培养面向现代化、面向世界、面向未来的综合型人才。

表 3-1　小学部班型

科技创新班	
培养目标	培养具有敢于质疑、勇于求异、善于探究、勤于实践的人。
培养措施	1. 以探究为核心的跨学科主题课程。在教师引导下，围绕主题开展跨学科的自主探究实践活动，培养好奇心与感知力，通过综合性的知识学习与技能训练，发展对概念的理解，养成积极的学习态度，鼓励主动探究和创新思维，培养有未来竞争力的精英人才。 2. 关注科学、技术、工程、数学四大科学领域，关注学科知识融通与综合能力培养，整合社会、社区资源，全方位培养学生科技素养和创新能力。
开设课程	1. 开设科学课、科技发明课等校本课程和综合实践活动，专业教师任教，每周 1—2 节课。 2. 实行双导师制规划，采用"校内导师＋校外专家"的双导师制，采取"请进来、走出去"的方式，让校外专家参与到课堂教学和研究活动中来，共同规划学生成长。 3. 开展小发明、小制作、小实验、小论文等活动，培养青少年科学创新精神和实践能力。
艺术创新班	
培养目标	以培养优秀＋特长的学生为育人目标，实施艺术教育，培养学生艺术素养和高雅气质。
培养措施	开展声乐、美术、乐器、书法、舞蹈等才艺课程，通过多样化的艺术课程培养学生的艺术素养和高雅气质。
课程设置	1. 开足开齐美术、音乐等国家艺术课程和校本课程，专业教师任教，以高于国家课程标准的要求进行课堂教学。每周 6 节课。 2. 开展课外艺术技能培训，每周 3—4 节课。

国际英才班	
培养目标	培养具有国际视野、中国情怀、江州特色的国际事务的参与者。
培养措施	1. 引进学科教材,专业外籍教师任教,学生在浸润式的课堂中体验中西方文化差异,开展跨文化交流。 2. 开展基于"主题统整"下的跨学科教学,培养学生面向未来的创新能力和核心素养。
课程设置	1. 中方教师执教国家规定的语数英基础性课程,外方教师教授学科英语课程,主要内容包括:Language,Maths,Science 和 IC① 等课程。 2. 实施校园文化课程和三大评价方式,学生在活动课程中,其技能、个性、探究合作能力得以充分培养和发挥,培养学生良好的行为习惯。
教材实验班	
培养目标	培养面向现代化、面向世界、面向未来的综合型人才。
培养措施	引进北京景山学校实验教材,以培养学生的创新能力和实践能力为主线,使学生在认识数学、理解数学和应用数学的过程中,发展个性。开展常规数学教学课,数学思维拓展课,数学阅读课和数学综合实践课等;语文开设儿童阅读,诗歌创作等课程。

超市化的班型设置主要是为了满足家长不同的需求。一方面,多样的班型设置有利于吸引更多的家长在课程体系中找到适合自己孩子发展需要的班型;另一方面多样化的班型设置,形成良好的学费差异梯度,挖掘不同层次的民办教育需要。

不过我在一位外校校长口中听到了另一种声音:

> 这是民办教育学校想乱收费,增加各种噱头的班型。这在我们这儿是不被允许的。这也只有民办教育会这么搞。(F-L-F-20200812)

多样的课程体系是按市场规律办学,拓宽服务种类,吸引更多顾客的考虑。

---

① IC 是 Individualized cross-cultural curriculum,个性化跨文化课程,主要为留学人才设计。

　　市场具有天然的营利性，民办教育具有逐利的特征。市场逐利的手段主要表现无条件地迎合客户的需求，在当市场需求饱和时，市场主体会采取主动开发客户需求的措施。江州世界外国语学校建立了超市化的班型体系迎合不同需要的家长选择，实际上是一种制造多样的教育选择，引导客户差异化需求，主动开发市场，拓展业务的手段。

　　（二）校外培训机构：优学堂的建立

　　除了校内拓展班型，江州世界外国语学校还尝试在校外拓展自己的业务，延长产业链。校外培训也是业务拓展的一个领域。2019年，创立了配套的培训辅导品牌——优学堂。

　　优学堂附设于江世外附近，主要业务范围为小学语文、小学数学、小学英语、初中语文、初中数学、初中英语、初中物理、初中化学课程辅导与培训。

　　优学堂创立的主要原因是近几年教育培训行业飞速发展。学校一直注重教育产业链的全覆盖。在学校成立初期就逐步形成从幼儿园到高中的基础教育体系。校外培训行业一直是个空白。这很早就引起领导层的关注。

　　　　我们招生是很不容易的。我们打造了自己的品牌，组织了庞大的招生网络，但我们招过来的学生在课外还要去其他培训机构补课，那不是给别人作嫁衣吗？我们有自己的师资和成熟的教师培养体系，为什么不把校外培训这个领域也吸纳进自己的业务范围呢？（F-L-M-20200605）

　　正是出于这样的考虑，成立了优学堂。优学堂的成立填补了江世外在教育培训行业的空白，形成"校内—校外"互动的民办教育体系。

　　（三）桂湖学院的创立

　　除了校外培训行业，江州世界外国语学校不仅立足于基础教育，在高等教育领域，也有所涉足。早在1998年，江州启航投资集团就投资成立桂湖学院，成为启航集团下属的高等教育机构。

桂湖学院坚持"育人先育心、树人先树品"，立人先立德，让立德树人工作在爱心的无声滋润下生根。桂湖学院开设"桂湖烙印"特色课程，将思想品德教育和创新创业教育结合起来。采取准军事化的培养手段，以军队纪律规范学生以军人精神教育学生养成好习惯。实施完全学分制，给学生以专业和课程选择的广阔空间，努力使教学切合学生的禀赋。

桂湖学院官网介绍

桂湖学院积极响应国家号召，主动服务国家自由贸易区、"长三角区域一体化"等国家战略，以及"一带一路"倡议，紧随"人工智能"的发展趋势，把握"新工科"的内涵与前景，将"AI"作为"桂湖烙印课"，面向全校学生开设。同时，以国际职业教育的广阔视野，大胆改革，锐意创新，全面推行"一体两翼"的育人格局（"一体"指培养具有创业精神和能力的高端技术技能型人才的主体任务，"两翼"中一翼为立德树人，一翼为产教一体）。

面向新时代，桂湖学院将坚持创新、协调、绿色、开放、共享的新理念，坚持"公益性、国际化、应用型"的办学方针，举全校之力把学校建设成为特色鲜明的本科职业教育院校，为地方经济和社会发展提供更加有力的人才保障和智力支持。（P-N-02）

桂湖学院和优学堂的建立让江州启航投资集团的业务范围覆盖从基础教育到高等教育各学段，横跨校内学历教育、校外非学历培训，形成纵横交替的完整产业链。

（四）规模的扩大

江州启航教育集团不仅在业务内容上不断拓宽，形成完整的产业链,还在规模上不断拓展。江州世界外国语学校自1995年创立开始,就不断谋划向外扩展教育规模。

从1995年江州世界外国语学校开办至今的25年间,集团的规模从1所学校发展到8所学校,从1所幼儿园发展到30余所幼儿园,在读学生达到2万余名。集团的事业从江州出发,落子哈尔滨、大庆、青岛、镇江、南通,在国际合作上与德国的弗莱堡、英国的剑桥,澳大利亚、加拿大多所学校都有联系。

江州世界外国语学校就像一艘产业链完备、规模庞大的民办教育航空母舰。

（五）"产业＋教育"的"双子峰"

江州启航投资集团除了民办教育业务,旗下还有多家公司经营着多个产业。江世外附近的房地产、商业,都有启航集团旗下的公司。在江世外的发展过程中,启航集团的产业与学校教育相互促进、相互补充,形成了跨行业共同发展的"双子峰"。

1. 产业与学校教育的相互独立

在我刚进入江州世界外国语学校考察的初期,我对学校的校外产业并不了解。我以为该校就是一个纯粹的学校。不过,在我驻校一段时间后,发现学校附近的商业广场（星尚广场）似乎和江州世界外国语学校有一定的联系。让我形成这个判断的原因是我发现江州世界外国语学校的教师都停车在星尚广场,而不是校内。起初,我只是以为江州世界外国语学校与星尚广场距离近,并且校内是不允许停车,所以教师只是图方便将车停在星尚广场。不过,在一次与司机的闲聊中,我发现星尚广场的老板就是学校的董事长。学校与星尚广场都隶属于启航集团。于是,我开始意识到启航集团并不仅仅做学校教育,还有其他产业。不过,由于我是以研究院协管的身份挂职,我的主要活动范围在校内,并没有收集校外产业的详细资料。

在我一个外行人看来,启航集团既做教育,又做产业。这教育和产业就是启航集团的两个钱袋子,两者关系应该很密切,不分"你—我"。不过这个想法在我访谈汤总的时候得到否定的答案。

> 产业和教育是两个独立的系统,我们也是分设两个单位独立运营的。在人事、财务管理上,产业和教育是两个独立运作的单位。我们是现代企业,必须权责清晰,如果在人事、财务上有牵扯,那会出现管理问题,这在法律上也是不允许的。(F-L-M-20200711)

产业和教育的独立性是两个系统高效运作的基础,产业和教育是启航集团齐头并进的"双子峰"。

2. 教育对产业的支持

在业务上,教育和产业的确是相互独立的系统,平时并没有什么交集,各自的员工也并不认识。不过,商业和房地产紧挨着,相互之间总会有一定的联系。启航集团的学校教育对其产业是有积极支持作用的。

> 学校离商业广场那么近,肯定会有一些影响。学校办得好了,旁边的楼盘就是学区房,卖的价格自然高于同水平的楼盘;如果办得不好,这学区房的吸引力就不大。因此,尽管启航集团有很多公司,但是集团的主要业务始终是学校教育。你刚进来的时候,应该可以看到,门口的宣传标识都是以教育为主题的。这是因为集团在不同产业间是有布局的,其中教育是集团所有业务的根基。现在学校的社会声誉好,对其他产业肯定是利好。你看,这外面的是我们的一个楼盘。当时卖的时候,周边的其他楼盘都是 21 000 到 22 000 左右的单价,我这个楼盘当时卖的均价是 3 万,就是因为是学校的配套房子。(F-L-M-20200711)

教育是具有外溢效应的行业。许多公办学校办得好，能带动周边地价的上涨，因此许多地方政府热衷于优质教育资源的引进。教育对产业的支持不仅体现在学校对房地产行业的支持，江州世界外国语学校集聚了教师、家长、学生等，形成一定规模的人群。这些人群转化为星尚广场的客流量。江世外与周边产业相互集聚，形成具有规模效应的微系统，将教育的外溢效应转化为产业收益。

3. 产业对教育的反哺

除了教育对产业的支持，启航集团的校外产业也反哺教育。学校的基础设施建设需要大量投资。在建校初期，江世外的建校资金主要通过银行贷款。后来，江世外后期的基础设施建设的资金有一部分是从启航集团的其他产业中划拨的。

> 我们曾经有三年时间连续从其他产业中划拨了 3 000 万元资金用于学校的基础设施提升。在不同时间段，产业一直作为学校紧急资金筹措的备选渠道。此前跟你说过，学校在 2003 年到 2007 年是极具衰退的阶段。你想那时候学生越来越少，教师还是那么多人，各种开支还是照常运作，学校哪来的钱？在学校最低谷的时候，是启航集团的其他产业不断给江世外"输血"，才维持江世外撑过了最艰难的时候。所以，也可以说，如果没有其他的产业，江州世界外国语学校早就已经没了。（F-L-M-20200320）

产业给江州世界外国语学校的反哺缓解了办学经费的紧张，让学校没了后顾之忧。产业对学校的紧急注资让学校渡过了最严峻的衰退期。产业和学校是相互支持、相互补充、共同发展的"双子峰"。

四、 组织结构的优化：部为实体改革

江州世界外国语学校是一所集幼儿园、小学、初中、高中、国际中学

为一体的集团学校。学校业务范围横贯整个基础教育,多个学部构成校中校的结构布局。如何架构一个高效、灵活的组织结构是学校组织管理面临的一个现实挑战。廖校长在任职执行校长期间,实行了部为实体改革,形成"部为实体,学校统筹"的组织架构。

（一）部为实体改革的缘起

一切改革的动因都源于改革主体的现实需要。在学校发展初期,江世外尽管学段多,类型不一,但传统条块结合的科层管理模式适用于江世外初期的小规模办学。

在1995年制定的《江州世界外国语学校办学方案》中,对管理体制有如下论述:

江州世界外国语学校管理体制

1. 学校实行董事会领导下的校长负责制。学校董事会是学校的最高决策机构。董事会设董事不多于9人。江州市教委应派员参加董事会工作。董事会章程另定。

2. 校长由董事长在大陆境内聘请。学校副校长及主要部门负责人由校长聘任,经董事会批准后上任,校长全权负责学校的日常工作。

3. 学校内设机构如下:

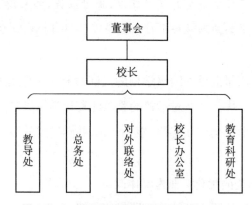

图 3-1　江州世界外国语学校建校管理体制

各处室设主任一名,配备干事若干名。

4．学校实行全员聘任制。聘任期限为 1—3 年。有关聘任、解聘、报酬、福利、工作保障等事项,依法通过订立合同加以规定。

5．在市教委的支持下,学校和江州市内一流的江州实验小学、新江师范附属小学、江州中学等加强联系,在师资、教材、管理等方面进行合作。(P-Z-01)

资料显示,江州世界外国语学校建校初期实行的是董事会领导下的校长负责制,校长下设教导处、总务处、对外联络处、校长办公室、教育科研处 5 条线。这种常规的条线结构是组织管理常用的组织结构。

不过,学校的高速发展让学生的规模越来越大。学生从 1995 年的500 名,逐步上升到 2002 年时的 3 800 名。生源的扩大使得办学规模、师资急剧上升,学校管理组织的规模扩大。在公办学校,小学、初中、高中,基本是三段分立,每一学段为一独立学校,部分学校有初中和高中合并的完全中学,以及小学和初中合并的九年一贯制学校。相比于这样的学校,江州世界外国语学校面临着更加复杂的问题。在学校办学初期,资金短缺与学校生源紧缺是民办学校面临的生存危机。从办学者的角度出发,尽可能多地招收学生,拓宽业务规模是壮大学校,维持学校生存的战略选择。为此,面向各学校招生,尽可能汇集充足的生源,能保证学校的运营。不过随着生员的扩充,让学校面临了很多管理上的问题。学校办学规模的扩大让学校管理臂距过长,从董事会到执行校长,再到学部校长、各处(室)主任(包括年级主任)、班主任和学科教师,中间经过了太多的层级,其中,还有校级的外语中心、教科研中心、信息化中心等条线的中间联系。全校的工作,一方面让校级层面的管理事务过多、过杂,另一方面层层传递使得管理效率降低,信息传递成本变大,无法发挥各学部的积极性。此外,各学部、学段差异巨大,面对不同学段的事务性问题,学校无法以统一的方式批量处理。这增大了校级层面的管理压力,这些现实的困境要求江世外校级层面放权,扩大学部在具体决策中的权重。

（二）学段制改革的尝试

学部制改革是江州世界外国语学校在学校组织管理中的具有校本特色的改革措施,但学校并非一开始就走上这条适合发展的改革之路。在学部制改革之前,也尝试过一段时间的"学段制改革"。

由于时间久远,我收集到的关于学段制改革的资料并不多,在仅有的访谈材料中看到了不同亲历者对这件事的不同说法。

> 廖校长领导的部为实体改革,真正地让（学）部有了一定的实权,学校牵扯没有那么紧。但并不是刚开始就是部为实体改革的,在那之前还有另外一种管理方式叫学段制。就是把向小学分成三个段,一到四年级一段,五六年级二段,同时我们小学还有一个叫实验班,实验班用的是上海实验学校的语文教材,数学用北京景山学校的教材。这些班级（实验班）当时一共有 19 个,就叫实验教材班。实验教材班单独成为一个段,一到六年级。那么当时小学是五年制,一到五年级,五年级之后直升初中,这个就是三段。初中是初一为一段,初二为一段,初三为一段。像这样的话,整个小学、初中一共就 6 个段,每个段设一个段长,由段长进行管理,段长相当于又管教学又管德育。学部有个主任,每个学部还设一个综合处,综合处主要管后勤服务。高中应该也是这么分段,但我是在小学工作,并不清楚小学的情况,我当时在综合处工作。（F-L-M-20200607）

在江州世界外国语学校 2018 年编写的《学校组织沿革史》中,我看到一段关于学段制改革的志述:

> 2000 年成立上海部,2001 年将外事处改为国际部,增设教育发展部,下设招生办、企划办、家校服务中心,2002 年中学部分为初中部和

高中部。增设信息技术中心、外语教学中心、心理教学中心、艺体中心。改教学处为教(学)科研中心。各学部设综合处实施段为实体的管理模式,小学部分为一段(一至四年级)、二段(五六年级)、三段(实验班),初中部分为四段(初一初二)、五段(初三)、六段(初中 H 市生源段),高中部分为七段(高中段)、八段(高中 H 市生源段)。(P-Z-02)

从江州世界外国语学校《学校组织沿革史》的论述中,我们可以看出学段制改革确实在该校存在过一段时间。当时学校存在学部的概念,但在那时学部只是一个执行、协调机构,仅仅作为区分不同学段而做的一种标识,没有实权。

从史料与访谈材料的描述分析,我尝试做了一张学段制改革的组织结构图:

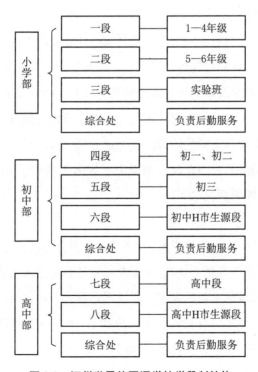

图 3-2 江州世界外国语学校学段制结构

在学段制改革中，每段设置一位段长，负责本学段的教学工作与德育工作，综合处负责整个学部的后勤服务工作。学段制改革尝试着将教育、教学、后勤等具体事务性权力下放，改革所有事务性权力集中于校级管理部分的问题。学段制在权力下放、赋权增能，完善学校各学部的基层组织架构，激活各学段管理能力方面具有积极的作用。不过学段制自始至终是江州世界外国语学校的一个独创，甚至可以说是廖校长个人的一个独创。在其他公办学校、民办学校并未见过类似的学校组织结构，将学段作为一个管理的实体单位，确有独树一帜的感觉。新事物的产生是为了应对学校规模扩张带来的管理问题。民办学校面临复杂的政策环境与多变的市场环境，领导层需要顺势应变、激流勇进的改革精神，这在历任领导人中都能看到。

不过学段制并不是一次成功的改革，其存在了两年时间后被部为实体改革取代。

学段制存在的最大问题是段长与综合处处长两者权力的冲突。从组织结构图中，我们看到各学段段长与综合处处长并无上下隶属关系。在学校层面，发起改革的领导人廖校长并没有对两者关系做出说明，让它们自己磨合。从分工上看，段长主要负责教学、德育工作（专业权力），综合处主要负责师生的后勤服务业务（事务权力）。学段的专业权力与综合处的事务权力在没有明确上下隶属关系中，往往会出现相互掐架、相互推搡的情况。

　　　　当时一下子强推下来，推得还是比较猛的。当时，我是在综合处工作，我了解这个情况，里面段长跟综合处主任天天掐架。这样的一个管理体系的问题在于制造了学段内部的割裂。学段制始终没法清楚界定综合处和段之间的关系，哪些事情归段管？哪些事情归综合处管？比如说后勤，后勤是综合处的。二段想去采购，可以找综合处，这个没有什么问题，但是如果二段的学生在公寓里面出现问题了,家长首先找到的班主任,班主任是学段管。可是,公寓的问题是生活老师负责,生活老师归综合处管。那怎么协调?这里就会出问题,班主任找段长,段长在与综合处沟通,综合处在找到生活老师,这个流程太麻烦了。学段的尴尬处境是有的人归他管,有的人不归他管,但学段作为主要业务部分,直接面对家长,家长什么事情都是找学段,学段却没有权力对整个事情负责。(F-L-F-20200608)

专业权力与事务权力的冲突是学段制最终被弃用的直接原因。时至今日,学段制改革在已经是明日黄花。回顾这段学校组织管理改革的历史,学段制的实质究竟是什么? 它真的是一种廖校长原创的学校组织结构吗? 还是基于某种管理方式的改良? 李校长对学段制的总结,让我重新认识学段制会有一定启发:

(学段制)这个管理模式实际上是高中的管理模式。我们一般高中有年级组,比如说高一、高二、高三,相当于是一个年级组,在我们这里就相当于一个段。年级组里有年级主任,就相当于我们的段长。一个年级组的所有事物都由年级主任管,就相当于我们的段长主管本学段的教学工作与德育工作。那么为什么我们会有综合处呢? 一般高中没有这个部门的设置,这主要和我们集团的管理方式有关。我们学校是由集团主管,集团董事会的管理理念是将学校的事务性工作与教育教学工作分开,其本意是教育家办学,即让校长专心教育教学工作,后勤等事务性工作不要让校长操心(校长也不擅长),所以就有段长和综合处的分设。不过,从后来的结果来看,事实证明这(学段制)在我们小学里是不适合的,最后没有用它(学段制)了,应该是说明这个制度并不好。(F-L-F-20200422)

学段制的组织架构是一种独创的组织形式,不过其原型是高中年级组的一个变式版。将高中的管理方式强加到小学、初中自然有所水土不服。

尽管学段制改革以失败告终,但学段制改革开了探索集团性学校高效组织管理方式改革的先河。学段制改革一定程度上,下放了冗杂的校级部门权力。廖校长在吸取学段制改革的教训后,开始了新的改革。

（三）部为实体改革

根据江州世界外国语学校《学校组织沿革史》记载,该校是从 2004 年开始逐步推行部为实体改革。

部为实体改革按照"统一领导,分而治之,条块结合,部为实体"的原则,建立"横向四部、纵向四线"的新管理体制,横向四部为四个实体教学单位,即幼教部（幼儿园）、小学部、中学部、国际部;四条线为纵向的四个管理职能部门[①],即外语教育中心（含外事办）,现代信息技术与教育中心,教科研中心（督导室）、人力资源服务部门（行政、校办、人力资源部）[②]。

中学和小学各设训导处、教学处和教科室作为中学校长和小学校长的办事机构。

1. 学校的职能

执行校长的职能可以用"统筹规划,宏观调控,督导评估"十二字方针来概括:

统筹规划:涉及中小学共同的工作如人财物资源的提供、福利待遇

---

①　江州世界外国语学校的管理体制较灵活,在不同时期,四个实体教学部门没有大的变化;但四条线的变动较大。特别是人力资源部,由于教科研中心主要负责学校教科研的考核,但教师考核又涉及人事部门的绩效,因此在后期,人力资源服务部门与教科研中心合并,称为人事教科研中心。在我到该校的时候,行政部门是三中心:信息技术中心、外语中心和教科研中心,其中教科研中心就是人事科研中心。在该校对教师科研考核时称教科研中心,在学校人事工作中则称人事办,实际上是一个单位。

②　后来教科研中心与人事服务部门合并为人事教科研中心,现在为三条线。

的安排、工资奖金的分配，以及家长工作、学生接送、外事工作、外教管理、宣传工作、招聘教师等，由校长进行"统一计划，分区实施"。

宏观调控对中小学的资源配置与使用，重大活动工作，重要的课题研究与创新项目，组织关系等进行协调平衡，实现资源共享的优化配置，达成工作高效、优质，充分发挥中、小、幼一条龙办学的优势。

督导评估重点是对中学和小学执行方针政策、法令、法规，坚持正确办学方向的把握，落实"提高质量，强化特色"的具体工作目标，特别是对教育教学质量目标达成情况进行督导和考核。

2. 学部的职能

确立学部相对独立的主体地位，充分发挥自主管理的作用。

学部校（园）长主持中小学全面工作，是中小学教育教学安全、服务质量的第一责任人，统筹处室工作，用好处室，放活学部，管好学部。学部校（园）长要做好"四统"工作：

统筹目标管理：这是学部校长工作中关键的一项。"四统"首先是统一抓好教育教学目标管理。从上而下细化成可供考核并落实到班、组、人的指标，建立层级目标管理制度。

统管制度建设：从学部的实际出发，认真执行上级教育行政部门下达的法令、法规；组织制定全校区性的规章制度；审定学部制订的规章制度；督导各项制度的执行。

统好时空资源：优化组合学部的教学、设施和时间安排，提高组织效率和办学质量。

统一安排校、区、处（室）干部深入基层，蹲点实验，学部的各级领导干部要在各自校长的领导下，积极工作，努力创新，使学部各项工作特别是教育教学质量在原有基础上不断提高，形成特色，创出品牌，发挥相对独立、自主管理的优势。

为保证"部为实体"改革的落实，廖校长给学校管理定了"四条生命线"来警示学部工作的底线：

四条生命线

教学质量生命线。为确保教学质量,必须贯彻"学校以教师为中心,教师以学生为中心,学部以教学质量为中心"的"三个中心"理念。要优化教学常规,开展科研兴校,努力提高课堂教学的效率和效益。要建立教师进修、提高的运行机制,更要坚持"三为本"的思想和作风(以人为本、常规为本、务实为本)。

安全生命线。"安全不限于任何时间,任何地点一切从自我做起。"安全工作贯穿学校工作的全过程,安全生命线"100 - 1 = 0"这个公式表明,在安全问题上必须慎之又慎。

服务生命线。"学校要为孩子服务,为家长服务,为社会服务","服务应该是全方位的,全过程的",全寄宿制民办学校,生活服务与教育服务的一条龙,必须做到学生安心,家长放心,所以每位领导和教师都要树立服务一流意识。

校风、教风、工作作风生命线。校风、教风和工作作风都需贯彻勤朴精神,学部要精干、高效、务实,多做实事,少搞甚至不搞形式主义的花架子,抓基层、打基础,抓住班组建设,形成良好的班组集体,形成优良的教风、学风、班风进而形成良好的校风。(Z-SX-12)

部为实体改革是为了调动学部积极性,减少校级处室的管理负担,提升学校整体的管理负荷,提高学校组织管理效率。

五、 另类的"高中部":亏本的生意也要做

"高中部"在江州世界外国语学校是一个独特的存在。"高中部"在此必须打个引号,是因为在江世外的实体学部中只有中学部,没有"高中部"。所谓的"高中部"是属于中学部的一部分,但在教学和管理上,高中和初中的工作存在很大的差异,在实际运行中,中学部高中和初中是在中学部的统一领导下相对独立地开展各自工作。在平时的工作

中，"高中部"的老师和"初中部"的老师相对独立。在工作会议中，教师也会用"高中部"和"初中部"相互称呼。因此，可以说"高中部"是一种相对独立的存在，大家都彼此认可。

为什么不把初中和高中独立，而是在中学部的管理下存在的呢？说起这个原因要从生源结构说起。江州世界外国语学校的生源结构是一个金字塔形结构，即底部学段的生源大，顶部学段生源规模小。这个金字塔的结构是该校在适应江州民办教育市场变动的适应性结果。对此，校领导还非常自豪。

> 我们的生源是一个"金字塔"结构，这是我们江州世界外国语学校二十多年发展历程的经验总结。你去看其他的多学段民办学校，也都是类似这样子的生源结构。因为如果不是这样子，意味着他不能适应我们的民办教育外部环境，就意味着要倒闭。（F-L-M-20100906）

生源的金字塔结构是江州世界外国语学校与办学环境长期互动的结果。从现状来看该校常年的生源结构大致如下：

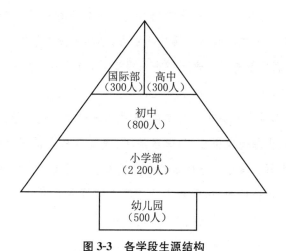

图 3-3　各学段生源结构

从图 3-3 可以看出，江州世界外国语学校各学段的生源结构并非一个严谨的金字塔形，而是有个小底座的"松树型"。其中的幼儿园有些特殊，因为幼儿园中间曾经停办过，2007 年复办，因此幼儿园的生源规模较小一些。此外，图 3-3 中的幼儿园是指江州世界外国语学校本部的幼儿园，该校有 3 个江州市内的"校外园"并未算入其中。在江州，江州世界外国语学校还有普惠性幼儿园，由于这些是非营利性幼儿园，并未统计在内。除了幼儿园部分，该校的生源结构确实是一个金字塔型结构，形成这样一个结构是生源发展战略，生源结构事关学校的整体发展，其中蕴藏着该校的办学智慧。

> 江州世界外国语学校的这个生源结构是该校主动适应民办教育办学环境的结果。为什么会这样呢？刚开始我们办学的时候并没有考虑这个结构，起初计划是均衡的生源结构，即每个学部的生源都差不多在 1 000 人左右。后来发现这样的办学不行。这有几个方面的原因：第一个原因是招生压力，相对来说低龄段的学生是比较好招生的。因为低龄段的孩子没有硬性的考核要求，我们初中、高中招生现在都是有学业成绩上的考核要求的。不是家长愿意送过来，我们就能招进来的。这就导致招进来的低龄段的学生多。第二个原因是教学质量的压力，小学阶段教学压力不高，但是初中、高中就有了。学生招进来很容易，但不能把初中和高中办得很差吧，必须是江州排名前几位的。如果江世外的初中、高中办得很差，那也没人会花这么多钱，把孩子送过来。这就导致只能把高学段的生源规模压缩，规模压缩了，我就容易办得好，规模大了就很难办好。第三个原因是这个结构能应对外部的政策冲击。你比如说这次公民同招，这是不是让民办学校招生更难？那么我们现在小学部是规模最大的学部，我们有一部分直升上来的生源，这就可以规避招生政策冲击对我们办学的影响。第四个原因是，从办

学成本来看,低学段的用人成本低,高中老师的用人成本肯定比小学老师高,这个毫无疑问。也就是说低学段的盈利空间要大,从一个投资管理的角度,我肯定更愿意把资金投入小学部的发展。出于这几个原因,我们自然形成了这样一个生源结构。(F-L-M-20200605)

招生压力、教学压力、政策风险和办学成本这四个因素共同作用下形成了金字塔型的生源结构。这一生源结构使得小学部成为体量最大的一个学部,初中和高中与国际部的学生加起来也没有小学部的学生多。正是因为高学段办学规模越来越小,高中段生源非常少,只有6、7个班左右,300人的规模。为了减少单独设立一个学部的管理成本,就把高中与初中合并为一个学部——中学部。但是高中与初中的教学内容与管理方式又存在非常大的差异,于是就出现了组织结构上只有中学部;但平时的工作中,初中和高中会互称学部这种现状。这种名义上的中学部,实际上的"初中部+高中部"的现象也是管理体制灵活的体现,江州世界外国语学校组织结构以实用为目的灵活应变。

在学校结构中,"高中部"始终是一个特殊的存在,谈起"高中部",校领导总是一种难以言表的脸色。

我们的"高中部"是一个很尴尬的存在,我们的高中长期是亏损状态。高中是不赚钱的!我们的"高中部"就纯粹是做公益。所以,集团有很多学校,但是高中只有本部有,其他学校都没有搞高中,因为我们做高中是亏损的。(F-L-M-20200711)

江州世界外国语学校的高中是长期亏损的状态。这是领导一谈起高中就难以言表的根本原因。为什么高中会长期亏损呢?这其中有民办教育行业本身的原因,也有该校内部的原因。

"高中为什么会亏损？"这个问题有外部因素，也有内部因素。我觉得外部因素的影响更大一点。高中亏损和我国民办教育行业的特点是有关的。高中是一个"成本大、收益小"的学段。从投入的角度看，高中教师的能力要求是比较高的，那么意味着高中教师的用人成本是很大的。江州这边一个高中新手教师的用人成本就是 20 万元年薪以上，这是最基本的。如果是某个学科的正高级教师、学科名师，那用人成本可能是 30 万元到 50 万元之间，甚至是上不封顶的，因为名师的薪资都是"一人一案"，单独谈的。那我校高中，总不能办得很差吧，我总需要一两个正高级教师、学科名师撑撑场面吧？这个投入就比小学、初中大多了。再从收益上看，高中是很难办大规模的。前面也跟你讲到，我们高中规模是最小的。高中要看高考成绩，家长每年都盯着呢。高中高考要数据好看，那怎么办？只能缩小班额，缩小规模。我们现在高中基本就是 2 轨，初中是 4 到 6 轨，小学是 10 到 15 轨。每年的情况不一样，班额会有一定变动。规模不大，你说怎么赚钱，学校还是要有一定的规模效益，没有规模就很难盈利。其次，高中学费也不能收太高，高中是江州世界外国语学校学费体系中低端的。成本大，规模小，学费低，最后的结果只能是亏损。这个其实并不是个案，全国大部分好的高中基本上都是公办的，好的民办高中很少。这是民办教育的行业特点决定的。当然也不能全怪外部因素，肯定也有我们的内部因素。内部因素就是我们的师资和生源都不是特别好，高中很难挖到高质量的教师，生源质量也一般。（F-L-M-20200116）

内外部双重因素的作用下江州世界外国语学校的"高中部"一直是亏损状态。那就会出现一个很奇怪的问题：既然亏损为什么不直接把"高中部"关掉？不办高中不就不亏损了吗？从"成本—收益"分析上来看，关掉亏损的业务，是优化投资结构的合理选择。但是学校并没有选择关掉"高中部"，这里面有校领导的良苦用心。

　　从做生意的角度讲，"高中部"确实是一笔亏本生意，但是在做生意的时候，我们也常常有个说法"亏本生意也要做"。做生意总有亏盈，不可能每笔生意都是赚的，即使是亏本生意，也有亏本生意的用处，并不是说亏本生意就不做。江州世界外国语学校之所以还保留着"高中部"，有几个原因：第一，从历史发展来看，学校一直有高中的传统。从建校初开始，学校是有办高中的，这是一种办学历史的延续，突然完全断掉了不太好。不然那些高中的校友返校，看到"高中部"没了会怎么想？这些校友也是学校很重要的社会资源。第二，高中部是完整产业链上的一环，如果高中部没了，教育产业链就不完整了。完整的产业链能形成一种"链式效应"，带来独特的办学效益。比如说高中部只要在，学校的初中学生就多一个报考高中的选项，初中生高中的升学率也会高一点。这是完整产业链的互补效应。第三，高中与国际部的互补形成良好的办学梯队。四个学部中，幼儿园、小学、国际部是主要盈利学部，中学部总体上是有少部分的盈利，但不是很大。那么中学部充当的作用有两个，一是为低学段吸纳优质生源，二是为高学段提供优质生源。校领导的主要发展战略是，初中为国际部提供优质生源，并作为国际部生源的主要来源。那么就有个问题，如果初中的学生没有考进国际部，或者没有申请较好的项目呢？那这个时候"高中部"就是一条退路，也就是说"高中部"充当了"初中部"中无法升入国际部的生源的"托底工作"。这个意义也是很大的，因为家长都想有个保底，不然没考上国际部，这不是失学了？或者进入一个不太好的高中。因此，从这个意义上说，高中部的存在尽管是亏损的，但是对于初中生源和国际部生源的稳定具有重要意义。还有最后一个原因是，规避可能的政策风险。你知道我们现在整个民办教育中政策并不利于民办高中发展，但是政策是会变动的，万一未来什么时候民办教育政策突然利好民办高中了呢？这并不是没有可能。所以保留高中，还有一个原因是为未来可能的政策变动留一条后路。做生意不能把自己的后路堵死。（F-L-M-20200602）

单从盈利与亏损角度来说，作为投资者，放弃亏损业务，将资金投入带来更大利润的行业是企业优化资产结构，扩大营收的战略选择，但即使是真正的企业也需要做一些亏本生意。做亏本生意的原因大概有两类，第一类是投入业务的亏损能带来企业另外业务的收益（或者稳定另外业务）；第二类原因是投入业务本身的效用价值优于其投入的成本。学校对"高中部"的投入两类原因都有，"高中部"的存在，为分流初中部的生源，提高初中的升学率具有积极意义。因此，尽管"高中部"是亏损的，但"高中部"对吸引初中生源，稳定初中生源具有正向积极意义。这是"高中部"的亏损能带来其他业务部门的收益。此外，为应对可能政策风险，"高中部"为江州世界外国语学校的发展提供了可能的备选方案，不失为分摊政策风险，优化投资结构的良策。

第三节　企业型治理：概念与意义

一、概念：企业型治理

在上文的概念界定中，将范型（type-model）界定为在组织活动中具有某种典范性特征的一系列行为方式。治理范型是为了组织结构的优化和整体利益的提升而采取的某种目的性决策逻辑与行为模式。企业型治理是民办学校在学校治理活动中将企业类（type）治理观念运用于学校治理活动中形成的行动方式（model）。

在江州世界外国语学校,企业型治理具有良好的发展环境。首先,学校是以企业投资的形式创办的。江州启航投资公司投资,运作具有企业管理的典型特征。其次,学校的两代核心领导人都是企业家出身。在集团管理中,江州启航投资集团不断招揽和培养企业型经理人管理江州启航投资集团。第三,学校主要业务为学校教育,其本身有自带的产业。在学校面临生源危机的困难阶段,附带产业充当了学校办学经费的主要来源,为学校的发展带来一线生机。江州启航投资集团的管理者是既懂教育,又懂市场运作的教育企业家。

治理范型的包括治理观念、治理内容、治理方式三个结构要素。

1. 治理观念:市场思维

企业型治理的治理观念是市场思维。市场思维是企业型治理的核心理念,具体体现为市场导向、客户导向、产业兴校等。市场导向要求江州世界外国语学校的管理者要对市场信息保持一定敏感性,以江州片区民办教育的需求为导向,调整办学结构。在学校的创立初期,国际教育的办学特色将目标客户紧盯着随着市场经济发家的一些暴发户、土老板。高考政策的变动让学校失去了大量生源,就转向省内市场的拓宽,通过高质量的教学改革提升省内社会声誉,稳住学校的发展。在学校发展的新时期,在幼儿园和国际高中两个学段创立高端教育品牌,让它在民办教育领域始终保持领先地位,引领民办教育发展。市场导向不仅要依据市场办学,更要适时地开发市场,拓宽市场的纵深,获得学校办学的更大空间。在 20 世纪 90 年代,江州及周边地区尚未出现国际教育,江州世界外国语学校的创立打开了江州及周边地区的国际教育市场,增加了江州及周边地区不同类型民办教育供给,提升了江州民办教育的多元性,满足了市场经济进程中的国际教育需求。在学校的发展中,出现了科创班、艺术班、国际班、实验教材班等不同的班型。这是学校管理者瞄准家长对民办教育的多种需要,开拓多种类型的课程超市。近几年,随着社会经济的日益发展,江州公众对高质量民办教育的需求不断提升,学校又创立了两大高端品牌,开拓江州高端民办教育的市场需求。学校主动开拓民办教育市场,既为自己的发展拓展了更广阔的空间,也丰富了江州民办教育的市场供给,牢牢占据行业内领头羊地位。

产业兴校是江州世界外国语学校独特的办学策略。由于学校在创立初期只是江州启航投资集团投资的业务之一,江州启航投资集团自身带有另外的产业。建校前,江州世界外国语学校的董事长在江州香门区,拿了300亩地,其中100余亩用于学校建设,即江世外的办学用地,剩下100余亩作为备用用地起初是闲置状态。2000年之后,江世外办学不断走下坡路,学校亏损严重,入不敷出。此时,正是江州房地产发展火热的时期,董事会就把剩下100余亩地做房地产开发。房地产开发所得的盈利恰好补足了江世外的连年亏损,让江世外获得了新生。2008年以后,江世外进入第二个发展高峰期,学校办学质量和办学声誉飞速提升。学校社会声誉提升使其开发的楼盘变成了学区房,学校办学又反过来促进了产业的发展。不仅如此,董事会不仅开发了住宅房产,同时也开发了商业型房产,教育、住宅、商业的组合使学校的教育与产业形成了相互补充、相互促进的"双子峰"。产业兴校是学校办学促进产业发展,产业发展反哺学校教育。作为一种公益性的社会事业,教育具有明显的外溢功能。教育是社会的一部分,教育充当着社会中经济、文化和社会关系再生产的功能。正是教育不断地为社会输出符合条件的受教育人,维持着既有社会价值观念、内在结构的存续。失去了教育的支持会导致社会价值断裂,内在结构崩塌,原有的社会秩序无以为继,整个社会群体就会萎缩、衰败。教育对社会的支持是教育的外溢功能。教育外溢功能具体反映在一定社区的经济表现。教育不直接产生经济效益,但是办好一所学校对学校周边、社区的影响是显著的。名校能吸引人才聚集,人才聚集又推动产业发展,周边地价的上涨。人才聚集、产业发展又会反过来为学校发展提供良好的社会环境。

一般情况下，教育的外溢效应为周边的社区所吸收，成为一种教育红利。但江州世界外国语学校"产业＋学校"的办学模式将教育红利转化为了企业内的产业利润。住宅、商业、教育三种行业叠加，使得江州世界外国语学校集团的产业内部形成一个小型的微系统。这个微系统内能实现一定程度的内循环，住宅、商业、教育，三者相互支持、相互依赖、相互促进，形成良好的微系统循环。

顾客导向也就是顾客即上帝。若将民办学校视为一家企业，民办学校就是提供教育服务的教育公司，家长和学生是向民办学校购买优质教育服务的顾客。江州世界外国语学校贯彻服务至上的理念，将服务作为学校的一大品牌特色。学校的服务体系是全过程的。在很长一段时间，外地学生都是由校车接送到家的，其间有值班教师全程陪同。后来，江州教育局规范校车使用范围，不允许校车长途接送学生到家，学校就改成市内接送站。此外江州世界外国语学校有80%以上的学生是寄宿在学校的，学校有一套独立的公寓服务规章制度。公寓有单独的生活老师，负责学生的生活指导和学生住宿期间的家校联系。学生若在住宿期间生病，有专门老师照看，若校医院无法治疗，就会有老师专程送其就医，并及时与家长联系。学校将超服务作为其学校发展的十五字方针之一，所谓的超服务就是超值服务，让家长的付出物有所值。在招生方面，江州世界外国语学校的招生模式是定点招生，即学校周边的生源有专门的划片管理，每一片区有专门的招生专员，长期驻点招生。由于很多学生家长是外地的，学校还会定期地去外地召开专场家长会。

市场导向、顾客导向、产业兴校是市场思维在江州世界外国语学校的体现，市场思维是企业型治理的核心观念。

2. 治理内容：集团管理

治理内容，即治理范型所适用的范围。每一个治理范型都有一定的适用范围。企业型治理，若超越了使用的治理范围，就会产生适得其反的效果，引发治理危机。治理范型的治理范围涉及治理范型在学校治理中的地位。江州世界外国语学校不同治理范型的治理范围有一个变化的过程。这个过程是不同范型解决治理矛盾的结果。企业型治理的内容为集团管理事务，江州世界外国语学校企业型治理的内容在不同时期，有一定变化。建校初期，企业型治理是学校主导治理范型，企业型治理压制着教育型治理。做大与做强的争论是企业型治理压制教育型治理的结果。但企业型治理并不适用于学校教育事务，企业型治理对教育型治理的挤兑，引发了方校长的离职，造成人才流失。自此之后，企业型治理与教育型治理形成了各自的治理边界。

3. 治理方式：公司化治理

治理方式，即学校治理的行动逻辑。遵循一定行动逻辑的治理行为具有一定的典型特征。治理方式是对同一类治理行为的特征化描述。企业型治理的治理方式是公司化治理。公司化治理有几个特征：第一，组织结构灵活。公司为了适应瞬息万变的市场信息，需要灵活改变组织结构，适应市场的变化。在一个公司中，一个新的业务市场的开拓能产生新的组织部门；反之，某项业务市场的萎缩，公司会裁撤相关的组织部门。江世外组织结构具有应对市场导向的灵活性。江世外曾因 H 市生源的猛增，专门设置 H 市生源段来培养 H 市的学生，随着高考招生政策变动，H 市生源减少，就撤销了 H 市生源段。人事管理中心与教科研中心合并为人事教科研中心也是学校应对组织管理需要，灵活改变组织结构的措施。第二，善用激励措施。公司是一种市场化的运作模式，公司管理非常注重员工的激励，用多样的激励方式激发员工的工作积极性。学校在管理过程中也非常注重运营激励手段，激发教师的工作积极性。学校是以外语为重要特色的学校，对外语教师有许多特殊的待遇，比如外语教师有专门的外语教师补贴。根据外语教师模式课考核成绩，每月有 300 元到 800 元不等的外语教学津贴。这是为了吸引优秀外语教师来任职，同时通过模式课的不同等级发放差异化的津贴来激励教师不断学习,提升教学水平。第三,对市场信息敏感。公司需要对市场信息非常敏感才能迎合市场需求,拓展业务。江州世界外国语学校对民办教育市场信息非常敏感。扩大开放带来了学习外语的热潮,学校率先开办了国际中学,满足有出国需要的生源。在生源下降的情况下,意识到学业质量是家长关心的重点,就开展了教学改革,提高教学质量。随着社会对高质量教育需求的不断提升,学校与联合学院合作创办了肯特国际学校和沃达斯幼儿园两个高端品牌,迎合公众对高端教育的需求。

二、 企业型治理对江州世界外国语学校发展的意义

企业型治理是一种发展范型①。企业型治理在江州世界外国语学校的发展过程中具有积极意义:

1. 获得充足的办学资金。民办教育是一个需要大量资金投入的行业。学校在建校初期背负了巨额贷款。企业型治理以市场为导向,迎合公众的教育需求。企业型治理为学校获得大量的办学经费,清偿了建校初的办学贷款,同时为学校的基础设施建设、教师专业发展提供了充足的办学资金。

2. 形成办学特色。优秀的民办学校不是按照同一模式发展的,会有各自独特的发展模式。学校在企业型治理过程中,形成自身的办学特色。领导人在建校时看中了外语和计算机的重要性,将外语教育和计算机教育作为学校的办学重点特色。学校至今都保留着外语和计算机两大优势办学特色。

3. 提升组织活力。企业型治理使学校非常注重组织的灵活性。

---

① 本研究根据每一种治理范型对民办学校发展的性质,将本文涉及的三种治理范型做了不同的定位。企业型治理是发展范型,为民办学校的发展提供组织活力、资金支持,促进民办学校发展;教育型治理是本位范型,为民办教育坚守育人为本的理念,发挥育人功能;参与型治理是支持范型,调动多方位的资源支持民办学校发展。

对市场信息敏感、组织结构设置灵活、人事变动大，这些特征让学校在复杂环境中具有极强的组织活力，在重大风险中灵活应对，转危为机。

企业型治理给学校带来诸多优势，但企业型治理并非民办学校的千金良方，企业型治理也有自身不可回避的问题。

企业型治理对江州世界外国语学校的消极意义如下：

1. 市场导向使学校围着市场转。"市场兴，则学校兴；市场衰，则学校衰"，不利于学校办学环境的稳定。在江州世界外国语学校的办学史上，政策变动多次左右江世外的办学结构，重大的政策变动会影响学校的存续。学校教育需要稳定的外部环境，从这个意义上讲，民办学校需要塑造一种抵御外部环境变动的抗逆力。民办学校受制于市场的影响因素无非因为办学资金无法得到保证。外部的政策的动荡影响民办学校的生源，左右了民办学校的发展。因此，在资金充裕的情况下成立民办学校教育发展基金非常有必要。通过基金风险运作保障民办学校具有必需的储备资金，规避市场动荡对民办学校带来的冲击，为民办学校发展提供良好的外部环境。

2. 市场发展具有营利性，片面迎合市场的发展需要并非"善治之举"。市场的需求是可以拓展、开发的，但是市场的需求有不同的性质。有些市场需求一经开发，就能一本万利，获得非常可观的收入，而有些需求即使开发出来也很难盈利。"穷人没消费能力，对于他们来说市场是失败的"[1]，那么穷人的市场是否不值得开发？市场的营利性会使得大量资本涌向那些更有利可图的行业，新药物的研究往往是针对富人的化妆品，而对穷人的致命疾病却视而不见。[2]同样的，民办学校常常因为收费高昂，更加迎合社会中上层精英的教育需求，而与低收入群体、教育公平、教育基本公共服务相关的教育需求却被束之高阁。

---

[1][2] 约翰·麦克米兰：《重新发现市场——一部市场的自然史》，余江译，中信出版社2014年版。

3. 家族型企业造成家族势力聚集。企业治理的优势是发挥市场在资源调配中的激励作用，将利润转化为产业效率。不过企业是一种私有型组织，企业在发展壮大的过程中常常成为一个家族型企业。家族型企业具有家族偏私性，这种偏私性会影响企业的人事结构和企业文化。家族型企业的特点是企业的关键岗位由家族内成员担任。江州世界外国语学校是一个典型的家族型民办学校。董事长职位长期由黎姓和施姓的家族把持。此外，施校长很有家乡情结，因其是东北人，该校就有很多东北的老师。同类背景的人员集聚形成一定规模的地域群体，影响学校的政策和办学过程。家族型企业对学校办学有许多不利的地方：(1)家族人员集聚，容易形成闲散职位，懒政渎职，影响学校的办公效率。一些重大的决定受家族意志影响，学校的发展前景掌握在核心家族成员手中。学校在困难时期，施(凤)总校长用儿童医院、军校等奇招救校，不顾教育规律，对危机中的学校产生了二次冲击。(2)家族企业具有家族偏私性。家族偏私性使得学校的重大决策，都以家族利益为重，会影响学校教育的公益性。在一些重要的发展战略、人事任用、考核奖励上，家族企业会存在家族意志侵蚀教育规律、制度公正的现象。(3)以血缘为基础的家族集团与以专业性为基础的教育专家群体对立，家族意志容易凌驾于校长的专业权力之上。方校长的离职正是以黎先生为代表的家族意志与方校长的办学理念不一致。方校长的出走让学校损失了一位专家型校长，为学校后来的危机埋下了伏笔。

企业型治理触及了民办学校营利性的核心特征。除了以上两方面的意义，企业型治理还有两个值得深思的问题：

1. 市场开发并非一个价值中立的行为

民办学校以市场思维治理学校。民办学校以顾客需要为导向，为家长和学生提供需要的教育服务。不仅如此，民办学校不仅会被动地迎合顾客的教育需要，还会主动地开发家长的教育需要，获得更大的盈利空间与发展空间。从学术的角度，反思企业型治理中企业主动开发顾客需要，拓展市场的现象是否合理？企业的市场开发行为应该把握怎样一个尺度？这是非常重要的问题。从性质上说，民办学校开发顾客需求是一种自发行为，但民办学校提供的是教育服务，并非纯粹的市场行为。在审视教育行为是否合理，就需要以教育的伦理标准审视这一市场行为。主动开发市场需求是提高服务质量，拓展多样化的民办教育服务的需要，从这个意义上说，民办学校的这种行为是有理可据的。不过，民办学校需要开发（市场开发）的行为并非一种中性的活动，民办学校并非无差别地开发多种类型的服务，而是有偏向的。约翰·麦克米兰（John McMillan）在《重新发现市场》中提到"新药物的研究往往是针对富人的化妆品，而对穷人的致命疾病却视而不见"。同样，民办学校在需要开发的时候，往往针对一些有利可图的课程项目，而对一些贫困家庭的民办教育需要就视而不见。民办学校市场开发的偏向性，使得民办教育市场并非一个中立的市场，而是更偏向于优势阶层的民办教育。这也就不奇怪，江州世界外国语学校常常给人一种"贵族学校"的感觉。因此，放任企业型治理，市场思维在民办教育中会妨害教育公平。此外，并非所有的需要都应该被满足。人的需要是无穷的，从性质上说，需要也有合理和不合理之分。江州世界外国语学校的市场导向，让所有行为都以顾客为中心，顾客成了主宰该校行动的上帝，这会导致教育行业专业性受到挑战。这种顾客中心的过分膨胀会妨碍教育的专业性，不利于学校质量的提高。因此，江州世界外国语学校对此有一定防范。

2. 政府、市场与学校的复杂关系

有必要重新审视一下政府、市场和学校的关系。许多传统的观念对政府、市场关系的认识有所误区。通常的观念里，"市场"往往与"自由"联合使用。这背后的潜在假设是：市场是自发形成的，自由竞争是市场的天然本性；而政府往往与干预联合使用，这也意味着我们默认政府的行为都是对市场的干涉,政府的行动是非市场性的干预①。这种观念源于古典自由主义对市场与自由竞争的内在假设。不过这种假设并不是中性的,并且也没有深刻认识到政府与市场的真实关系。斯蒂文·K.沃格尔(Steven Vogel)在《市场治理术:政府如何让市场运作》中认为市场不是自发形成的,所有的市场都是被精心设计的。现代市场并非自发产生,而是由个人、企业,尤其是政府精心设计出来的。重要的并非市场有怎么样一套运行规则,而是谁设计了市场的规则。政府积极地参与着市场的建构,并且这种政府行为并非一种决然的中立立场,政府不仅建构市场、限制市场,而且试图驾驭市场以服从其利益。政府与市场的关系,与其说是一种干预、限制,不如说是政府在"创造"着市场、"赋权"市场和"维持"着市场。②在政府、市场和学校的场域,市场是一套政府、学校和其他利益相关者制定的互动规则,政府与学校都试图主导着市场规则的制定,并尽可能地建构一套自身利益最大化的市场建制。政府的立场是辖区内教育质量的提高、政绩水平的提升及相关附带利益的保障,学校的立场则是学校盈利的增长、自身市场的占有与长期的生存与发展。在这对博弈关系中,政府与学校在某些利益上是一致的,如民办教育的稳定与发展,因此在许多情况下会出现政府与民办学校共谋的现象,如招生、择校等政策。在部分利益上也存在冲突,如民办教育市场的无序扩张,辖区内教育公平与均衡水平的提升,在这种情况下,政府就会出台种种政策限制民办学校的不良办学行为,规范民办学校办学,监控民办学校的违规行为,民办学校则会采取种种对策,应对政府的检查,设计新的招生方式和办学对策来规避政府的某些限制性政策。在政府、市场与民办学校的关系中,存在政府与民办学校共同忽视的地方,如弱势群体个性化、高质量的教育需求,一些边缘

---

①② 斯蒂文·K.沃格尔:《市场治理术:政府如何让市场运作》,毛海栋译,北京大学出版社 2020 年版。

群体特殊的教育需要。

基于以上的思考，妥善看待企业型治理民办学校的营利性，可以有以下启示：1.企业型治理范型具有偏私性，市场思维过溢会妨碍教育公平。对企业型治理中的市场思维需要用育人思维进行调和，重申教育的人文主义价值理念。2.政府应当在政府、市场、学校的关系中充当主导角色，主导辖区内民办教育与公办教育的均衡发展。上级政府要加强对下级政府的监管，防范下级政府与民办学校偏私性的"共谋"行为。3.政府引导民办学校办学中的"市场偏好"，通过政策优待、补助和政策奖励，引导民办学校关注弱势群体的个性化、高质量教育需要。

小　结：市场思维能办好学校吗？

20世纪90年代以来，市场经济深刻改变了我国社会的方方面面。在市场化改革中，学校教育也难以"幸免"。"教育市场化"已经不是一种"行动口号"，而是日益庞大的民办教育行业。

市场思维深刻地改变了教育行业，也深深地影响了民办教育的办学逻辑。市场思维盘活了原本单一的公办教育体制，给教育行业带来了新的活力。民办学校的兴起推动了学校教育的多样化发展。"顾客导向"的市场思维让民办教育更多地关注顾客（家长和学生）差异化的教育需求和个性化的教育服务。民办教育的集聚与规模效应提高了民办学校办学资金的使用效率，避免了原有体制内办学经费使用的低效与浪费。市场思维让更多资金投入教育行业，给地方政府节约了办学资金，扩大了教育投入。市场思维极大地促进了民办学校的发展，扩大了教育机会，从这个意义上说民办教育对提高教育机会公平具有重要意义。

市场思维给教育带来了新的活力，不过市场思维并非一剂的万能良药。民办教育的无序扩张、野蛮生长给教育带来了巨大的隐患。市场并非平等地面向所有客户，资本永远都只流向有利可图的领域。对于底层群众的高质量教育需求，从不是民办学校关注的重点。教育市场化带来的学校教育两极分化严重。从这个意义上说，民办教育的发展带来了教育机会的扩大，同时也带来了壁垒的形成。民办教育的营利性让教育公平受到了新的挑战。校外培训机构的无序扩张，让家长沉溺于"学历军备竞赛"的巨额投入。市场思维带来的不仅仅是民办教育行业的异军突起，也带来了社会教育成本的提高，教育投入已经成为压在当代年轻父母头上的"大山"。

学校治理中并没有什么"万能良药"，民办教育也并非所谓优于公办学校的"最佳体系"。市场思维给民办学校带来了巨大的发展，但民办教育引发的问题与危机层出不穷。任何的治理观念都有自身的不足，市场思维只是民办学校治理中的一种思维，民办学校的善治应该在市场思维之外，寻求更多不同的声音。

第四章

教育型治理：让懂教育的人办教育

把权力交到教育专家手中，以便为广大的民众服务——这便是所谓的"最佳体系"。

——约翰·E.丘伯：《政治、市场和学校》

第一节　教育型治理的产生

一、什么是教育家？

《中共中央、国务院关于全面深化新时代教师队伍建设改革的意见》提出了我国教师队伍建设目标，即"到 2035 年，教师综合素质、专业化水平和创新能力大幅提升，培养造就数以百万计的骨干教师、数以十万计的卓越教师、数以万计的教育家型教师"。教育家的培养是国家建设卓越教师队伍的政策期待。

那么什么是教育家？教育家该如何培养？对教育家的不同认识产生了教育家的不同定义。现实中三种类型的教育家定义，分别是历史定义、学术定义、制度定义。

教育家的历史定义是历史上公认的教育家呈现的形象。教育家体现为一种影响力，即公众对教育家在教育行业取得的办学成果、教育思想的认可。1994 年，联合国教科文组织出版了四卷本的《教育思想家》(*Thinkers on Education*)，选取了世界范围影响力最大的100位思想家。①2001年，美国著名的劳特里奇出版社(Routledge)出版了类似的2卷本书籍 *Fifty major thinkers on education：from Confucius to Dewey* 和 *Fifty modern thinkers on education：from Piaget to present*。两套书籍选取的人物略有出入，但都反映了人们对教育家的总体形象。蒋纯焦等人通过61种近代教育史中出现的教育人物分析了近现代教育史上出现的教育核心群体11人，基本群体20人，勾勒了近现代中国教育家肖像群②。教育家的历史定义具有崇高、伟大、神圣等特征。

教育家的学术定义是学术文献中教育家的内涵。《教育大辞典》对教育家的解释是在教育理论或实践上有创见、有贡献、有影响的杰出人物。③靳伟、廖伟认为教育家应该具有教育胆识和教育情怀，敢于行动。④刘庆昌将教育分为行政型教育家、管理型教育家、教学型教育家。⑤代蕊华认为学生道德观的塑造者、学生学业成就的推动者、课程体系的设计者、教学实践活动的指导者、教师专业发展的引领者和家庭教育与学校教育的联结者。⑥王俭认为教育家型校长的核心特征是拥有独特教育理念和个性化办学思想的人。⑦高鸿源认为教育家型校长应具有促进社会民主和进步的社会责任感，爱岗敬业、勤俭奉公的职业伦理道德，不断勤勉学习，能力出众的职业素养。⑧别敦荣认为教育家

---

① ［摩洛哥］扎古尔·摩西：《世界著名教育思想家》(四卷本)，梅祖培、龙治芳等译，中国对外翻译出版公司1995年版。

② 蒋纯焦、李得菲、张月佳、杜成宪：《61种中国教育史教材所选入近现代教育人物分析——兼论中国近现代教育家群体的形成》，《全球教育展望》2019年第5期。

③ 顾明远：《教育大辞典》第1卷，上海教育出版社1990年版。

④ 靳伟、廖伟：《论教育家型教师的内涵与成长路径》，《教师教育研究》2019年第4期。

⑤ 刘庆昌：《论教育家》，《山西大学学报》(哲学社会科学版)2001年第5期。

⑥ 代蕊华、李敏：《教育家型校长的角色定位及培养策略》，《教师教育研究》2013年第2期。

⑦ 王俭：《教育理论的凝炼与个性化办学思想的生成》，《教师教育研究》2014年第9期。

⑧ 高鸿源：《教育家校长的职业性伦理与社会性伦理》，《中国教育学刊》2010年第9期。

型校长要有一般校长具有的教育思想、决策力、热爱学生的职业情感，以及教育家的教育情怀。[①]有学者从谱系学的角度分析教育家，认为教育家应该具有不同的分类，可以有广义教育家和狭义的教育家，职业的教育家与非职业的教育家、科学和艺术的教育家。[②]教育家的学术定义具有严谨、多义、理想性等特征。

学术界对教育家内涵和外延的界定是对教育家的观念认识。教育家的学术认识是多样、抽象、宽泛的。教育家的学术认识主要存在于学术讨论，除此之外，在学校教育活动中，现有制度也会对教育家产生规范性的认定，即教育家的制度定义。教育家的制度定义以现实的制度逻辑为基础，制度定义具有直观性、标准性、具体化的特征。

我国 1978 年颁布了《关于评选特级教师的暂时规定》。1993 年原国家教委、人事部、财政部在广泛征求专家、教育行政部门、教师的基础上将其修订为《特级教师评选规定》。《特级教师评选规定》第四条规定，特级教师评选要符合三个条件："一是模范履行教师职责，教书育人，为人师表。二是具有中小学高级教师职务。对所教学科具有系统的、坚实的理论知识和丰富的教学经验；精通业务，严谨治学，教育教学效果特别显著。或者在学生思想政治教育和班主任工作方面有突出的专长和丰富的经验，并取得显著的成绩；在教育教学改革中勇于创新或在教学法研究、教材建设中成绩卓著。在当地教育界有声望。三是在培训提高教师的思想政治、文化业务水平和教育教学能力方面做出突出贡献"。

教育部 2015 年制定了《关于深化中小学教师职称制度改革的指导意见》，其中规定了正高级教师要具备 5 个方面条件："一是具有崇高的职业理想和坚定的职业信念；长期工作在教育教学第一线，为促进青少

---

① 别敦荣：《论教育家校长的素质》，《教育发展研究》2009 年第 21 期。
② 孙孔懿：《庞大的"家族"悠远的"世系"——教育家的谱系学研究》，《江苏教育学院学报》（社会科学版）2005 年第 4 期。

年学生健康成长发挥了指导者和引路人的作用,出色地完成班主任、辅导员等工作任务,教书育人成果突出;二是深入系统地掌握所教学科课程体系和专业知识,教育教学业绩卓著,教学艺术精湛,形成独到的教学风格;三是具有主持和指导教育教学研究的能力,在教育思想、课程改革、教学方法等方面取得创造性成果,并广泛运用于教学实践,在实施素质教育中,发挥了示范和引领作用;四是在指导培养一级、二级、三级教师方面做出突出贡献,在本教学领域享有较高的知名度,是同行公认的教育教学专家;五是一般应具有大学本科及以上学历,并在高级教师岗位任教 5 年以上。"从上可以看出,我国特级教师的评选和正高级教育的评定有几个共同的要求:第一,突出政治性,主要表现为要求热爱祖国,拥护党,拥护国家教育方针;第二,注重业务性,在教育教学、学校管理上有突出的成绩;第三是领导力,强调对其他教师的引领带动作用。教育家的制度定义具有具体性、指标性、政治性等特征。

　　教育家的三种定义是教育家在不同话语中的不同形象。历史上的教育家具有崇高、伟大、神圣等特征;学术中的教育家是一个严谨的定义,具有理想性;制度中的教育家体现为具体的指标和政治认同。

　　民办学校需要的教育家与三种教育家定义不同。民办学校需要的教育家是能引领实践发展,具有实干精神的教育实践家。

二、 江州世界外国语学校的教育家办学

　　教育是学校的天职。江州世界外国语学校的主要业务是从幼儿园到高中阶段的学校教育,想要获得较好的办学质量和社会声誉,需要招揽教育名家,尊重教育家办学,保证教育家对学校教育的办学自主权。

　　(一) 招揽教育名家,助力民办学校发展

　　教育家治校是江州世界外国语学校很早就提出来的管理理念。教育家治校首先要有教育家,学校一方面注重业内教育名家的引进,另一方面是注重教学名师、教育名家的培养。

我们很注重教育名家的引进,你看我们的鲍校长是 J 省"人民教育家培养对象"。教育是一项专业性很强的工作,必须有教育专家来办教育才能做好。民办学校的校长的选拔不容易的,他和公办学校校长选拔不一样。江州世界外国语学校的校长更特殊,要能胜任校长起码要实现两个跨越:第一,从公办学校到民办学校的跨越。公办学校和民办学校管理方式很不一样;第二,江州世界外国语学校是外国语学校,跟普通学校又不一样,外国语学校要以外语发展为特色,注重外国语教学。这两个跨越已经将很大一批校长筛选下来。除了这两个条件外,校长的选拔还要满足两个条件,分别是:一要懂教育,有教育思想的教育名家,不能仅仅是一个教书匠,二要对学校有归属感,对学校忠诚。民办学校要面临很多竞争,若对江州世界外国语学校没有归属感,缺少忠诚心无法胜任校长的工作。(F-L-M-20200711)

"懂教育、重视外语发展、熟悉民办学校管理、对学校忠诚"这四条铁律是江世外选拔校长的标准。但是市场上符合这几条的校长很少,所以江州世界外国语学校校长的选聘非常难,常常出现校长空缺的现象,但是依然坚持这样严格的选聘标准。

（二）不开连锁店,尊重教育家办学

在民办教育中存在连锁店的现象,许多民办教育集团在其发展成熟后,就开始在很多地方设立连锁店。连锁店是一个教育品牌在获得较大社会声誉之后,不断扩展其经营规模,获得更大市场份额的发展模式。这类学校具有统一的市场品牌、文化符号、标语,在教育理念、办学模式、课程设置、师资培养等方面都有相对统一的品牌标准,就像连锁店一样。连锁店的办学模式有其优势,如积累品牌影响力,始终占据较大的市场份额;积累办学经验,扩大优质办学模式的影响力。教育连锁店是一种企业化运作,最大的不足在于以统一的办学理念、办学标准办学,忽视地方的差异性与教育的多样性。统一规范的管理方式将每所学校的校长矮化为某一品牌下的经理人,侵蚀校长的办学自主权。江州世界外国语学校拒绝连锁店式的办学模式,尊重每一位校长的办学自主权。

> 我们尊重教育家办学,所以我们每个学校的校长是有很大自主权的,我们也没有给每个学校统一的名片(品牌)。每个地方有每个地方的特点,我们不能将所有的学校都按一套理念、一套制度强推下去。我们教育集团的办学地域跨度很大,不同地方肯定有不同的文化,江州模式不一定适用于其他地方的学校。连锁店模式的好处是他能做大,但不一定能做好。(F-L-M-20200711)

（三）将非教育教学工作剥离,保证校长的专业性

保证校长治校有两个方面,一是尊重校长的办学自主权,让教育专家做教育,二是让校长摆脱非教育教学以外的工作,减少对校长工作的干扰,让校长全身心投入教育工作。

作为社会组织的一种类型,学校具有一般社会性组织的基本结构,即管理部门与业务部门。教育教学是学校主要的业务职能,为了保证教育教学的顺利进行,学校还必须有配套的后勤、基建等职能部门。大部分学校的校长除了主持学校的教育教学工作外,还要负责学校的后勤、基建等非教育教学工作,这占据了校长大量的精力。

> 我是刚调到 T 学校①做一把手校长的,刚开始很不愿意来这个学校。我刚一来就碰到很大的麻烦,学校要新建一栋教学楼。本来吧,新建教学楼这是好事,问题是我不懂建筑,但我却要负责

---

① 该访谈材料为对一位公办学校校长的访谈,T学校为该校长新调入的学校。

工程招标、需求设计。这可把我忙坏了,填各种申报书、各种审批、报备、跑章。这楼建了两年,这事我就盯了两年,楼建完了我这任期也将近过了一半。(F-L-F-20200812)

公办学校校长被非教育教学工作拖累是很常见的现象。不仅公办学校,很多民办学校也是校长一手抓教学,一手抓后勤、基建。江州世界外国语学校的好处是它有一个独立的后勤集团,后勤集团分担了校长的非教育教学事务,校长可以专心将自己的所有精力放到教育教学工作上。

校长不擅长的非教育教学工作,我们把它分解,让校长少操心。如果跟教育局联络,那这一块更多的还是由校长来;但是我们学校就像一个企业,它会有很多其他部门的联络。此类的联络,我们尽量帮校长做掉,就不让他们参与进来,尤其是投资、协调,这些不是校长擅长的。第二个剥离是学校的基础建设,民办学校的基础建设,跟公办还有很大的区别,公办学校的建设基本上是一次性建成。你把它设计成 3 000 人规模,他就按照 3 000 人一次性建成。民办学校不一样,他要按市场的变动来设计,刚开始我们可能设计 3 000 人。那这 3 000 人是滚动发展,我可能今年只建 1 000 人的校舍。然后我根据今年的招生形势,预判两年、三年后的招生情况,我进行二期、三期扩建。那么建设、报批这些东西,这一块的工作就不用校长操心了。(F-L-M-20200320)

江州世界外国语学校最初分解校长非教育教学工作,并非出于尊重校长办学自主权的考虑,而是学校的很多对外联络、基础建设比较复杂,需要专业的人员负责,校长并不擅长这些事务。因此,起初只是将学校的对外投资、基建等工作与校长工作剥离,不过这一方式受到校长们的好评，所以后来推广了。

> 我来到江世外后发现这边校长不用管很多杂事，校长只需要主抓教育教学工作就行。这太轻松了。民办学校教育局对校长的管理也没有那么严，校长不需要经常负责一些领导接待、上级考评任务，所以来这边工作，我特别高兴。（F-L-M-20200112）

在受到校长的一致好评后，江州世界外国语学校决定将校长所有的非教育教学工作分解掉，让校长只负责教育教学工作。于是，学校成立了后勤服务集团负责学校的全部后勤，后勤集团由启航集团主管，对启航集团负责。

教育局对民办学校的行政管理相对宽松，行政管理与学校自主办学的矛盾不强，但转而演变为董事会的所有权与校长的经营权之间的矛盾。在这一方面，清晰界定了启航集团与学校的业务边界，即启航集团负责学校市场性运营，即学校的招生、扩建、投资、撤资、集团层面的人事安排等方面的企业型业务，学校则由校长全权负责教育理念、课程建设、教学改革、师资建设等教育教学工作。在学校发展早期，各项管理制度并不是很严密，所有权和经营权分离得并不是很彻底，出现过一些问题。但学校领导层很快意识到尊重校长治校的重要性，便将校长治校写进了学校章程。

第二节　教育型治理的表现

一、黎先生的教育理想

江州世界外国语学校的老董事长是个儒雅又具有教育情怀的人。黎先生长期在海外留学，获得美国建筑学博士学位。海外教育背景让他的教育理念具有国际视野。他创办江州世界外国语学校的初衷就是要建立一所不同于我国传统学校教育的学校。

20世纪90年代我国开始市场经济改革。1992年，建立中国特色社会主义市场经济成为新时期经济改革的主旋律。改革理念深入教育领域，素质教育伴随着改革的主题开始进入国家教育改革的视野。1993年《中国教育改革与发展纲要》首次提出了素质教育的说法，1998年《中共中央、国务院关于全面推进素质教育的决定》将素质教育定为世纪之交教育改革的核心目标。江州世界外国语学校的创立正是黎先生素质教育理念的践行。

（一）对教育的深厚情感

黎先生对教育有着浓厚的情感，正是对教育的热爱，让他放弃国外的优越条件，不远万里，回国创办学校。江州世界外国语学校的老职工回忆，黎先生与孩子交流时，每次都会蹲下来，与孩子平视交流。这体现了黎先生对孩子的尊重，让孩子感觉黎先生是在与他平等地对话。

江州世界外国语学校有一首黎先生创作的小诗，流传得很广，表达了黎先生对教育的情感：

> 如果你是一朵小花，
> 我们会为你披上灿烂的彩衣。
> 如果你是一朵艳丽的小花，
> 我们会为你洒上动人的芳香。
> 如果你已经是一朵艳丽的小香花，
> 我们会赋予你无穷的生命。

(P-W-01)

这首小诗题写在黎先生为江州世界外国语学校写的《我亲爱的孩子们》的扉页上。同时，这首诗也常常印制在学校员工的工作手册和奖励学生的笔记本扉页上。

鲍校长曾对教育中的情感做了一段精辟的论述：

　　为什么要求一个人对教育的情感呢？有了情感之后，他做事情就会"忘我"。我们现在很多老师抱怨工作累，工作辛苦，但是如果一个老师对教育有情感，他就不会嫌累；反过来我们也可以说，嫌累的那些老师很多可能是因为并不那么热爱这个岗位。一个人热爱这个工作，做事的时候就会觉得有意思，不会感受到累，并且能做出成绩。（F-L-M-20200112）

忘我是一种职业情感深厚的状态。我没有见过黎先生，不过从他留下的文献和他人的叙述中，我能感受到黎先生对教育事业的热爱。

（二）为社会培养"未来人"

1. "未来人"的培养目标

黎先生将江州世界外国语学校的办学理念定位为培养"未来人"。黎先生意识到即将到来的未来社会瞬息万变，若没有未来意识，培养适应未来社会变化的人。那么用90年代教育理念培养出来的青少年将无法适应21世纪的社会变化。唯有放眼未来，为未来社会做准备，才能适应未来的国际竞争。

我们培养的是适应社会发展的"未来人"

　　人生在世，能为社会所接纳，融入社会是生存的起码条件。适应社会的需要，以便求职谋生，立足社会，这是解决生存的必要条件。"社会需要"是在不断变化发展的，教育的周期又相对比较长，学校不能按照今天的"社会需要"去培养人才。因为几年、十几年、几十年之后，社会的需要发生了变化，有了新的发展，你培养的人才还没有参加工作，就已经失去了发展的空间，学校的培养目标也就落空了。所以,我认为教育的思想应该是超前的,学校培养的应该是"未来人",是适应几年、十几年、几十年以后社会发展需要的人才。（P-W-01）

未来人并不是一个抽象的概念,为了更具体的表达他构想中的未来人,他做了一个四能力三素养的育人框架图:

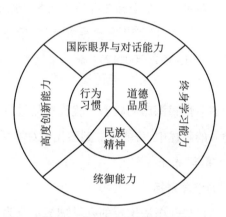

图 4-1 "未来人"的素养结构

"未来人"（Future Citizens）,就是指具有适应国际社会发展素质的人才。一名合格"未来人"的素质是由四大主干能力和三项德育素养组成:

主干能力之一:国际眼界与国际对话能力。熟知异域文化、民族习俗、价值标准、思维方式以及世界发展的规律和潮流,不仅应在国际的活动空间内具有很强的深层交流、交往、对话、沟通和抗衡的能力,而且还要走在世界潮流前面,甚至引领世界潮流的发展。

主干能力之二:终身学习的能力。具有兼容并包的精神,吸收、消化国际先进文化和知识。

主干能力之三:高度的创新能力。超越仿效,超越现有水平,构思独特与善于创造。

主干能力之四：统御能力。在复杂的自然、社会、人际环境中，在多变的管理与被管理、影响与被影响、顺境与逆境中，积极自主地控制、驾驭时局，努力实现目标、发展自我。

三项德育素养包括：第一，文明行为习惯；第二，诚信勤朴的道德品质；第三，坚定的民族精神。

2. "未来人"需要掌握的必备技能

黎先生一方面很有教育情怀，对教育有独特的理解，同时很务实，对世界教育形势有独到的认识。他在 20 世纪 90 年代就敏锐地观察到，国际交流与技术革命对中国社会发展的重要意义。他将外语和信息技术作为未来人培养必备的两项技能，江州世界外国语学校非常注重外语教育和科学教育。

在外语教学上，黎先生将江世外定位为一个外国语学校，并冠以"世界"两字的目的就是为了强调国际视野，立足全球，注重外语学习的重要性。

一个人生下来以后，首先接触并学习使用的语言称为母语。学习母语的过程一般是先听、说，后读、写，有些文盲终老不会读、写，但听、说的能力可以很好。不少学校的外语教学要学生读、写、背单词、记语法，很少听、说，是"哑巴外语"，对学习外语很不利。在我们这里恢复了正确的语言学习过程，初步形成"听说领先，情景交融"的母语化外语教学模式。学习外语，环境很重要。例如我们规定某些特定场合只用英语不用汉语；让学生用英语去表演外国短剧和小品；组织的出国夏令营在绝对保证安全的前提下，让学生分散住在外国人的家里；组织观看原版的外国电影。为了让学生学到原汁原味的英语，我们请来了众多的外籍教师，还开设了日语选修课和日语兴趣课。中小学阶段，应该是运用学习工具的阶段，特别是英语和计算机。（P-W-01）

从黎先生的文章中可以看出黎先生对外语特别重视，不仅强调英语，还有日语、韩语等。在英语教学上，英语一直是学校最重要的学科，学校英语教师的队伍是最庞大的。英语教师有专门的培养体系，由学校外语中心专门负责。针对英语教学，学校学习优秀的外语教学模式，形成模式课的教学培养模式。每个英语教师都需要接受模式课的考核，考核结果分为模式合格、模式良好、模式优秀。模式合格是英语教师必须达到的程度，若不合格则会被辞退。模式良好是中等层次的教学水平，需要模式考核合格后，经过 3 年的教学经验后再申请考核，模式优秀则是最高级的教学层次，一般 10 位英语教师中只有 1—2 位能达到模式优秀的水平。英语教师有专门的薪资津贴，津贴水平由模式考核结果决定。英语的授课采取小班化教学，即上英语课的时候普通的一个班会分为两个班有两位老师在不同地方上课。学校每层楼都有公共的英语小教室供英语课使用。学校所有对外语教学的特殊制度，都是为了突出外语在学校的独特地位。学校对外语的重视是黎先生留给江州世界外国语学校校园文化的资产。

技术革命在 20 世纪 90 年代已经崭露头角，黎先生意识到信息技术对未来社会发展的深刻意义，因此，在办学过程中特别强调信息技术的重要性。学校在 1998 年的时候就配置了当时最先进的千兆校园网。

市场经济遍及全球，WTO 在向我们走近，信息时代已经来临。21 世纪是知识经济的时代，人们的交往早已跨越国界。对未来社会的认识，已达成共识：电脑网络、外语、法律将会成为必不可少的工具。电脑网络是通向世界的桥梁。江州世界外国语学校在 1998 年建立了技术先进的千兆位计算机校园网。学校校园网络软件开发小组研究开发的多媒体教学平台 Dream School 1.0、2.0 解决了计算机教学中师生间对话的难题和在线观测的难题。学校自编计算机教学大纲和教材，从幼稚园到高中的孩子人人学习电

脑。我很高兴地看到,学校非计算机专业的学科也广泛开展计算机应用教学。(P-W-01)

伴随着重视信息技术的科学教学,江州世界外国语学校重视学生小发明、小创作。学校经常组织学生参与各类创新大赛。学校还鼓励学生积极参与创新专利的申请,李校长曾跟我说该校学生有50多项实用新型创意专利。

3. "未来人"是一个多面手

黎先生称他要培养的孩子是一个适应未来社会的多面手。所谓的多面手和现在全面发展的理念有点相似,即德智体美劳多方面的发展。黎先生特别重视学生的动手能力,因此学校有开设陶艺、木工等动手能力课程。

> "未来人"应该是"a versatile person",即多面手。一个全面完整的人。不但要会动脑筋,更要会动手去创造。老一代人里面有人从小就自己组装收音机;记得在美国深造的时候,我们几个人买了辆旧汽车。拆了装,装了拆,手弄脏了,但头脑灵活了。我们江州世界外国语学校拥有2 000平方米的实习工场,车工、木工、电工、缝纫、烹调、陶艺、园艺,只要孩子有兴趣,什么都可以学,除了已有的特色之外,学校在2001年9月开设科技创新、艺术等特色教育。陶艺间采购了专用泥巴,请来了工艺师,让学生学习制陶,一个月后学生能把泥巴塑成光滑的杯子,我就让烧制展出。三个月后学生的杯子更漂亮了,我却让他捣成泥重做。这是为什么呢?多面手应该是德智体全面发展,其中包括心理健康。为此学校聘请了5位专职的心理教师,开展心理系列教育,帮助学生渡过心理上的一些难关。(P-W-01)

4. 黎先生眼中的"小绅士"、"小淑女"

黎先生对自己的孩子充满了热爱,因此他更愿意称呼自己的孩子为"小绅士"、"小淑女"。"小绅士"、"小淑女"应该具有的外在形象是:作风勤朴、服饰整洁、举止文明、学习聪慧、自律自进。黎先生给"小绅士"、"小淑女"制定了初级文明标准和高级文明标准:初级文明标准是不影响他人的视觉、听觉及其他感官感受;高级文明标准是丰富他人的视觉、听觉及其他感官享受。"小绅士"、"小淑女"应该具有的素质发展是:以勤朴诚信为核心的道德素养,以文化汇通为基础的智慧表现,以健康健美为标志的体态体质,以整洁雅淑为起点的审美取向,以吃苦耐劳为品质的劳动精神,以合作互惠为价值的群体意识。

为了培养学生的"小绅士"、"小淑女"形象,黎先生专门为学生设置了《礼仪》校本课程。

图 4-2 《礼仪》校本课程教材

低年级礼仪课程包括:仪表礼仪篇、交谈礼仪篇、校园礼仪篇、家庭礼仪篇 4 个部分;中年级礼仪课程包括:尊师礼仪篇、行走礼仪篇、同学礼仪篇、升旗礼仪篇、穿着礼仪篇、称谓礼仪篇、问候礼仪篇、餐桌礼仪篇 8 个部分;高年级礼仪课程包括:待客礼仪篇、做客礼仪篇、集会礼仪篇、购物礼仪篇、赛场礼仪篇、网络礼仪篇、假日旅游礼仪篇 7 个部分。

每一部分均采用"三字歌"或者"名人名言"的形式,以帮助学生理解和加深记忆。由此可见,从低年级到高年级的课程由浅入深、由表及里、循序渐进,江州世界外国语学校的课程设置充分尊重学生的身心发展规律,在课程中实践"以'生'为本"的教育理念。

(三)对素质教育的认识

黎先生很多关于教育经典的论述成为江州世界外国语学校传承的至理名言。黎先生曾说"如果江州世界外国语学校的所有学生都考上清华、北大,这样的学校不是我想办的学校"。这句话反映了黎先生并不是想办一所精英学校。

对于素质教育与应试教育的关系,黎先生用一张图描述了他朴素的素质教育观念。

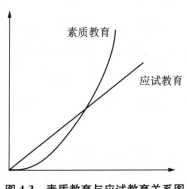

图 4-3　素质教育与应试教育关系图

资料来源:P-W-01

他在图 4-3 下做了这样的脚注:应试教育是随着时间的推移而增进成绩的,这个成绩会随着考试的结束而丧失绝大部分。素质教育则像反抛物线,由于追求广大的基础而初期速度迟缓,但过了临界点之后就会一飞冲天。这就像椰子树和香樟的比较。椰子树成长快速,小香樟则发展根系而在森林中不受注意。当有一天风暴来临时,椰子树由于基础薄弱而倒下,从此无法再伸高;而香樟却能巍立千年,傲视人间。

正是这一段香樟与椰子树的引喻，让香樟树成为江州世界外国语学校的文化符号，校园里种满了香樟树，源于黎先生的这一期待。

（四）校园建筑：环境育人

江世外建筑的造型是黎先生在设计学校时考虑得最多的。黎先生想到每个学生都有心中的一个王国，他们是其中的王子和公主，于是一个位于湖畔、江南风光与欧陆风情完美融合的现代建筑城堡就在湖边耸立起来了。

同时江州世界外国语学校将校徽（阶梯状校徽）散布在建筑群的顶部，寓意未来孩子从事的行业虽有不同，但希望学生将来在各个领域都独占鳌头，这个创意获得了学生许多掌声。该校打破了传统大分区的教育建筑群。数千名学生的高峰大流动，是一个很大的管理难题，何况学生的年龄差又是如此大，黎先生采取了社区的构思，就是将学生分段，中小幼分区，每区自成独立。而且生活及学习区紧邻，强化布局的功能性，巧妙安排教学区及住宿区，使其日夜都无干扰。当然，最重要的是全校用连廊连接，保护学生的安全及健康。

江世外独特的校园布局得到不少学生的喜爱，吸引了不少生源。

"从外地找到江州，我一个也没看上。妈妈就带我去了最后一所。我刚看到的时候特别惊讶！这哪里是学校，这简直就是城堡呀！它的外观特别像城堡，而且特别大！我想：在这里上学一定特别好吧！我跟妈妈说：我就上这所学校了！"

——四年级（5）班胡同学（P-X-01）

"从外面看，这里就像一个城堡，紫白相间，显得格外美丽。一进去，看见一个大水池，水面上倒映着两边的参天大树。时不时风吹来，水面上荡漾起波纹。"

——四年级（6）班苏同学（P-X-01）

"走入敞开的黑色大门后，紧接着是一条灰色的平坦小路。小路旁有片湖,湖水清澈见底,像一面镜子映出碧蓝的天空和洁白的云朵。再走一会儿,你就能看见崭新的塑胶操场。孔子像肃立在操场上,他脚下的石头上有一行字'卓尔不群,光而不耀'。"

——四年级(8)班赵同学(P-X-01)

"人造环境,环境造人。"黎先生对江世外的环境设计渗透着他环境育人的理念。在一所学校里除了教书育人外,还有"环境育人"。黎先生认为,建筑是人类文明过程的轨迹。江州世界外国语学校若要在历史中留存下来,就必须由建筑来为她讴歌,唱出这一代思想的旋律。中小学的校园不同于大学,严肃的对称式建筑不能启发学生的创造性,所以江世外的校园以活泼为主,黎先生甚至希望有一天它能够显示出森林的环境,隐含着每个人就像森林里的一株草木,生存的强弱就要看它如何长高长茂。

校园内除了建筑、河道、路径、活动场地外,都是绿化带,是名副其实的四季常青、鸟语花香的大花园。校内种植了包括香樟、雪松、玉兰、红枫等树木在内的 100 多种、20 000 多株植物。学校在种植花草的时候,并没有分门别类划区域栽种,而是"乱"栽种一气,黎先生想给大家一个启示:"生命的生长要靠自己顽强努力才能成功,才能成为NO.1!"江州世界外国语学校向往和倡导人与自然的和谐,当漫步在校园里时,你能看到孔雀开屏、鸳鸯戏水,听到锦鸡鸣唱、雁鹅聊天。在学校内办一个小动物园,为的是让学生陶冶性情,为的是让学生和它们成为互相倾听的好朋友,为的是让学生学会与自然和谐相处,珍爱生命。

(五)学校文化:"攀登"、"勤朴"、"文明椅"

1. 校徽

江世外的校徽是由下而上的五层台阶。它的寓意是:只要努力攀登,人人都可以站到最高层。"攀登"是黎先生为江世外设计的文化精神之一。一级一级的台阶象征着人生要经过非常多的挫折,才能登上人生的巅峰。同时，拾级而上的台阶，又像一个颁奖台，寓意每个人都能通过勇攀高峰获得人生的奖杯。

2. 校训

江世外的校训是"勤朴"："勤"就是勤快地动手、动脑，不仅学习要勤，生活、交往都要勤，不仅在学校要勤，在家庭、在社区都应该勤快。勤能补拙，遇难不退，多一分勤奋就多一分成功。"朴"就是朴实、朴素，就是从简、从俭，但不是不花钱、少花钱，而是重实在、看实效，是在有限资财下追求效用、效率、效益的最大化。比如，江世外在椅子①上"省"了钱，但建造圆形教室则不惜花费。江州世界外国语学校不办贵族学校，学校内没有小卖部，为的是让学生养成朴实的习惯，不穿名牌、不吃零食、不乱攀比，要做勤朴的"绅士"、"淑女"。"勤朴"是对所有人的勉励，既是开创，又是守成。

3. 文明椅

图 4-4　"文明椅"的设计理念　　图 4-5　"三角凳"的样式

黎先生特地为学校设计了一种三角形的凳子，称为"文明椅"，俗称"三角凳"。文明椅的三个角代表着"姿势"（坐姿）、习惯和心态，三角的三个边对应平等、开放、交流三种社会交往基本的理念。黎先生曾言：

---

① 江州世界外国语学校有自行设计的三角凳，三角凳的设计节省了一部分材料。

"不是为了省料、省钱①，而是为了让学生养成良好的坐姿和心态，形成终身受益的良好习惯。"

（六）朴素的素质教育实验的失败

黎先生带着深厚的教育情怀来江州办学。他将自己素质教育的理想放在江州世界外国语学校做实验，尝试创办他理想的中学。未来人的构想、小淑女、小绅士的期待是黎先生的教育理想在该校的反映。

不过黎先生的教育理想在 2003 年以后遇到了严重挑战。出于对传统应试教育的不满，黎先生做了许多反应试教育改革。譬如，广开社团，鼓励学生参与社团活动；重视学生兴趣，开设艺体类兴趣课程，减少学科类课程的教学时间。黎先生改革的初衷与国家 2001 年以来的课程改革不谋而合。不过，由于专业背景的限制，黎先生对素质教育的理解是感性、经验化的认识。在黎先生的眼中，素质教育和应试教育是非此即彼的对立关系，凡是反应试教育的都是素质教育。实际上应试是一种手段，素质是人的一种特质属性，素质和应试两个概念不构成严谨的对举，所谓的素质教育与应试教育的关系远比日常经验中的认识复杂得多。

黎先生朴素的素质教育观，并没有将江州世界外国语学校带到一个高速发展的新阶段，反而在高考招生政策变动、行业结构变革等多方面因素的冲击下，使学校陷入 5 年衰退期。黎先生朴素的素质教育实验的失败给学校带来了严重的损失，江州世界外国语学校差点因此关门倒闭。

二、败走麦城的方校长

我在江州世界外国语学校常常听到老员工提起一位方校长。似乎这个方校长对学校的影响很大，建校初期正是方校长让学校快速步入

---

① 三角凳的材料比一般的省。

高速发展的正轨。每位当事者谈论起方校长在任时学校的高光时刻时，自然会流露出一丝惋惜。因为，方校长没有留在江州世界外国语学校工作。

"方校长为什么走？"这似乎是一个很难回答的问题。当聊到这个话题时，大部分老师会三缄其口，顾左右而言他。显然，这背后应该有一段值得关注的故事。

"方校长是谁？""他给江世外带来了什么？""他又为什么离开了江世外？"带着这几个问题，我开始收集有关方校长的各方面资料。

（一）教育名家加盟民校：一个新的开始

方校长在来江州世界外国语学校之前是全国名校长，称其为当代教育名家一点也不为过。这样一位名校长，为什么会来江州世界外国语学校工作呢？这中间的原因有很多。首先，在当时，民办教育是新事物，政策上国家支持民办教育的发展，鼓励社会各界人员参与办学。政策对民办教育的支持是推动民办教育发展的春风。许多公办学校的老师和领导离开体制内，进入民办学校发展。其次，整个民办教育行业正处于迅速发展的成长期，全国各地陆续出现许多民办学校和民办教育集团。民办行业的发展吸引众多人员进入民办教育行业，其中不乏一些名校长。"名校办民校"和"名校长进民校"成为一种潮流。前两个原因都是当时的社会背景，民办教育整体的发展前景是吸引方校长来到江州世界外国语学校的外部条件。不过，最终促使方校长来到该校还有另外一层原因，即当是江州市教育局谷局长的引荐。谷局长是一位非常有思想的教育行政领导，在业内被称为学者型官员。谷局长与方校长是旧交，当时谷局长刚刚上任江州市教育局局长。江州世界外国语学校的筹建工作是在谷局长的大力支持下进行的。谷局长想把该校打造成江州民办教育的一张名片。该校是江州第一所民办学校，他想让它带好江州民办教育的头，成为江州民办教育的典型。恰巧，方校长在原有公办学校校长工作任期届满，需要更换工作单位。谷局长很快将方校长拉到江州世界外国语学校，方校长欣然接受了。

在方校长的欢迎会上，谷局长对董事长黎先生说："黎先生，您看，现在教育专家已经加盟学校了，以后教育上的事情就交给方校长。你放心把教育交给他，江州世界外国语学校准能发展成为一个高品质的精品民办学校。"

（二）所有权与办学权：企业家与教育家的冲突

民办学校是一个企业和学校的复合体，市场思维与育人思维的冲突是民办学校治理中的内在矛盾。董事会代表着学校的所有权，校长代表着学校的办学权，两者的冲突即所有权与办学权的矛盾。谷局长在方校长的欢迎会上提到"把教育的事情全部交给方校长就行了"。这其中就蕴含着所有权与办学权之间的潜在矛盾。

方校长来江州世界外国语学校之前，认为自己能打开民办教育这扇大门。带着这样一种构想，方校长为学校制定了长远的发展规划。不过，在建校初期，并没有明确的校长治校的完善制度，董事会并没有给予方校长自主的办学权。市场思维与育人思维在办学理念上存在根本分歧，导致董事会与校长（经理人）常常在一些发展方向问题上存在根本分歧。

（三）败走麦城

方校长最终于2001年离开了江州世界外国语学校。至于方校长为什么离开？除了与董事会的分歧外，有没有其他直接原因？这一直是我在该校调研过程中关注的话题。有意思的是大部分知情人都不愿提及当时的事情——这更激发了我对这件事情的好奇。

小学部的李校长跟我提起过这件事。李校长说的原因是学校做大做强与做强做大的讨论过程中，学校采用了做大做强的路线。方校长不认可董事会的决定，便辞职离开了学校。不过，这看似一个非常正常的原因，可是为什么这么多人不愿意提及这件事，我感觉似乎有更深层的原因。

一次偶然的机会,我约到了该校的一位老校长——唐校长。唐校长在2002—2003年期间担任执行校长。在与唐校长的访谈中,我了解到了很多关于学校早期的事情,了解到唐校长跟方校长的私交非常好,他们是二十多年的同业挚友。于是,我就试探着问了一下"方校长,当时为什么离开江州世界外国语学校?"唐校长直摇头表示不方便交流,并用手指比画了一下上面。唐校长似乎是跟我暗示:方校长与现任的领导发生过一些矛盾,他不方便透露。我没有追问方校长离开学校的原因。

不过,我还是在一次机遇中,偶然地了解到方校长离开学校的直接原因。一次暑假,我在食堂吃饭正好碰到唐校长。唐校长已经80岁高龄。学校聘请他作为校外特聘专家指导学校外语教学工作。由于身体原因,唐校长只能不定期地来学校做一些指导,一般一次时间为3—5天。我上去和唐校长打了个招呼,唐校长见到我非常高兴,表示还记得我,并询问我在学校调研的近况。唐校长邀请我与他进一步细聊。我便有了第二次访谈唐校长的机会。

我趁这一次访谈的期间,顺口追问了方校长离开的原因。唐校长在后来的聊天中,说出了方校长离开的直接原因。

> 方校长是一位专家型校长,擅长学校管理,并且有一套自己的教育理念。这边的领导(董事会)来做学校呢(办民办学校),主要还是认为民办学校有利可图。那么做教育的人和做老板的人想法总归是不一样的,所以方校长和当时的领导层在很多意见上不一致。方校长来这边是当时的谷局长跟他允诺了:"来了,教育的事情都交给他",但是领导在具体决策的时候,肯定首先考虑的是学校的收益。方校长和领导层有长期的矛盾。我们当时的总校长(施凤)和现在的董事长(施玉)是一对姐弟。现在的董事长在当时

是做副董事长，他在那时候刚从银行调过来。那么学校给他的待遇，刚开始肯定没有他原来的高。他（施玉校长）就不高兴了，和他姐姐吵起来了。方校长就做了个中间人，在中间说和。说和的过程中，方校长也把自己对总校长（施凤）的一些不满向施校长（施玉）说了。这其实是方校长的疏忽，你想他俩是姐弟，吵架只是吵一会儿。今天吵，明天就能和。等他们和好的时候，方校长就吃亏了。但是，本来应该走的是我，因为当时是绍兴一所民办学校邀请我去做校长。我本来打算去了，不过因为方校长跟我私交很好，他就跟我说："老唐，他们（学校领导）讨厌我，但并不讨厌你，绍兴那边，你不要去了，你留在这边，我去绍兴。"我俩关系很好，谁去都无所谓，他既然想去，我就让他去了。这是方校长离开的真实原因。不过后来其实也一样，可能这是民办学校的一个通病，方校长在绍兴也没有待很久，待了一年多，也是同样的原因，待不下去了，后来就回老家了，创建了现在的华洋学校。（F-Z-M-20200425）

家族型民办学校内部的家族矛盾引发了学校董事会与校长的工作矛盾，方校长的离职反映了家族型民办学校存在的家族事务对学校事务的干扰。这是家族型民办学校固有的一个大问题。家族型民办学校管理中家族意志、家族内部利益影响民办学校办学，最终转化为民办学校的损失。

（四）华洋学校的创办

2001年方校长是带着遗憾离开江州世界外国语学校的。他离开后，先在绍兴的一所民办学校工作了一年多，在那里方校长同样遇到了类似问题再次离职。经过了两次与民办学校领导层的矛盾，方校长深刻体会到民办学校中董事会与校长间冲突对民办学校发展的影响。他开始慎重地接受新的民办学校校长工作。不过方校长新的机遇就在这个时候到来,J省政府决定创办一所新的民办学校(华洋学校),邀请方校长接手首任校长工作。就这样华洋学校诞生了,方校长励精图治,在几年之内将华洋学校办成了省内知名的民办学校。华洋学校的社会声誉远远大于江世外。

方校长的离职是江州世界外国语学校的一个重大损失。方校长的离职对领导层的管理理念产生重大冲击,董事会意识到过度干涉校长办学会影响学校的办学质量。此后,学校便逐渐形成专家治校,董事会不过多干预校长办学的管理制度。

三、 科研兴校的鲍校长

鲍校长是位很有教育情怀的校长,对教育科研尤其热衷。因此,他刚来江州世界外国语学校就开始着手组织学校教师教育科研工作。为了提高教师的教育科研意识,鲍校将科研兴校定位为学校的三大发展战略之一(另外两大战略是质量立校、人才强校)。

谈起对教育科研的认识,鲍校长非常有感触。鲍校长从1997年做学校教育教学主任,负责教师科研工作。此后,鲍校长一直接触教师教育科研。对于教师教育科研,鲍校长有自己的认识。他说:"为什么要教师做科研呢？我们的老师平时做了很多事(教研),但如果不做科研,很多事情就这么过去了,不会留下什么东西。要老师做科研,就是让老师在教学中不断反思、积累,要让做的事情留下痕迹,不要瞎忙。"教育科研是对教育活动的反思,旨在不断改善与提升学校教育、教学活动的质量。教师从事教育科研,既是教育科研在学校教育中的扩展,也是教师教学经验的积淀、总结。鲍校长在学校领导工作中,以教育科研为中心。

(一)"'四五'教科研规划":科研兴校的五年展望

鲍校长是2018年来到江州世界外国语学校担任执行校长工作的。当时,学校正着手编制"'四五'规划"。出于对教科研工作的重视,鲍校长起草了一个"江州世界外国语学校教科研'四五'规划"，作为专题规划之一，编入了学校整体的"'四五'规划"①中。

鲍校长提出了对教科研的"'四五'规划"四条工作思路：

学校工作课题化。 强化观念引领、目标导向和课题意识，用研究的眼光审察各项工作，把各项工作统一在课题下面，将实践和思考统一起来，简化头绪，突出重点，集中精力，做中思，思中做，克服实践的盲目性、研究的随意性，不断提升实践品位，不断丰富研究内涵。

课题管理网络化。 在确立主课题的基础上分解子课题，将子课题分解为侧重于理论层面的项目课题与侧重于实践层面的学科课题。组织教师学习课题相关教育理论，理解主课题和子课题的内涵，从项目课题和学科课题中选择个人课题，制订个人研究计划，形成"一主众辅"的课题研究体系，建立网络化的课题管理格局。

教研科研一体化。 学校教研部门重点进行课堂操作策略的研究，重点攻克学科课题的堡垒，尽力在学科上形成操作策略和基本教学理念。学校科研部门（江州启航民办学校发展研究院）重点做好项目课题的研究，组织教师进行学习、反思、讨论，探索教学原理，构建理论体系。在突出各自研究重点的前提下，打开研究院与教研组的联系通道，把教研、科研合二为一，合作开发，协同研究，增强项目课题和学科课题的研究合力。

研究方式多样化。 拓宽工作思路，创新研究方式，采用名著导航、名家引领、教学展示、案例研究、学术沙龙、教育论坛、教育反思等形式，定期开展校本化的教育教学研究，使教育科研更加贴近实践，更加丰富多彩。

鲍校长二十多年的教育科研工作经验使他对基础教育科研有非常深刻的认识。他很清楚基础教育中的教育科研非常薄弱。教学是基础

---

① 江州世界外国语学校在办学过程中会周期性地制定五年规划，"'四五'规划"是该校2018年制定学校发展的"'五年'规划"。

教育学校的工作重心,教育科研一直是基础教育学校可有可无的短板。许多教师对教育科研工作不重视。鉴于此,鲍校长将自己的首要工作定在了教育科研。"江州世界外国语学校教科研'四五'规划"体现了鲍校长试图将学校的教育科研工作常态化,将学校常规工作与教育科研相联系,将学校工作课题化,课题管理网格化,以教育科研课题提升学校工作,用学校工作推进教育科研。

为了让学校教师对教育科研有一定抓手,鲍校长拟定了"'四五'规划"课题申报指南:

表 4-1 江世外"教科研'四五'规划"课题指南

重大课题	1. 创建卓越学校研究
	2. 学校文化建设研究
	3. 学校(学部)办学水平评估标准研究
	4. 义务教育九年一贯办学实践研究
	5. 培育学生成长性思维的实践研究
重点课题	1. 各学段不同班型课程设计研究
	2. 指向核心素养发展的整体性教学研究
	3. 优质学科群建设研究
	4. "唤醒"理念指导下的道德教育研究
	5. 家长作为学校成员的教育共同体建设研究
一般课题	1. 创客学习研究
	2. 个性化学习研究
	3. 项目化学习研究
	4. STEAM 教育研究
	5. 团队学习研究
	6. 混合式学习研究
	7. 游戏化教学研究
	8. 其他

作为一所民办学校，江州世界外国语学校将教育科研作为学校规划的一项重要工作编入学校发展"'四五'规划"，足以显示该校对这项工作的重视。不过，学校发展规划是一个严肃、长期的工作，并且需要有一定延续性的支持推进。作为民办学校，规划在制定过程中具有一定随意性，比如江州世界外国语学校"教科研'四五'规划"仅仅是鲍校长在与施校长简单讨论后，一个人在办公室里编制的。"'四五'规划"编制完之后，仅仅在校长办公会议上简单讨论后就开始实施了。

学校发展规划的实施是需要系统推进的，江州世界外国语学校规划没有强有力的推进。事实上，所谓的"'四五'规划"仅仅作为鲍校长个人在学校近 5 年内教育科研工作的一点展望性思考。在编制之后，并没有严格的实施。在具体的推进过程中，又出现了许多新的情况，很多规划会做出很大的调整，甚至是重新规划。

总的来说，"'四五'教科研规划"整体上只停留在规划阶段，后期的实施大部分都要另起炉灶。不过"'四五'教科研规划"入编学校的"'四五'规划"具有形式化的象征意义，代表着领导层对科研兴校的期待。

（二）微型课题：科研兴校的校本实践

鲍校长一心想让教育科研工作成为江州世界外国语学校的重要工作，但是存在很多困难。最大的困难是老师不会做科研。教师没有受到过系统的教育科研训练，没有科研经历。教师对"什么是教育科研？""如何做教育科研？"没有任何概念。为此鲍校长提出"微型课题计划"。

微型课题源于鲍校长工作中对中小学教师教育科研工作的长期反思。教育科研一直是中小学的短板，中小学教师从事教育科研方法不规范、选题零散、研究深度不够。中小学教师没有相应的平台，教师科研常常陷于各自为政、散兵作战的境地。市级、省级等大型课题对于教师来说,参与机会少、科研难度高,除了个别领导和名师,很难有教师真正参与其中。为此,鲍校长就开始构思,专家、教授有省级、国家级课题,教师为什么不能有自己的微型课题呢? 于此,以选题微、规模微、成果微为特点的微型课题成为鲍校长领导教师教育科研工作的抓手。

1. 什么是微型课题

微型课题并不仅仅是小的,本身有自己的标准要求。以下是鲍校长对微型课题的阐述:

> 微型课题是教师为解决一个具体的、微观的现实问题而建构和确立的小课题。微型课题要符合"细微"和"成型"两个特点。细微是要内容微、理论微、成本微、观察微。内容微是研究的内容主要是教育教学过程各个环节的有价值的细小问题;理论微是不需要有多高深的理论作支撑,也不需要多前卫的理论作铺垫,只要能把自己研究的话题说透就行,让人觉得很有道理即可;成本微是研究涉及的范围小、人员少、过程简、周期短(一年以内);观察微是教师要带着课题意识去细微观察生活,捕捉小而有价值的问题。其次微型课题还要成型。首先,问题要成型。微型课题研究的是具体的小问题,但又不是一己的、个别的、即时解决的问题,而应能由点及面,推而广之,成为某一"类型"的问题。其次,结果要成型。微型课题研究的成果除了用报告、论文的形式表达,还可以用教育叙事、随笔、案例等形式表达。尽管后者比较自由,但也需要有一定的规范,要成型。(P-W-05)

从鲍校长的表述中,可以看出,他对微型课题做了如下界定:微型课题是教师为解决一个具体的、较为微观的现实问题而建构和确立的小课题。

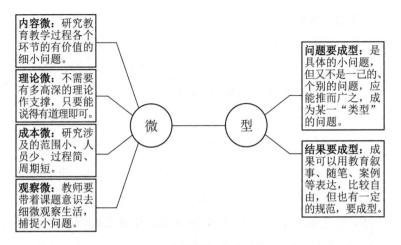

图 4-6　微型课题概念结构

鲍校长形象地将微型课题的作用与广场舞教学视频类比。

> "现在很多广场舞的教学视频很厉害,它的广告叫'专治不会跳舞',意思只要跟着他一个动作一个动作地做,就一定能学会。微型课题就是专治'不会科研',要通过微型课题一步一步引导教师学会科研、习惯科研、擅长科研。"(F-L-M-20200112)

鲍校长把教师可能出现的微型课题做了一定的分类,以方便教师选择适合于自己的选题:(1)问题导向型课题:将自己在教育教学实践中经常遇到的实际问题化为微型课题,这类课题最为普遍。(2)目标导向型课题:将为实现某种教育教学目标而开展的教育教学路径设计化为微型课题。(3)理念导向型课题:将为践行某种教育教学理念而开展的教育教学实践路径设计化为微型课题。

不过,这三类课题的划分也是相对的,更多的时候这三类课题是交织在一起的,是难以截然区分开来的。只要抓住"自己的问题、具体的问题、细小的问题"三个特点,就能提炼出高质量的微型课题。

2. 为什么要做微型课题

鲍校长曾跟我谈起为什么要求教师做微型课题的原因：

为什么要让教师做微型课题呢？我觉得有以下几个原因：首先，教师要争当专业的教育实践者。我看过 C 教授在《教育研究》上的一篇论文，他提出教师要做一个"专业的教育实践者"[①]。"专业的教育实践者"一定是"为改善行动而思考"的人。我们教师在拼体力的同时要拼脑力，在拼时间的同时要拼技术，在讲干劲的同时要讲科学。拼脑力、拼技术、讲科学。微型课题研究能提高"动脑"的质量。微型课题研究，使"动脑"有方向，有目标，有思路，有行动，有成果。其次，克服大课题研究的弊端。我们现在课题研究中有四个问题。一是课题申报多，深入研究少。不少学校的课题研究流于形式，"开头轰、中间松、结题空"。二是课题应付多，解决问题少。不少学校申报课题，是为了应付各类检查评估。不少教师申报课题，是为了获得某种骨干称号、参加职称评定……三是课题赶潮多，联系实际少。不少学校申报课题时挖空心思选题，跟风赶浪，脱离实际。"研究成果"与学校的工作实践"两张皮"。四是获奖的多，推广的少。一项"成果"形成之后，常常束之高阁，无人问津，有的甚至连自己都从此不闻不问。这样的教育科研工作，应当彻底摒弃！第三，微型课题是专治教师"不会研究"之痛。我们现在很多教师不会做研究，微型课题就像广场舞的教学视频一样，一步一步教教师做课题。微型课题研究，跟这些简单的舞蹈一样，不复杂，一学就会，专治教师不会研究之痛。还有呢，好文章不是写出来的而是做出来的。

从理论(理念)到实践有非常遥远的距离——将理念转化为技

[①] C教授提出"作为一种专业的教育具有极强的实践性，作为教育专业的从业者，教师的专业发展也就必须指向教育专业实践的改善"。

术,将技术转化为实践,将实践化为成效,将成效转化为常态。中小学教师只有在课题的引领下,用心学习,潜心钻研,精心实践,静心反思,才能用文字记下长期积累的心得、体会和经验,凝结成一篇篇有价值的文章。凭空杜撰的文章,经不起实践的检验,毫无意义,毫无价值。

中小学教师与大学教师写的是两种性质的文章。大学教师主要从事理论研究,文章内容侧重于理论创新;中小学教师主要从事教育实践,文章内容侧重于实践创新。对中小学教师教育论文的衡量标准,主要的是看教育教学实践的创新多不多、好不好,教育教学实践的办法多不多,好不好。(F-L-M-20200112)

微型课题是鲍校长试图拉近教师与教育科研距离,让教育科研走进实践的校本探索。

3. 课题指南的编制

鲍校长跟我谈了他对微型课题的看法后,邀请我协助其微型课题项目的方案设计与实施工作,担任微型课题实施的主要负责人。鲍校长要求我草拟一个微型课题申报的通知,并编制一个微型课题征集的课题指南。我在硕士学习阶段关注过教师教育的相关研究,对教师教育科研有过一定思考。不过这是我第一次直接接触一线教师,组织教师教育科研项目。面对这份工作,我既兴奋,又感到有压力。

编制微型课题指南工作是微型课题的前期准备。鲍校长认为中小学教师在教育科研意识、能力、规范方面都有不同程度的欠缺。若没有一个课题指南,中小学教师只能凭着自己的经验选题,那样必然出现一些研究价值不大,无足轻重的选题。微型课题指南是要起到引领教师研究方向,指导教师做好教育科研的作用。

回到办公室后,我对教师科研、微型课题做了一定的文献梳理和政策分析。我认为微型课题指南是教师申报课题的罗盘,那么微型课题指南要符合以下几点：第一，与当前教育政策、课程改革的热点契合；第二，与江世外的发展战略、工作重心、办学特色相结合，微型课题是江州世界外国语学校的微型课题，要做出本校的味道，打上本校的烙印。第三，在江世外教师科研能力范围内，不能制定一些很宏大，超出教师关心的范围。基于这个思路，我查阅了该校近几年主要的工作重点、发展战略，将指南分为课程创新实践、教学改革试验、卓越教育、欣赏型探究、策略、案例六大领域。我初步草拟的微型课题指南如下：

江州世界外国语学校微型课题选题指南

一、核心素养引领的学校课程创新实践专题研究

1. 核心素养引领的学科课堂教学策略

2. 核心素养引领的教师教研方案设计

3. 核心素养引领的学校文化建设

4. 核心素养引领的校本教材设计

5. 核心素养引领的"教—学—评"一致性实践策略

二、教学改革试验研究

6. 以"习"为中心的教学改革研究

7. 基于"教—学—评"一致的教学与评价研究

8. 咬尾课教学改革研究

三、卓越教育专题研究

9. 卓越班级建设中的典型案例

10. 卓越班级建设的班级管理策略

11. 卓越班级标准的实践探索

12. 卓越学校建设的校本策略

13. 卓越教师队伍建设研究

14. 卓越学校制度建设研究

四、欣赏型探究专题研究

15. 以"欣赏型探究"助推卓越班级建设

16. "欣赏型探究"在学科教学中的运用

17. 基于欣赏型探究的课堂追问策略

18. 基于欣赏型探究的学校德育实践案例

五、策略研究

19. 幼儿园国际外教团队建设的策略

20. 幼儿园混龄集体活动教学策略

21. 幼儿园课程游戏化的教学策略

22. 小学低龄段练习讲评策略

23. 小学低龄段课堂管理策略

24. 英语语篇教学单元整体设计策略

25. 数学阅读能力提升策略

26. 语文"群文阅读"教学策略案例研究

27. 特殊群体学生学习能力提升策略

28. 高品质课堂中绘本教学研究

29. 高品质课堂中"学优生"与"学困生"共进策略

30. 青年教师课堂纪律管控策略

31. 高效课堂小组合作学习有效性提升策略研究

32. 高中生生涯发展指导策略

33. 国际部家校共育有效机制

34. 国际部境外高校申请咨询指导

35. "轻负高效"课堂的学科教学策略

36. 外语教学中的批判性思维训练

37. 毕业班后进生学习能力提升指导

38. 分层教学中的精准教学策略

39. 中小学生常见心理问题防控与有效应对策略

40."叛逆期"学生心理问题疏导与干预策略

六、案例研究

41.咬尾课典型案例

42."轻负高效"课堂案例

43.幼儿园游戏教学典型案例

44.家校深度合作案例

45.以"习"为中心的教学改革案例

46.家长参与的班级学习共同体建设的案例

（P-W-10）

4. 课题的申报与培训

看了我指定的指南后,鲍校长对我的构想表示肯定,微型课题要助推江州世界外国语学校卓越学校建设、名师工作室、课程与教学改革等重点工作。鲍校长强调要把教师当作零起点的初学者,不能让他们有畏难情绪,要手把手带着他们做。随后,微型课题指南公布在了学校教师工作群,许多教师开始着手微型课题的申报工作。

表4-2　江州世界外国语学校微型课题立项汇总

序号	学部	课题名称	课题类别	课题主持人
1	小学部	将课后习题融入教学过程的研究	课程与教学	王老师
2		部编教材小古文教学设计的案例研究	课程与教学	李老师
3		小学数学史资源在教材中运用的研究	课程与教学	梁老师
4		依托随文练笔提高学生写作能力的教学研究	课程与教学	水老师
5		小学数学复习课题组设计的研究	课程与教学	石老师
6		学生视角中的"好"数学课标准的调查与研究	课程与教学	唐老师
7		小学中低年级英语规范书写培养策略研究	课程与教学	周老师
8		低年级学生上课注意力培养策略的研究	课程与教学	罗老师
9		民办学校家校沟通方法的研究	德育与心理	陆老师

续表

序号	学部	课题名称	课题类别	课题主持人
10	小学部	"无为而治"理念指导下的班级管理实践研究	德育与心理	姚老师
11		非考试科目课堂纪律管理策略的研究	课程与教学	张老师
12		美术教学中的"教—学—评"一致性的实践研究	课程与教学	史老师
13		基于欣赏型探究理念的班级管理研究	德育与心理	王老师
14		低年级学生语文教学中任务单的编制研究	课程与教学	陆老师
15		从自然拼读走向自主阅读的绘本教学策略研究	课程与教学	郝老师
16	中学部（初中）	如何通过15分钟英语阅读培养七年级学生的阅读习惯	课程与教学	张老师
17		在英语教学中如何设计培养学生发散性思维能力的问题	课程与教学	颜老师
18		初中生小作文写作训练实践研究	课程与教学	尤老师
19		初中生小作文写作训练实践研究	课程与教学	徐老师
20		诗歌教学中的连点成线	课程与教学	周老师
21		如何指导学生进行随文写作	课程与教学	郁老师
22		基于班级发展组的合作式学习在作文教学中的实践与研究	课程与教学	高老师
23		教会学生运用生活经验感悟政治学科观点的探索	课程与教学	刘老师
24		初中历史课堂教学中历史故事的合理运用	课程与教学	章老师
25		学生"轻负高效"需求下的初一地理教材二次开发探究	课程与教学	郭老师
26		基于积极心理学视角下改善中学生消极思维模式的研究	德育与心理	丁老师
27		初中数学作业中"错误"资源开发和利用实践研究	课程与教学	赵老师
28		立德树人中以小见大的定向引导	课程与教学	黄老师

序号	学部	课题名称	课题类别	课题主持人
29	中学部（高中）	高中议论文写作由点评走向升格的实践研究	课程与教学	庞老师
30		初等函数性质及其应用的教学实践	课程与教学	张老师
31		政史地学科课堂教学学生记忆能力的培养	课程与教学	陈老师
32		历史课堂教学思维导图的运用	课程与教学	陈老师
33		浅谈江苏化学高考题中坐标曲线图像的类型及解题技巧	课程与教学	樊老师
34		如何学会用思维导图去助推教学	课程与教学	杜老师
35	国际部	提升国际部学生人文素养跨学科教学研究	课程与教学	李老师
36		如何帮助数学基础薄弱的学生	课程与教学	张老师
37		以当代英文小说教学促进跨文化意识的培养	课程与教学	翟老师
38		基于积极心理学视角下改善中学生消极思维模式的研究	德育与心理	丁老师
39		文明素养教育主题班会的实践研究	德育与心理	陈老师
40	幼儿园	在创意美术活动中激发幼儿创造力的研究	课程与教学	曹老师

我陆续收到各个学部教师的课题申报书，共计40份（见表4-2）。从40份的课题申报书中，我获得了非常多的信息。总体来说，一线教师是一个值得开发的教研群体，教师的观察视角细致、多元，洞察到很多研究者无法看到的现象与问题。不过，一线教师有语言口语化、问题表现化、方法随意化、成果虚拟化等问题。在语言的表达上，许多教师习惯于一种日常语言与教学语言，使得问题表述不能超越琐碎的经验形成一般化的问题表达，如中学部（高中）的《高中议论文写作由点评走向升格的实践研究》。其中"点评"与"升格"均为一种程度描述，并非一种严格的标准水平表述。在问题的发现与认识上，教师们倾向于用经

验的视角看待现象，不能发现现象背后的深层问题，如中学部（初中）《立德树人中以小见大的定向引导》，其中以小见大是一种现象，其背后是学生的认知能力、思维方式的差异表现。在方法上，一线教师没有受过规范的学术训练，对研究方法存在一定误区，不能规范地运用研究方法，有老师臆想了一些方法，如实践提炼法、体验表达法等。在研究成果上，一线教师对项目产出的类型倾向于一些虚拟化的泛泛表达，如提高学生兴趣、好奇心，加强学生的课堂参与度。这些问题是一线教师与科研工作者的差异，鲍校长意识到了这些问题，认为需要对教师的微型课题申报与制定展开培训。培训分两次，一次由鲍校长主讲，主要阐释微型课题的内涵、特征与选题的技巧，第二次培训由我主讲，主要针对课题申报中出现的问题，进行针对性的专题培训。

我基于前期对 40 份申报书中呈现的问题进行梳理，从问题意识、方法意识、成果意识三个方面进行讲解。

1. 问题意识

许多教师不擅长做课题的原因是没掌握发问的方法。提出的问题只是一个现象，并非真正的问题，又或者是一个假问题，还有很多教师在课题书中提了一系列的问题，将主要的问题分散化。

作为一项课题研究，微型课题的目的是让教师明确研究的问题，把握教育教学过程中的关键性问题。同时，我还强调，日常教学生活中我们会碰到很多问题，但不能把所有的问题都罗列出来。研究要有一个主题聚焦，一般情况下一个课题只解决一个核心问题。若在问题呈现部分，提出了多个问题，会出现两种情况：一是将一个问题分散为多个问题，容易将课题变成一些细枝末节问题的集合，不利于解决教育实践中的关键性问题；二是将多个问题杂糅为一个课题，使得课题变成多个主题的杂糅物。为了便于教师清晰阐述自己的问题，我建议教师采取"主问题＋子问题"的形式，提炼一个主问题，并下设几个子问题，以突出主题，分清领域。

2. 方法意识

中小学教师普遍对研究方法不了解,并不会恰当地阐述研究方法。学术研究方法的重要性不言而喻。在提交上来的课题申报书中,有的教师仅仅罗列了几个研究方法,但对每个方法如何使用,如何操作并没有做详细地阐述;有的教师编了一个研究方法,如引导法、实践体验法等。我在培训中简单地给教师介绍了问卷法、访谈法、案例研究法等常用的研究方法,并给出了研究方法呈现的案例。

3. 成果意识

课题必须要有一定的成果产出,研究成果是课题研究的最终形式。鲍校长提到过"尽管微型课题的成果形式比较多样,但还是需要有一定成果呈现,要成型"。江州世界外国语学校的教师并非没有成果意识,但是在课题书中呈现的成果存在一些问题。典型的问题是,成果形式模糊,如有教师将课题的成果表述为"提高学习兴趣""提高学习热情""提升学生的课堂参与感"。这些表述作为研究目标并没有什么问题,但是作为成果,学生的兴趣、热情、参与感很难通过具体的材料体现。如果这些内容作为研究成果的话,到结题的时候该如何验收?为了避免这种情况,我建议教师将具体化的显性材料作为成果,以便于成果验收。我做了一个成果表达的标准范例呈现给在座的教师:

范例:《部编教材小古文教学设计的案例研究》预期成果

1. 教案集:《江州世界外国语学校部编教材小古文教学设计案例集(2020—2021学年)》

2. 作品集:《江世外小古文教学学生作品精粹汇编》

3. 公开课:《×××》小古文公开课演示(江州大市级)

4. 主题汇报:《小古文教学设计的策略》(名师工作室活动或者"卓越讲坛")

5. 研究论文:《部编版语文六年级小古文教学策略》(校级

刊物)

6. 研究论文:《小古文教学的案例研究——江州世界外国语学校的探索》(市级以上刊物)

7. 研究报告:《部编教材小古文教学设计的案例研究报告》(校级结集出版)

(P-W-11)

在经过培训之后,微型课题由各个学部落实推进。由于后期工作重心的变化,我没有继续跟进微型课题项目,转而由丁老师负责微型课题的后期工作。

这次组织微型课题的经历让我对中小学教育科研有了全新的认识,中小学教师是中小学教育科研开展的主体,提升广大中小学教师教育科研的科学性,聚焦国家教育政策中的前沿问题、重大问题,为基础教育高质量发展提供智力支持。挖掘一线教师对中小学教育科研的参与度,加强高校与基础教育的联系,为中小学教师提供相应的科研指导,搭建相关支持平台尤为重要,具体可以从以下几方面入手:(1)中小学教师应树立科学精神为中小学教育科研提供科学的土壤。"科学精神"体现为实事求是、不弄虚作假,渗透于教育科研中发现问题、分析问题、解决问题的全过程。在教育科研过程中树立起科学精神,就要求教师带着科学的态度去发现教育活动中的真问题、大问题,即在研究过程中依据事实、证据、逻辑来分析问题、解决问题,不弄虚作假,拼凑概念。在评价教师科研成果时要秉持科学、客观、公正的态度,不带偏见,切实为中小学教育科研提供科学的土壤。(2)建立以中小学教师为主体的新型教育智库是提升教育科研科学性的保障。《教育部关于加强新时代教育科学研究工作的意见》指出要构建更加健全的中国特色教科研体系,力争用5年左右时间,重点打造一批新型智库。建立起以中小学教师为主体,支持和引领中小学教师科研的新型教育智库能推进高校与基础教育的协同发展,为中小学教师提供教育理论、研究方法、技术、人才的支持。高校和基础教育的协同发展,不少 U-S 合作①的项目兴起,使越来越多的高校开始关注中小学教师科研实践,为中小学教育科研提供了理论引领和保障,有效提高中小学教师科研的科学性。掌握科学的研究方法是提升中小学教育科研科学性的途径。运用科学的现代方法是开展教育研究、保障中小学教育研究成果科学性的必要条件。(3)大力倡导中小学教师掌握案例研究、行动研究、个案研究等科学的教育研究方法,引导中小学教师在开展基础教育研究中运用科学的方法,是提升中小学教育科研的规范性的有效途径。微型课题是有意义的校本实践。微型课题让教育科研走近每个教师,强化了教师的科研意识,让教师获得了参与教育科研项目的机会。

四、活动单导学案改革

1. 活动单导学案的产生

活动单导学案教学改革是在江州附近的 R 市率先推行的。起初是 R 市的部分初中自发试验,取得了不错的教学成果。R 市教育局关注到了活动单导学案教学改革,并在全市范围内推广。随着活动单导学案在 R 市推进,R 市的中小学取得良好成绩。活动单导学案改革开始走出 R 市,在各地推行。

2. 靳校长的加盟

靳校长曾担任 R 市教育局局长,亲身见证活动单导学案在 R 市的发展,一手推动了活动单导学案在 R 市的改革。不过,活动单导学案一直在公办中小学推广,民办中小学对活动单导学案的推动力度较小。靳校长一直积极推动活动单导学案教学改革的推广,对活动单导学案有很深的情感。

---

① U-S 合作是指 University-School 合作,这在教育界一般简称 U-S 合作,指高校和基础教育合作。

活动单导学案并非我个人创立的，但是活动单导学案是我们R市教学改革中的招牌。我一心想推广活动单导学案，让这样一种高效课堂教学模式惠及更多的孩子。活动单导学案把课堂的主动权、学习权还给孩子，兼顾了知识传授与学生学习自主性，这是活动单导学案的关键特征。活动单导学案教学改革推动了R市基础教育的高质量发展，近几年R市中小学的教学质量一直在省内靠前，与活动单导学案的推广不无关系。（F-L-M-20200816）

靳校长致力于活动单导学案的推广，无独有偶，江世外一直在尝试寻求一种高效的课堂教学模式。R市离江州较近，R市活动单导学案的教学改革很早就受到江世外的领导重视。

在当时，鲍校长和施校长商量，R市的基础教育质量近几年发展得非常好，他们做的活动单导学案很有成效。我们想要在教学改革上有所突破，最好是要在R市引进一位教学改革中的领军人物，助推江州世界外国语学校的教学改革。

靳校长成为施校长和鲍校长看中的合适人选，于是施校长和鲍校长一同拜访靳校长。

当时，施校长和鲍校长找到我。因为之前鲍校长和我工作上有联系，我也很信任鲍校长。同时，我在R市的工作任期到了，也快退休了。此外，活动单导学案在民办学校推广力度不大，江州对活动单导学案的推广力度也不大。于是，考虑到这些因素，我觉得能为江州世界外国语学校和江州民办教育贡献一点力量。（F-L-M-20200816）

2020年12月6日，江州世界外国语学校举办"卓越教育发展高峰论坛"庆祝创校25周年。会上，靳校长加盟该校，任职江州启航投资集团总校长。

靳校长的加入让江州世界外国语学校推广活动单导学案有了直接的领导核心。

3. 什么是活动单导学案

活动单导学案模式是以学生为中心，充分发挥学生学习主体性的教学模式。它建立在活动学习单研制、科学分组合作、规范化活动流程、即时的课堂反馈等环节。活动单导学的各个环节之间严谨有序，密切联系。靳校长在一次培训中这样解读活动单导学："活动单导学中，'活动'是方式，'单'是导学的载体，教师的'导'是学生学习的引领，学生的'学'是整个活动的主体（见图4-7）。"

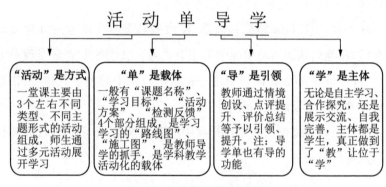

图4-7　活动单导学案的内涵

（1）活动单导学的科学研制

活动单是活动单导学教学活动的关键载体，科学研制活动单是活动单导学教学改革的核心技术。活动单的好坏决定了活动单对学生学习的"导"的方向、效果，直接影响课堂教学和学生学习的积极性、主动性。一个完整的活动单一般包括项目名称、项目目标、活动流程、评估反馈四个环节。活动单的研制定要符合相应年龄段学生的心理特点、认知特点，整个班级的学情。活动的次数过多，学习的主题不聚焦，活动过少，又会回到教师满堂灌的传统课堂。一堂课一般设计3—4个活动为宜。活动的形式要简单、易行，不能过于复杂，难以执行，活动的形式要灵活、多样，要包括多种形式调动学生的学习热情。

（2）科学建立活动小组

学习小组的建立要符合合作学习的基本原则，否则达不到良好的小组学习效果。分组要考虑每个学生的性格特点，已有的学习基础，不同成员间的互动性。建立学习小组有一定的流程，具体见图 4-8：

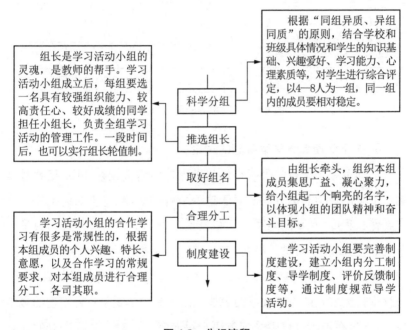

图 4-8　分组流程

良好的学习合作小组是助推活动单导学效果的有效保障，良好的学习小组是小组间成员开放、包容、多元、互动的学习共同体。组织内成员相互合作、讨论、竞争、督促，在合作中共同进步、成长。

（3）课堂活动的实施

活动的实施由教师主持，每个小组在教师的引导下开展 3—4 个活动的合作学习，在时间上，教师不能占用时间太多，要将时间还给学生；

活动的过程要充分,不能过于简短。这考验教师良好的课堂组织能力。在组织好各个活动之后,还要留有一定时间进行课堂评估反馈。

课堂活动的具体实施是师生双向互动的过程,教师的创设情境、观察引导、管理促进、引导评价、点评提升与学生的明确目标、自主学习、合作探究、成果展示、自我反馈 5 个环节穿插进行,相互促进。

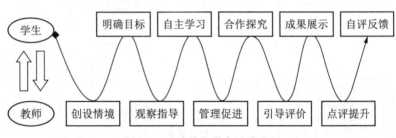

图 4-9　活动单导学案活动流程

4. 关于活动单导学案实施的讨论

活动单导学案教学改革是江州世界外国语学校在 2020 年 8 月就确定下来的教学改革方向。对于这一新鲜事物,究竟该如何推广? 推广到什么程度,有不同的看法。鲍校长一直倡导要引进先进的教学改革模式,提高教学质量。因此,鲍校长一直主推活动单导学案,并特别注重从 R 市引进一些专家型教师、名校长。施校长对教学特别重视,一直支持鲍校长的教学改革的倡议。活动单导学案是一种新型的教学模式,不过在推广过程中受到英语学科专家的反对。主要反对的人是唐校长,唐校长是一位 80 多岁的退休校长,曾经担任执行校长,并长期担任外语教学副校长。退休后,施校长认为唐校长在外语教学上非常有造诣,江州世界外国语学校作为一个外国语学校不能没有唐校长,因此唐校长一直作为特聘专家指导学校的外语教学。

　　我是反对他们搞的这个什么导学案。因为江世外的外语教学一直有自己的独特模式,我们称为模式课。这个"模式课"是由我一手建立起来的。这个模式课也并非我的原创，是国内大部分外国语学校共同的教学经验，是经过多年考验的有效的教学模式。他们 R 市就喜欢搞各种运动，今天什么案，明天什么活动，但是它没有积淀。现在为了推广这个活动单导学案，把我校二十多年积累出来的模式课的教学模式打散，这是不能接受的。因此，在研讨会上，我明确表示你们其他学科做不做，我不管。但是英语学科绝对不能这么搞。（F-Z-M-20200425）

唐校长从外语教学的专业性出发反对活动单导学案在英语学科推广。唐校长的反对是有道理的，因为英语一直是江州世界外国语学校特别重视的学科。在二十多年的发展中，学校积极学习全国优秀外国语学校的教学经验，形成了自己独特的模式课。该校的外语教学质量在江州市一直名列前茅，英语学科的教学比武，常年取得优异成绩（小学部曾连续 6 年获得小学组英语教学比赛一等奖）。

因此，活动单导学案在英语学科没有推广，在其他学科逐步全面推广。

5. 分步推进

活动单导学案教学改革在江州世界外国语学校的推行采用政策试验主义的方式，即采用"试点＋推广"的方式推进。政策试验主义是一种既能规避改革风险，又能减少改革失败带来损失的做法。

2020 年 8 月，确定全校逐步推广活动单导学案改革。9 月开始邀请 R 市活动单导学案的专家、名师，进行培训、讲座、示范课活动。

2020 年 10 月—2021 年 1 月，开始活动单导学案的试点工作。通过"自主报名＋鼓励引导"确定语文、数学、科学等学科的 12 个班级、36 位老师，作为试点班级和试点教师，范围涉及小学到高中各个学段①。

---

① 幼儿园因为年龄太小，不能实行活动单导学案，因此幼儿园不推广，英语学科由于唐校长等专家反对，不推广。

在试点阶段，不断组织教师前往 R 市观摩学习，邀请 R 市的名师来校上示范课，组织试点教师教研，分享试点中的经验和教训。

鲍校长将活动单导学案的改革与江州世界外国语学校的名师工作室、卓越讲坛工作联系起来。鼓励试点教师在名师工作室分享试点经验，鼓励试点教师走上卓越讲坛，阐发教育主张。

2021 年 3 月以后，活动单导学案从试点阶段转向全面推广阶段。由首批试点教师、试点班子组成活动单导学案示范班级和示范课，带动其他班级的推广。

第三节　教育型治理：概念与意义

一、概念：教育型治理

教育型治理是学校在办学、治校、施教过程中，以育人思维为核心的治理观念及学校化治理所对应的行为方式。范型（type-model）具有类（type）和行动方式（model）两个属性，教育型治理是学校治理活动中的教育类观念（type）及其相应的行动方式（model）。

1. 治理观念：育人思维

教育型治理的治理观念是育人思维，具体体现为育人为本、专家治校、科研兴校、教改强校等。"育人为本"是学生的发展作为学校办学的核心工作，把育人融入办学理念、治校方略。育人为本在江世外的典型表现是创校人黎先生的教育理想。出于淳朴的教育理想和深厚的教育情怀，黎先生创办了江州世界外国语学校，提出了培养未来人的育人目标，在校园建筑中渗透环境育人的理念，立足于培养一个个小绅士、小淑女。教育型治理在江州世界外国语学校有着特殊的地位，其原因在于，建校初企业型治理与教育型治理存在一定冲突，体现在企业人和教育人两者在学校发展道路上的分歧。总的来说，在学校的发展早期，由于面临更多的生存压力,企业型治理在学校占据主导地位,出现了败走麦城的方校长这样的人才流失的事件。随着学校的发展,教育型治理逐渐受到重视,形成企业型治理与教育型治理相对均衡的格局。特聘专家唐校长、推行科研兴校的鲍校长和主导活动单导学案的靳校长等推动教育改革的教育家不断涌现,反映了教育型治理主导了学校后期教育,逐步汇聚了一批优秀的教育专家,落实了专家治校。课堂教学是学校教育的中心工作,教学改革是提升学校教育质量的重要手段。教改强校教育型治理的另一个重要表现。2008年以后,以教学改革为先导开始了该校新时期的第二次腾飞。"四清"教学改革迅速提升了学校的教学质量,挽回了学校的社会声誉。江州世界外国语学校在产业链逐渐完善、规模不断扩大的高速发展期,依然不忘教学改革对学校发展的重要意义。靳校长的加盟与活动单导学案教学改革的推进是江世外在新时期获得新发展的重要措施。教学与科研是分不开的,教改与科研是学校教育教学品质提升的一体两翼。科研兴校作为学校发展战略之一,对该校的整体发展具有重要意义。鲍校长的到来将学校的科研兴校战略提升到一个新的高度。学校"'四五'规划"将教育科研作为一个专项规划,足见2018年以后学校对科研兴校的重视。微型课题的推进让科研兴校有了具体的活动形式。目前,微型课题的实施所呈现的成效尚不明显,但微型课题对提升教师的科研意识、科研方法、科研规范方面起了作用。科研兴校对促进教育专业发展,引领民办教育发展具有现实意义。

2. 治理内容：学校教育

教育型治理的治理内容主要集中于学校教育领域,非学校教育工作则不适用。每一种治理范型都有其适用范围,治理范型超出适用范围就难以发挥积极作用。在这方面江州世界外国语学校做了两方面的工作：一是将后勤管理、基建等非教育教学工作从校长工作中剥离,让校长全身心地投入教育教学工作,不必为非教育教学工作分心。二是实施专家治校，集团力量不干预学校教育教学。吸取方校长辞职事件的教训，充分尊重教育家办学，因此办学过程中经常会出现四清教学改革、活动单导学案教学改革、微型课题等校长推动的教育改革运动。教育型治理不仅在江州世界外国语学校中存在，在江州启航投资集团中也有体现。比如施校长不仅具有企业家的市场思维，也具有深厚的教育情怀，他总是强调我们是办教育，办教育就要以学生发展为中心，把育人作为所有工作的重心。因此，施校长不仅是一个企业家，而且是一位教育企业家。

3. 治理方式：学校化治理

教育型治理方式是学校化治理。江州世界外国语学校是一所学校，学校化治理是学校治理的组织天性。学校化治理有几个特征：一是注重长远目标。教育是一项不能带来短期收益的事业。教育工作必须立足于学校的长远发展。开设陶艺、木工等课程，是立足于培养学生多方面的素养；二是遵循教育规律。教育有自身的规律。教育过程并非线性决定。叶圣陶先生将教育比作农业，强调教育需要耐心培育，不能标准化量产。民办教育不能过分追求显性化的办学目标、人才培养标准。三是注重专业发展。注重专家治校、名师施教。教育专家和教学名师是注重的人才队伍建设的体现。以名校长为代表的教育专家团队和以名师为代表的教学专家是学校治理中的一支重要力量。四是注重情感联系。教育是一个师生交往互动的过程，情感是教育教学的纽带。领导与教师、教师与学生、教师与家长都保持着紧密的情感联系。我在江世外的档案室看到了家长写给学校的感谢信，在校史梳理的过程中看到了学生对老师的情感表达，情感在校园生活中是非常重要的一部分。

教育型治理民办学校治理的本位范型，民办学校本质上还是学校。育人思维是民办学校教育性的体现。

二、 教育型治理对江州世界外国语学校发展的意义

教育型治理是民办学校治理的本位范型①。任何一种治理范型对学校发展的意义都具有两面性。从积极意义上看,教育型治理使江世外实现了让懂教育的人办教育的转变,具体体现为:

1. 保证育人为本的办学方向。 办学之初企业型治理占据主导地位,为了学校初期的生存,盈利主导早期办学方向。这并非说在办学初期的工作不是教书育人,而是在那时教书育人只是学校盈利的手段,并不是主要的目的。随着学校的不断发展,生存问题不再是学校工作的主要矛盾,教育型治理的地位就慢慢上升。在所有权与经营权相对独立后,实行校长治校。教育教学工作成为一个独立的专业部门由教育专家治理。

2. 重视教学与教研。 教育家型治理使教学和教研工作的地位上升。自 2000 年以后,推行各种教学改革,先后有二主六步循环教学法改革②、四清教学改革、以习为中心的教学改革③、活动单导学案改革。这些教学改革并非全都一帆风顺,但在发展的各个时期发挥了一定作用。四清教学改革尽管在后来被认定为一种机械训练式的失败改革,但四清产生于学校教学质量的低谷时期,极大提高了当时学校的教学质量,为学校赢得了较好的社会声誉。以习为中心的教学改革和活动单导学案改革是以学生为主体、把课堂还给学生、变要我学为我要学等理念主导的高质量课堂教学改革。在教研上,学校自主创建了模式课考评、咬尾课等校本制度。

3. 聚集了一批教育家型校长,培养了一批专家型教师。 教育型治

---

① 本研究根据每一种治理范型对民办学校发展的性质,将本文涉及的三种治理范型做了不同的定位。企业型治理为民办学校的发展提供组织活力、资金支持,促进民办学校发展;教育型治理为民办教育坚守育人为本的理念,发挥育人功能;参与型治理调动多方位的资源支持民办学校发展。

② "二主六步循环教学法改革"是该校 2001 年开始的教学改革,获得国家教改项目立项。

③ 以习为中心的教学改革是该校 2010 年前后,实施的教学改革。

理重视教育名家的延聘，先后引进方校长、廖校长、鲍校长等省内教育名家担任学校主要领导，同时还长期邀请全国名校长、名师来学校讲学。学校注重本校名师的培育，通过菁英教师计划、青蓝工程、名师工作室、卓越讲坛为青年教师发展提供全方位的支持。菁英教师计划是针对有潜质的青年教师发起的名师培养计划，名师工作室致力于打造名师孵化器，卓越讲坛是教师阐发教育主张的平台。

教育型治理与企业型治理有一定冲突，育人思维过重会违背市场规律。教育型治理对江州世界外国语学校的发展也有消极意义：

1. 没有"成本—收益"思维。重视长期效益，不注重短期收益。教育是一项见诸长效的事业，教育型治理的育人导向倾向于关注学校教育的长期效益。建校初期做大做强与做强做大的分歧，是长期利益与短期利益的冲突。作为民办学校，在初创期与低谷期，以生存为目的的市场思维会主导学校的办学方向，用"成本—收益"分析影响学校的发展道路。

2. 理想性情怀过重，忽视学校教育规律。首任董事长黎先生是位非常有情怀的教育企业家，带着朴素的素质教育理想创办江州世界外国语学校。在其朴素的素质教育理念的倡导下，兴办社团、艺体活动，非学科教育课程膨胀。学科类课程教学质量下降，社会声誉下跌。

3. 违背市场规律。教育是一项公益性事业，育人思维是一种非营利思维。教育型治理过多重视教育性，忽视民办学校的企业性。违背市场规律办学，生源萎缩，最终给学校带来巨大危机。

教育型治理是民办学校的本位范型，在吸引教育专家、培养学科名师，发展教研，提升教育质量方面意义重大。但民办学校是企业性与教育性的统一，教育性过多，企业性过少，也会给江世外办学带来危机。

小　结：让懂教育的人办教育

教育是一项专业性很强的事业，教育必须由专业人士从事，才能回到本来的面貌。学校管理中一直存在"外行领导内行"的现象，江州世界外国语学校的创办人均为企业管理出身，因此学校面临着更严峻的挑战。

学校历史上发生过外行领导内行的情况，主要体现在两个方面：第一，企业型治理与教育型治理在学校发展路线上的冲突。建校初，关于做大做强与做强做大的争论是企业型治理的市场思维与教育型治理的育人思维之间的冲突。方校长和领导层之间的矛盾是企业人与教育人之间关于办学路线的分歧。做大做强与做强做大的争论最终以企业型治理压倒教育型治理的结局收场。建校初期，这一争论使学校选择以规模扩张为主要发展目标，获得了第一次飞速发展，但也使得方校长辞职，损失了一位教育专家。第二，黎先生朴素的教育理想并不适应学校所处的环境，给学校的发展带来许多困境。黎先生是建筑学博士出身，对素质教育的理念是与应试教育对立的朴素素质教育观。

在经历了两次外行领导内行的冲击后，江州世界外国语学校逐渐确立了专家治校的办学原则，保证让懂教育的人办教育。教育型治理逐渐兴起。为保证专家治校，学校做了多方面的努力：第一，实行专家治校延聘全国教育名家，汇聚专家智慧。学校先后聘请唐校长、鲍校长、靳校长等教育名家担任主要领导。除此之外，还聘用一些兼职专家不定期来学校讲学，指导工作。第二，不干预学校教育教学。在2003年以后，逐渐确立了集团不干预校长办学的工作原则。在教育教学事务上，江世外放手让教育专家自主工作。保证校长办学的自主权，一方面吸引了有抱负的教育名家任职，另一方面有效地保证了懂教育的人办教育,避免外行领导内行的现象再次出现。第三,落实名师施教原则。高品质的民办学校不仅要有教育家型校长,还需要有专家型教师。为此,出台了多种措施。一方面,大力引进教学名师来学校任教,在我驻校调查期间,有5位正高级教师供职于该校。另一方面,江世外通过青蓝工程、菁英教师计划、名师工作室等项目大力培养自己的教学名师。

第五章

参与型治理：学校治理的多方位支持

如果没有公众的参与，政府很难使其行动合理化。

——盖伊·彼得斯:《政府未来的治理模式》

第一节　参与型治理的产生

一、参与型治理的渊源

　　参与型治理的观念源于参与治理理论的兴起。参与治理是 20 世纪后期产生的思潮。在理念上，治理意味着多主体参与、协商共治。参与治理是政治上民主改革在社会治理中的反映。从这个意义上说，参与治理思想是一种"政治正确"的观念。新公共管理、新公共行政等运动将参与治理从一种静态的制度讨论演变为一场动态的实践过程。除了组织管理中民主化改革的触动，传统层层节制的科层管理的弊端是参与治理思潮得以产生的内部因素。大规模组织上层决策者远离一线，自上而下的决策难免造成"一刀切"，以及中层管理者与基层员工对组织参与感缺乏，难以形成对组织的归属感，这些因素要求科层管理转变"自上而下"的管理方式，将组织权力下放，开放中下层成员对组织的参与。

　　新公共服务运动让参与治理成为一种现实的制度尝试，新公共服务的核心观念有三:其一,公众的积极参与是形成最佳政治结果的必要条件。公民作为一个广泛的群体,其参与代表了民主参与的规范。其二,广泛的公民参与能让大众的利益与诉求传递到领导层,影响决策,维护公众的利益。其三,公众参与是政府决策合法性的来源。[①]

盖伊·彼得斯(Guy Peters)在《政府未来的治理模式》中将参与型治理列为第二种治理模式,称为参与式国家。[②]参与式国家是盖伊·彼得斯构想的一种国家治理模式,其基本观点是常规的层级化科层体制不能有效地运行。参与式国家的基本假设是大量有经验和才华的员工不能在科层制中得到很好的运用。倡导参与式国家的研究者认为底层的员工具有更丰富的经验,直接接触客户,他们最了解客户的需求。最有效的组织决策,应该让底层员工参与组织决策。参与式国家在运作中强调授权,下级员工只有得到授权才能激发他们的工作活力。其次是对话式民主,参与模式认为科层体制中,上层专家获得的信息是不全面的,甚至可能是错误的,应该通过与客户、底层员工的对话、协商,获得更有效的信息。组织应当将更多的主体纳入组织管理,参与组织治理。盖伊·彼得斯的"参与式国家"是参与型治理在政府管理中的体现。

有研究者对参与治理理论提出质疑,认为被称为"对话式民主"、"协商式民主"的参与式对话中,依然存在着"中心—边缘"的非对称的对话结构。这种非对称的对话结构与各主体占据的资源和社会地位相关,参与型治理并非一种完全均衡的参与,是在一定层级的结构下参与的,因此其治理没有实现彻底的民主。[③]对参与型治理的批评不无道理,社会是层级结构的存在,没有绝对的平等,即使在理性设计的制度

---

①　珍妮·登哈特、罗伯特·登哈特:《新公共服务:服务而不是掌舵》,丁煌译,中国人民大学出版社 2002 年版。

②　盖伊·彼得斯:《政府未来的治理模式》,吴爱民译,中国人民大学出版社 2013 年版。

③　张康之:《对"参与治理"理论的质疑》,《吉林大学社会科学学报》2007 年第 1 期。

中,依然存在类似"中心—边缘"的层级结构。不过,尽管如此,参与型治理依然对线性的科层结构做出了改善,参与型治理对底层人员和外部人员的吸纳,使得组织获得了更全面的决策信息,对提高组织运作效率是有所裨益的。

二、 参与型治理在江州世界外国语学校的发展

江州世界外国语学校在建校之初是传统的科层制管理,其学校治理的多元参与性是在办学过程中慢慢形成的。在该校的发展史上,以下几个因素的变化使其产生了参与型治理:

江州世界外国语学校办学规模地不断扩大,使得单一科层管理体制无法适应学校办学规模扩张的现实需求。1995年建校后就迅速进入高速发展时期,5年内学校的生源规模从刚开始的500人上升到4000人的年均规模。办学规模的扩大只是内部管理危机的一方面。办学结构的复杂使内部管理变得更加复杂。该校从单一的小学、初中变成覆盖幼儿园、小学、初中、高中、国际高中的各学段;在类型上,该校从刚开始的"普中教育+国际教育"发展为双语教育、艺术教育、科技教育、国际教育等多种的教学班型。这一系列变化使学校转变为一所规模庞大、品类齐全的综合性民办学校。随着学校办学规模扩大和学校内部结构的多元化,日常管理工作变得复杂,管理体制改革成为迫切的需求。

"部为实体"改革开启了江州世界外国语学校管理体制结构的转型。学校管理重心下移,部分管理权限下放,为参与型治理提供了体制基础。2002年开始实施"部为实体"改革,学校将管理重心下移,教学管理权下放到学部。各个学部成为具有独立完成教学工作的管理实体。部为实体改革一方面扩展了学校的职能部门,另一方面简化了学校校级管理部门的工作,转移校级行政部门的管理负担。"部为实体"改革成为江世外主动放权,扩大学校治理参与主体的有益尝试,为参与

型治理提供了实践基础。

江州世界外国语学校的学校治理参与主体多元,并且各有所长。家长群体是学校治理参与的重要力量。民办学校收费较高,家长一般拥有较高的经济地位,如企业高管、职业经理人、高级技术人员等。这些家长具有较强的能力,对孩子有着较高的期望,有较强的参与学校治理的意愿与能力。家长成为学校治理的重要力量。教师是参与学校治理的另一重要力量。教师需要较强的综合能力,不仅要有较高的教学水平,还要有较强的沟通能力,能妥善地与学生、家长进行有效沟通,具备处理各种应急突发事件的能力。此外,学生从小接受过良好的家庭教育,具有较强的治理参与意识。

江州世界外国语学校在发展过程中加强对外联系,积累社会资源,不断改善学校发展的外部环境。2015 年以后,争取到参与江州市级教学比赛的资格,加强了与江州兄弟学校间的联系。随着江州启航民办学校发展研究院的成立,该校以研究院为依托加强与高校的联系,引入学术力量支持学校发展。

第二节 参与型治理的表现

参与型治理是一个多元主体参与的治理范型。江州世界外国语学校的参与型治理有两种类型,一种是向下赋权,即向教师、学生、家长赋予参与学校治理的权限,激发基层治理主体的参与积极性,另一种是向外扩展,即积极与高校、教育局等校外主体联络,吸引校外主体积极参与学校治理。

不同主体的治理参与有不同的特点,教师的治理体现为以专业发展为主题的专业性参与,学生的治理体现为以自我管理为主题的自治性参与,家长的治理体现为以监督、支持为主题的反馈性参与,高校的治理是以学术支持为特征的支持性参与,教育局的治理体现为以政策引导为主题的引领性参与。

一、 教师对学校治理的专业性参与

(一)卓越讲坛:教师阐发教育思想的平台

卓越讲坛是一个新鲜事物,刚开始教师都不知所措,并不知道上台有什么可讲。为了鼓励教师积极参与卓越讲坛,江州世界外国语学校将卓越讲坛与名师工作室、微型课题等项目合并推行,各名师工作室成员和申报微型课题组的组员积极参与卓越讲坛的主讲,并对成效优异的主讲人进行表彰,列入教师工作的考核。

国际部德育工作室卓越讲坛纪要

时间:2020 年 12 月 29 日　上午 10 点 40 分　地点:国际部会议室

主题:感悟　成长

主持人:陈老师

主讲人:程老师

尊敬的各位领导老师,大家上午好。今天很荣幸有这个机会站在这里给大家做这样的一个汇报和分享。我想要跟大家分享的就是在处理学生的问题的时候,要形成一种良性循环,跟它相对的就是一种恶性循环。

恶性循环是这样子的,比如说一个学生犯了错误,我处罚了他,或者是教育了他,批评了他对我有成见。他有负面情绪,他心里面对我是有怨言的,而我没有及时疏导好的话,他把这种怨言——如果是放在心里面,那还好,放在自己的心里面,他可能只是对我个人有偏见,但我下一次再让他做什么事情,或者是在教育他的时候,他立马就会反映出——老师在针对我,老师对我有看法。如果他把这种负面情绪告诉其他人,然后如果班上也有那么几个同学有一样的情绪的时候,就会抱团,对我产生负面情绪。这样就会对我的班级管理造成很大麻烦。

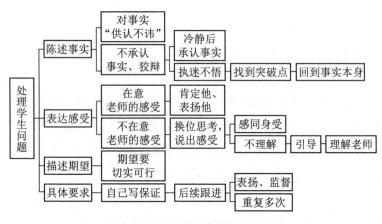

图5-1　班主任的工作思路

良性的循环一般情况下是怎么样做的？我把它分为陈述事实、表达感受、描述期望、具体要求四个步骤。在处理学生的问题时。**首先,我会陈述这个事实**,比如说有同学迟到了,可能就会说你早上是不是迟到了,一般情况下有学生就是这样对事实供认不讳。但是近几年我发现,另外有一批学生,出现得越来越多,不承认这个事实,狡辩甚至诡辩。如果自己的立场不坚定,就会被他带到"坑"里面。像这种情况,要找到它的突破点。**第二步,一般情况下我会表达我的感受**。如果说是很少迟到的一个同学,我就会说"奇怪,今天怎么迟到？是不是有什么事情",如果是频繁迟到的,我可能就会说"怎么又迟到了？你看昨天晚上本来回宿舍还是A+,挺好的,今天早上你迟到了,你又被扣分,班级也被扣分"。可能就会跟他讲一下我自己内心的感受。然后有一批同学就会在意老师的感受,他会说"老师不好意思,对不起"。**第三步就描述我对他的期望**。期望应该是切实可行的。你比如说是一个迟到的

"惯犯"，他不可能刚开学不久，你让他保证这个学期，从此以后都不再迟到，这的确有点难。我们可以把这个目标稍微缩小一点，希望切实可行。**第四步，要具体行动。**而且要求要具体，比如说下个星期你不要迟到，或者是这个月你不要迟到，或者是多长时间，要求要具体一些。一般情况下，这个要求我会让他自己写，我有一个本子，我跟他们说叫"记仇本"。我说你们做的坏事，我都会把你写在这里，然后你自己写的保证也会放在这里。让他自己写自己看，最后署名写日期。他如果做到了，我就会表扬他，如果他没有做到，我会发给他看。比如说是男孩可能会说"你男子汉大丈夫，自己说的话做不到"。写保证之后，我就会后续跟进，就像我刚才也提到的一点。他真的做到了，那么后续跟进，就会表扬他。哪怕他今天没有迟到，也可以说"今天没有迟到，真的太好了"、"你连续多少天没有迟到，真不错"。这时候你不要吝啬你的表扬。（P-D-01）

程老师用亲身经历讲述了自己和学生相处过程中班级管理的具体策略。这些交流表面上看是一种校园生活，实际上也是一种德育过程。程老师巧妙地运用和学生的情感联系，抓住学生心理，形成了自己的一套班主任工作的操作性流程。这些实践智慧是一种非常好的班主任工作案例。"卓越讲坛"就是想通过教师讲座的形式激发教师对日常工作的省思，将自己的工作经验转化为"本土知识"，促进教师教育思想的提炼、分享与传播。

程老师后来这样总结此次讲座：

这次讲坛，我准备得不是很充分。我不擅长写文章，除了上课，也很少有机会做这样的展示。在准备这期讲坛的时候，我认认真真回顾了这些年的工作历程，挑选了几个想和大家分享的，又跟平时听到的其他讲座没有重复的点，这个过程我觉得就很好。回顾，反思，整理，知新，再次出发。自从加入卓越论坛后，我似乎变得勤快了。我喜欢看书，以前我懒得整理，总觉得知识反正就在那里。论坛的一次次活动，又不得不让我整理、写读书笔记、写读后感、分享自己的经验、听同事的经验分享、写教育趣事，等等。（P-D-01）

越是生活中的感悟，越是能激发师生间的共鸣。程老师切身经历的反思、总结是一种非常好的"本土知识"。

（二）咬尾课：教师专业发展的有效形式

在我来到江州世界外国语学校之后，常常听到一种教研形式——咬尾课。我对这个词表示很好奇，因为在其他地方并没有听到过。咬尾课是该校自主研发的一种校本教研活动，是该校新、老教师结队教研的一种形式。

什么是咬尾课以及它是怎么运作的呢？鲍校长这么跟我介绍：

咬尾课是我们小学部在教研活动中研发的一种有效的教研形式。所谓的咬尾课就是，以一个专家名师为基础形成一个教研组。这个教研组内两到三位老师共同讲授同一节课。首先有教师轮流讲授。每位老师每节课会讲两次，分别是第一次咬课和第二次咬课。每一位教师讲授完后，集中研讨该教师的这个节课好的地方与不足的地方，研讨有专家教师做总结，形成对这一节课的总体评语与改进建议。这位老师第二次讲授时要根据第一次的磨课的结论进行改进。另一位同课老师要根据前一位老师讲授的评语改进自己的教学，第二位老师讲授完之后，再进行第二轮研讨、评定，如此循环。一个组一般有四到六位老师。一个组内可以分两个小组"咬"两节不同的课，教师讲授完后，专家教师做集体评定。之所以叫咬尾课是强调教研活动的延续性，即每个教师都要吸收上一次授课的经验与教训,在一个研讨组中不断循环上升。咬尾课是一个形象的表达,就像老师一个个"咬"着前面授课与同行老师的优势与不足,取长补短,相互促进。(F-L-M-20200112)

为了深入了解咬尾课,我参与了其中小学英语的一次咬尾课教研活动。以下是我收集到的一些老师的咬尾课教研记录:

表 5-1 小学英语组内咬尾课计划

姓名	上课内容	初咬时间	初磨班级	再咬时间	在上班级
杨老师	典范 Lesson 7	2.27 第二节	1B9	2.27 第五节	1B11
霍老师	典范 Lesson 7	2.27 第六节	1B13	2.28 第一节	1B6
陆老师	典范 Lesson 7	2.27 第三节	1B12	2.28 第一节	1B5
李老师	新概念 U1 Ol1	2.26 第一节	1B8	2.26 第五节	1B10
葛老师	新概念 U1 Ol1	3.4 第二节	1B7	3.4 第五节	1B3
楼老师	新概念 U1 Ol1	2.28 第二节	1B3	2.29 第二节	1B4

表 5-1 显示,每一次的咬尾课教研都安排得非常紧凑。我选择了这个教研组中的第一小组的老师进行了旁听,并搜集了陆老师、杨老师和专家郝老师的咬尾课反思:

陆老师的反思

2 月的咬尾课我们定的上课内容是典范英语第 7 课 The little Dragon,本课讲述的是孩子们在舞台上扮演不同的角色,演了一个题目为 The little Dragon 的短剧。

咬尾课的第一节由霍老师打头阵,她首先针对 dragon 做了一些文化知识铺垫,在中国,龙是幸运的象征,所以中国人都很喜欢龙,但是在西方,龙是邪恶的象征,所以人们都要 fight the dragon。这不仅能让学生了解中西方文化差别,也能很好地为短剧中 King 要 fight the dragon 做了铺垫。紧接着讲完故事后，霍老师设计闯关环节，加入自然拼读操练，闯关获得道具，让学生进行 role play。整堂课环环相扣，气氛热烈。

作为第二个上课的我，边观摩学习，边思考着如何改进。在讲故事环节，我发现所有人都要杀龙，只有公主要保护龙，于是向学生提问：为什么公主要保护龙？抛出问题，引发学生思考，自由回答。在闯关环节，我发现时间太长，导致后面的表演环节没有展现出来，于是我删掉了一个闯关，并且在朗读环节就把道具奖励给读得到位有感情的学生，既能节约时间，又能调动学生读书的积极性。得到表演道具后，在最后的表演环节设置颁奖，who is the best actor/actress? 激励学生多展示自己。

在本次咬尾课教学中，我充分感受到了集体的力量。不管是教学还是其他事情，光靠一个人是做不好的，必须发挥集体的力量。而在教学上，更应该集体备课，采集所有人的智慧。我们英语组相互试听后，相互适当地给一些建议。在本节课中，本人存在一些不足和问题。比如提问句型时态的准确性、游戏环节的时间没有控制好、在向学生提问时给学生思考的时间还可以再多一些等。最后，我觉得自己还要多学习高效课堂，如果在教学中真正把学生的学习主动性和积极性发挥好的话，我们的教学将会起到事半功倍的作用，老师教得轻松，学生学得愉快。（P-W-06）

在自我反思中，陆老师回顾自己课程中的导入、讲解、互动环节，反思课堂中部分环节原来时间过长，应适当控制部分环节的时间，让教学更加紧凑。

杨老师的咬尾课反思

我开设的课是典范英语 LESSON 7 The Little Dragon，在首

次讨论中，我们在想如何做到 Phonics 与典范真正结合，而不是浮于表面，为了要有 Phoncis，很突兀地穿插在故事教学中。我们先开始尝试将 Phonics 的比重稍微增加一些环节，比如霍老师加入了小练习和游戏，帮助学生更好地拼读和识记单词。我觉得为什么要先将 Phonics 与典范融合就是这个原因，典范故事不会像牛津和新概念那样，教学得如此细致，目标就是帮助学生理解故事内容，能熟读故事，厘清故事发展顺序。所以很多时候，隔几天学生就忘记了单词的发音，不会读了，也就造成了障碍，Phonics 正好能够弥补这一缺失。

教学是不完美的艺术，每堂课总会有遗憾的地方。所以咬尾课就是让这种遗憾减少，尽量达到一堂课的完美。在第一轮的咬尾课中，有几点我们还需努力。

咬尾课是不是等于同课异构，虽然有相似之处，但有差别。同课异构是等所有老师上完课再研讨，但咬尾课，应该是上完一次，研讨一次。一次次地发现问题，找到解决方案。

很难做到同组每个老师去听课，上课时间很多重叠，就经常会有老师开设咬尾课，听的老师少。看课件与现场的上课，还是有很大差别的，所以很难做到对课堂中的不足及时发现，有效提出改进措施。希望在 11 月的咬尾课中，我们能克服困难，真正发挥咬尾课的作用，让每个老师有所学，有所启示。

（P-W-07）

杨老师对比了其他老师和自己授课的差异，分析各自利弊，并反思咬尾课中存在的部分老师缺席听课等问题。

郝老师的总结

开学第二周，一年级组各位组员老师积极地开展了组内磨课活动,其中五位老师已按计划完成磨课任务。在正式上课前,我们组做好了磨课安排表,各位老师看表中安排,只要能去听课的都积极地去听课,评课,互相取长补短。

......

三位老师同上典范英语的时候就形成了很好的研讨氛围,初听完陆老师课,对她的课堂评价和板书设主方面提出修改意见后,再听葛老师的课就觉得改进很多,再听楼老师的课时,就感到很完美地找到了问题应对策略。

我们组在教学过程中的共性问题:1.新教师疏于课堂评价的及时跟进,使一些原本可以用更巧妙方式处理的纪律问题或读书兴趣和变化问题错失改正良机。2.板书对课堂效果的互补性需要再提高。楼老师的板书可以起到总结回顾文章的作用,而其他老师的只是部分要点摘要,可提升的空间还很大。3.读书的朗读指导还需要再进行组内研讨,如何利用评价,图片或气泡等简单的手段把一些较复杂的交互性信息简化显示,以帮助学生更好地理解文章,读出文章想表达的情感。接下来会利用青蓝工程和结对子工程再进行第一项的改进补救。第二条要通过平时集体备课来进行研讨分析。第三项,我们组将再进行上课试验,总结并找出更好的应对办法。(P-W-08)

郝老师对几位老师的授课做了总结,并对教研组的整体优点和不足之处做了分析,制定了下一步改进的计划。

咬尾课是一种很好的教研活动形式。与一般的教研活动相比,咬尾课有许多优势:第一,咬尾课注重"课"与"课"之间的衔接与延续。所谓"咬"课,就是要"咬住"上一次授课或者同行授课中暴露的问题,不断修正和改进以往授课中的不足。咬尾课这种死"咬"不足,不断提升的方式,让教师的授课构成一个连续的"授课纠错库",通过反复的"咬磨"，精准打磨每一节课，上好每一堂课。第二，咬尾课形成一个紧密联系的教研组。咬尾课的教研形式塑造了紧密、团结的教研共同体。尽管有些教师提到由于时间的安排，不能每堂课都听，但教师也会通过授课笔记、PPT、教案等形式补充"咬磨"。教师在咬尾课的过程中形成紧密的工作联系和情感联系，为教师专业发展提供了强有力的团队支持。第三，咬尾课的运作机制，较好地协调了普通教师与专家教师的关系。普通教师先相互"咬课"，专家教师点评并提出意见，必要的时候专家教师还会示范授课，形成了"专家带新手"的良好互动形式。

良好的制度是团队协作的基础，但若运用的人不专业，或者不用心，都会产生各种弊端。比如说，一个组内的专家教师比较保守或者强势，可能会引起普通教师的反感，在磨课中会出现有教师"应付了事"的现象；如果普通教师参与教研的意愿不强，认为咬尾课占据了太多个人精力，那也没有办法形成一个良好的教研共同体。不过这些现象不是咬尾课的问题，而是组内成员自身的教研意识、态度问题。从流程设计上看，咬尾课是一种江州世界外国语学校创生的良好教研形式。

作为江州世界外国语学校自主研发的咬尾课教研模式，咬尾课具有很强的本土性。咬尾课的名字带有浓重的实践性。咬尾课是教师的集体智慧，反映了教研机制改革中的创新精神。

（三）名师工作室："名师"孵化器

从 2018 年开始，江州世界外国语学校领导决定以学校的名师资源为基础，成立小学英语、小学语文、国际部德育三个工作室。名师工作室主要以教学研讨、读书会、主题报告会等形式促进教师专业发展。研究院成立以后，学校继续成立了高中数学、中学语文两个名师工作室，形成贯通小学、初中、高中、国际部，涵盖语文、英语、德育等不同学科、不同领域的名师工作室体系。

江世外名师工作室在教学研讨、公开课执教、论文发表、学术交流等方面取得诸多成果，仅 2019 年，45 名工作室成员共开展活动 57 次，执教公开课 64 节、发表论文 70 余篇，其中获奖论文 12 篇，开展学术交流 20 人次。

高中数学名师工作室成立于 2019 年 5 月，领衔人为瞿老师，共有 6 名成员。工作室成立后通过名著阅读、教学研讨、公开课比赛引领高中数学教师成长。工作室成立以来，有三位老师在省级杂志上发表论文。在学校举行的"卓越学科建设"和"卓越班级建设"征文比赛中，有 2 人获奖。

中学语文名师工作室成立于 2019 年 5 月，由庞老师领衔，学员共 9 名。工作室成立以来，多篇论文获得发表。在学校举行的"卓越学科建设"和"卓越班级建设"征文比赛中，参加比赛的选手全都获了奖，最低奖项是二等奖，其中，在全校 9 名一等奖获得者中占到 3 名，在全校 18 名二等奖获得者中占到 3 名。

德育名师工作室成立于 2018 年，由国际部陈老师领衔。工作室通过沙龙的形式开展读书会、德育教学研讨，工作室引导教师展开教育叙事写作，引领教师专业成长。工作室成立以来，成员发表国家级、省级期刊文章数十篇，举办"小问题大德育"论坛二十余次。

名师工作室为新教师的专业发展提供了新的平台，成为本校教学名师的"孵化器"。

二、 学生对学校治理的自治性参与

2019 年 10 月 28 日，江州世界外国语学校公众号推送了一条消息《江州世界外国语学校中学部第五届学生市成立》，并附带了一张学生市干部名单，其中赫然在列有市长、副市长、秘书长、局长、副局长等要职干部。

1. 学生市的产生

我对这条消息的内容有些意外，江州世界外国语学校还有学生市长、局长？尽管"市长"、"局长"的称呼是一种虚名，但这样命名的方式带有浓重的官本位气息，难道在中学阶段就要给学生熏陶官本位思想？这与我对该校的印象不符，我便向教师询问此事。教师告诉我，前董事长黎先生创立了学生市制度，以全体学生为市民，公开投票选举"学生市市长"和"市局干部"的学生自主管理制度。创立学生市的起因是前董事长希望培养学生的公民意识，在学生时代形成民主、自由的公民素养。

从功能上看，学生市在江州世界外国语学校的地位类似于其他中小学的学生会。不过学生市的组织形式、运作方式与学生会有很大不同，学生市的活跃度与对学校事务的参与度都更加深入。这是该校的学生都引以为豪的地方。

> 其他学校都叫学生会，学生市更加自由、自主，我们对学校的日常事务①有更多的参与。
>
> （F-S-M-20200723）

不仅学生，教师也以江州世界外国语学校有学生市这样的制度感到自豪。

> "学生市不仅让学生自主管理校园生活，也让学生养成了一种合作、互助、规则的民主意识，这对他们的社会性发展是很有帮助的，所以我们的学生出来后，都能比较好地适应社会生活。"
>
> （F-L-F-20200612）

将学生群体看做一个"市"，由学生担任"市政官员"管理学生事务。这是一种大胆的尝试，不过这并非一种原发性的事物。李林介绍过 20

---

① 主要为涉及学生日常校园生活的管理。

世纪初在我国推行的学校市（School City）的制度①，与此十分类似。"学校市"制度和江州世界外国语学校的学生市在称谓上十分雷同。于是，我查阅了学校市的相关资料。

1896 年，威尔逊·基尔（Wilson Lindsley Gill）在美国创立学校市制度。基尔创立学校市制度的直接目的是培养学生参与民主生活的意识和能力。学校市将学校视为一座"微型的城市"，学生是其全体市民。"学校市"仿照市政架构，模拟市政管理方式，使学生在少年时代就体验现代社会的公民政治生活。"学校市"制度符合美国的民主、自由核心价值观，对维护政治制度具有积极作用。因此，大受欢迎，迅速推广。1917 年后，"学校市"的思想和制度开始在我国传播，并开始了"学校市"在中国的尝试。1918 年，上海第十市立旦华中学开始办"学校市"，取得了一定成效。其后，"学校市"在中国也开始推广，嘉兴市秀州中学聘请毕业于哥伦比亚大学的窦维思（Dewis）担任校长，推动"学校市"工作。"学校市"的思想源于约翰·杜威（John Dewey）对"学校即社会"的论述。杜威认为学校是民主社会的一个雏形，学校应该具备社会所具有基本制度、行业分工等特点，学校是让学生从小受到民主生活之熏陶②。不过"学校市"制度的实施并不是一帆风顺，1910 年后，学校市制度在美国本土争议颇多，日渐式微。

2. 学生市的选举

百年前的学校市探索是江世外的学生市的历史源头。民主选举是为了提高学生的权利意识，锻炼学生的领导与统筹能力。

与众多学校学生干部"终身制"相反，江州世界外国语学校学

---

① 李林：《学校市：民国时期一种"学生自治"的实践及得失》，《近代史研究》2020 年第 3 期。

② 芦正芝、洪松舟：《"学校市"：杜威"学校即社会"的本土化实践——秀州中学早期办学思想和教育传统研究》，《教育理论与实践》2009 年第 17 期。

生市的市长、副市长、财政局局长、公安局局长、信息局局长、环保局局长、体育局局长、文化局局长等"官员"和"市长"都是从全校学生中竞选产生的，班级干部也由竞选、招聘、轮换产生。这些学生干部平时处理学生中发生的一般事务，协助学校进行常规管理，组织学生喜欢的活动。怎样培养孩子的社会活动能力？就是要让他们有实践的机会，我们学校应该提供、创造这种机会，锻炼孩子领导与统筹的能力。(P-W-01)

学生市创立的主要目的是提高学生自我管理的能力与意识。同时，学生市的工作能锻炼学生的社交能力、生存能力。

这里的孩子过的是全寄宿制校园生活，对孩子的生活能力、群体意识的提高有很大的帮助。学生来自五湖四海，广泛的交友圈也是学生走上社会后的一笔资本。这里的学生必须打扫卫生，因为他们不是这里的客人。自己动手扫地的人，是不会乱抛纸屑的。(P-W-01)

每年9月至10月，江州世界外国语学校都要举行盛大的学生市换届选举。整个换届过程会持续一个月时间，在那段时间，整个校园都聚焦于这件一年一度的大事。

整个换届从启动到尘埃落定大概要一个月的时间。有意向参与竞选的人先要由班级推选。班级的推选分自荐和举荐两种，有意愿参选的人在班会上发表竞选演讲，由班级投票推选。不过，候选人是有条件的，学生市规定学生必须成绩优异，所以如果在学业上中等偏下的学生就不会通过班级推举这一关。在获得班级推举之后，就进入学校竞选的环节。学校竞选的阶段，你需要组建自己的团队，就跟美国大选一样。你需要有人帮你画海报，做宣传，也需要找一个自己的副手、秘书长等职位人选。在学校竞选中，你团队不能就是自己班级的，要有一定的代表性，所以你要联系其他班级和其他年级的同学。但是，一般对其他班级、年级的同学肯定不熟悉，所以你一般会听一下别人的推荐，或者也有老师会给你推荐。这个过程也是你认识新的同伴，选择同伴，参与竞选的过程——还是很考验个人的交际、组织和领导能力的。自己团队组建好了之后，我们团队的人会经常出现在校园里，做一些助人为乐的好事，或者与同学们聊一下，了解"选民"的想法。我们竞选团队的宣传海报，一般贴在食堂走道，这样谁都看得到。学生市市长的竞选一般是初二的人，因为小学的孩子太小了，不能参与管理；初三和高中的都忙于学业，所以初二是比较合适的年级。当时学校规模没有那么大，我初二时一个年级7个班，就是7个候选团队。竞选当天，我们是在广场召开全校大学，候选团队先后上台发表竞选演讲，团队的每个成员都需要上去，每个团队大概20分钟时间。讲演结束后，每个学生一人一票公投，现场唱票，我成功地在那次竞选中当选了。（F-S-M-20200723）

一人一票的公投式民主，让学生形成了主动参与学校治理的意识，让学生很早就开始了理性选择，主动参与。参与竞选的学生在竞选宣传、团队协作中锻炼了团队意识、合作沟通、组织协调等领导能力。从这些方面看，一般的学生会只是让学生按部就班地参与学校治理。学生市将学生视为一个权力主体，为学生营造团结、协作、竞争的现实环境。

学生市在组织上有过一些变动。比如学校规模小的时候是整个学校办一个学生市，学校规模大了，尤其是部为实体改革后，各学部的工作都相对独立，学生市的工作就按学部分开做了。尽管，学生市的组织结构基本上是稳定的,但也会根据具体的情况做一些变动,会新开设一些"局"或者"部"。

3. 学生市的性质与功能

在江州世界外国语学校中学部学生市章程中,有这样一段表述:

> 江州世界外国语学校中学部学生市是中学部学生干部的最高行政机关,在校长室、学部的指导下,在全体学生的监督下开展工作,对全体学生负责。学生市的工作以"为全体学生服务"为宗旨,开展各项有益于提高全体同学的学习热情、丰富广大同学课余生活的活动,培养学生的自我管理能力和学生干部的工作能力,以提高广大同学的综合素质为目的。(P-Z-03)

"最高行政机关"的定位突出了学生市在中学部充当着"市政管理"的功能。章程规定"学生市是校长室(校长办公室)直接领导下的学生自主管理组织"。实际上,校长办公室的领导是名义上的,直接领导的是学部分管德育工作的主任。

学生市一直倡导落实学生自我管理、自我服务、自我教育的功能。在宿舍、食堂等校园生活的地方随时可看到学生市成员担任的值班岗位。我印象比较深的是食堂秩序维护的值班人员。每次吃饭时,值班的同学都会跟我点头问好。江州世界外国语学校积极响应国家例行节俭的光盘行动,每天都有学生市的成员在泔脚桶前监督每个人是否浪费比较多的饭菜。我刚来该校的时候,并不了解这个情况,依然保持着大学中随意的习惯。一次,我残余的饭量较多,被该同学叫住说"老师,您剩的饭太多了,下次请注意,不然我要记您的名字"。我被这突然的"警告"吓住了,连忙说:"不好意思,我刚过来不清楚这个情况,下次我会注意。"

学生市充当着沟通同学和学校老师、校领导之间的纽带。学生市的干部作为学生代表,会对校园生活中出现的问题及时向主管老师沟通。以"超服务"为特色认真处理学生市反映的问题,给师生提供一个良好的校园环境。学生市还承担着多样校园社团活动、社会公益活动。

> "我们那个时候学校社团比较少,我记得有一个计算机协会,我还是那个协会的副理事长;还有书画类的社团,名字叫啥,我忘了。后来,社团好像越来越多了。"(F-S-M-20200723)

在江州,经常可以看到江州世界外国语学校的学生在万达或者其他舞台举办公益活动。学生活跃在江州的各大角落。学生市最大的功能是反映同学愿望,解决同学困难,维护学生正当利益,如班级里的家庭困难户①、同学生病,甚至有同学因故未来报到的学费退费问题,学生市都会有所涉及。在学生市中流传着一种"五干精神",即培养具有能干、敢干、会干、苦干、实干的"五干精神"学生。"干实事,做实事",正如黎先生留下的"勤朴"校训,务实成为江世外的校园精神的一大特点。学生市是一个很好的证明和锤炼学生的智慧、责任心、毅力和奉献精神的平台。

4. 学生市的制度

学生市有完善的规章制度,每个职能部门都有清晰的分工。我从中学部找到了一份中学部学生市干部职责清单:

表 5-2　中学部学生市各部门职责清单

部门	职责
市长	主持学生市的全面工作,学习和贯彻学校的教育理念,接受学校的领导,执行学校的决议,在高中学部的直接领导下开展各项工作。负责召集学生市局长会议,组织领导全体同学的活动;制定工作计划,布置检查各局的工作;安排各局长的分工,并负责向学校领导机关汇报工作。

---

① 尽管江州世界外国语学校是一所品质型民办学校,但是该校每年都会向社会招收家庭困难但成绩优异的学生,免除学费,服务社会。

部门	职　责
副市长	协助市长领导学生市的全面工作,抓好分管部门工作或分担市长的部分工作。市长缺席时,由副市长代理。
秘书长	在市长的直接领导下,协调各局之间的工作。主持学生市的工作例会,协助市长开展各项工作。
公共秩序局	维护正常的学习、生活秩序,管理红、黄、蓝队,及时阻止学生中间恶性事件的发生,调查事件发生的原因,并及时上报处理。
环境保护局	经常在同学中开展各项主题活动,使"绿色环保"、"可持续发展"观念深入人心。切实做好学校室内外的卫生保洁工作,积极参与学校的各项绿化工作。
文化建设局	规划、组织学部的各项文化、艺术活动,在全校建设健康向上雅俗共赏的文化氛围,坚持正确的舆论导向;极大地丰富学生的校园课余文化生活,为同学提供健康的精神食粮;积极参与学校的各项文化活动,并在活动中能独立地开展工作。
体育发展局	以活跃身心、健康体魄为宗旨,组织全体同学参加各项群众性和竞技性体育活动;积极参与学校的各项体育活动,并在活动中能独立地开展工作;配合体育组,加强各运动队的组织和训练,为学校、学部增光。
公共事务局	承担学部布置的对外联络、外事接待、宣传等事务;策划组织相关活动等。
大众教育局	按照学部的有关规章制度,协助老师处理同学的各项奖惩事务。
科技创新局	协助老师组织开展科技节等活动;组织、宣传同学的科技创新;组织同学科技创新成果的认定。

表5-2显示,中学部学生市是由市长、副市长、秘书长组成的主席团和公共秩序局、环境保护局、文化建设局、体育发展局、公共事务局、大众教育局、科技创新局七个职能部门组成。

学生市的干部任免和值班工作都有相应的具体规定。

中学部学生市干部任免

1. 江州世界外国语学校中学部学生市干部实行聘任制。

2. 凡中学部学生志愿加入学生市,成绩优良,愿为广大同学服务的,可提出书面申请,经班级同学、任课教师和班主任评议通过,上报学部审核。

3. 学部负责组织申请同学的竞聘演讲、审核和培训。培训合格后由部门负责人宣布任命并加入学生市试用。试用期为一个月。

4. 学生市干部由于本人违反校规校纪或工作不当造成不良影响,可以撤销其职务。

5. 对工作表现突出的干部,可由部门推荐参加省级、市级、校级的"优秀学生干部"、"三好学生"等的评优评先活动。

(P-Z-04)

中学部学生市干部值班制度

1. 值班时间为每周一至周五相应时段。

2. 学生市全体干部参加值班,值班的同学主要负责三操(早操、间操、眼操)、三餐(早餐、中餐、晚餐)、教室卫生等方面的检查记录和上报。

3. 值班采取轮班制,轮到值班的同学不得无故迟到、早退、缺勤,有事必须提前请假。

4. 例会制度。局长联席会议一周举行一次,由市长主持,每局应有一名局长和副局长参加,有事须书面请假。局长联席会议的内容是总结近期工作,布置和协调各局下阶段的工作。

(P-Z-05)

完善的制度保证了学生市能有序地参与校园生活治理,发挥学生自我管理、自我服务、自我教育的功能。

5. 学生市的转变

学生市制度并非没有任何弊端,20世纪初学校市在美国和我国都有一段风行的时间,但随着时间的推移,关于学校市弊端的争论甚嚣尘上。无论是学校市还是学生市，其活动组织都需要花费学校和学生的大量精力，这一定程度上会影响学生的学业表现。此外，全民公投的西式民主并不适用于我国国情。江州世界外国语学校受到很多美国教育文化的影响，会滋生一种崇洋媚外的情结。因此，该校学生市的制度，在后期有一些变化。

> 我们学校刚开始的时候学生市做得比较好，现在学生市的活动，和以前相比，已经大大减弱了。主要是考虑到，学生市活动太多，分散学生的精力。学生成绩掉下去，家长有意见，学校也不能允许这样的事情发生。现在的学生市是在越来越接近于其他学校的学生会。尽管如此，学生市制度还是能在学生民主意识、自主意识方面发挥很大作用。（F-L-F-20200612）

> 他们现在的（学生市），应该没有我们那时候做得好。他们应该没有我们当时那么自由。我当时当市长的时候，有自己的办公室，还有个专属的座机。学校的各种活动都由学生市组织，现在很多活动都是老师在组织，学生配合。我听说现在学校管得比较严，学生自由活动比较少。（F-S-M-20200723）

江州世界外国语学校曾有一段生源下滑的时期，生源危机使得领导层抓紧了对学业质量的考核。在"质量是学校办学第一生命线"的思想下，很多不利于学生学业成绩的制度被取消，或受到限制。尽管学校已从办学低谷中走出来，办学效益和规模都在日渐壮大，但是5年衰退期的生源危机给了学校沉痛教训。因此，学校迄今依然保留着对学业质量下滑的高度警惕。这是教师和学生口中，现在的"学生没那么自由"，"学生市更像学生会"的原因。从学校对生源危机的应对中，可以看出"素质教育"和"应试教育"在基础教育学校常常以一种对立的形态出现在教师和领导的口中。教育质量一般会片面地解读为学业质量、分数等显性指标。评价是学校教育的风向标,民办学校只能牢牢盯着每年的升学率、考试成绩。

学生市是一个学生自我管理、自我服务、自我教育的平台。与常见的"学生会"组织相比,学生市更加注重学生的主体意识,学生对校园生活的参与感、归属感更强。学生市给江州世界外国语学校带来的积极意义是:第一,树立学生的公民意识,以公开选举、集体监督的形式,让学生参与到学校治理,增强了学生的责任感、自主感。第二,减轻了学校治理的负担,提高了治理效能。学生市让学生自主、力所能及地管理校园生活事务,减轻了学校层面的管理负担。在效果上,学生的自我管理比学校工作人员的外部管理更容易被学生接受,学生愿意主动地配合学生市干部的管理工作。第三,是一种学生有效参与学校治理的治理形式。治理是旨在改善组织运作方式,提升组织效能的管理活动。学生市有效地发挥学生主体性,参与校园生活管理,优化学校治理的途径。

学生市除了是一种学校治理方式,还是一种教育方式。"自我管理,自我服务,自我教育"是江州世界外国语学校学生市成立的宗旨。

三、 家长对学校治理的反馈性参与

家长参与民办学校治理有两个好处:一是帮助学校根据子女需要,改善管理方式,选择相应的课程和教学方式;二是提高家长对子女的期望,改善家庭教育环境。[①]家长对学校治理的参与是学校治理的补充力量。若把民办教育看成是家长向民办学校购买一项"商业服务",家长是消费者,作为消费者有权利反馈所享受的服务,顾客(家长)的反馈意见能不断完善民办学校的服务质量。家长对民办学校治理的参与是反馈性参与。

---

① 胡卫:《民办教育的发展与规范》,教育科学出版社 2000 年版。

从教育过程来看,教育是一种特殊行业,家长所购买的教育服务,并不仅靠学校一方就能完成,家长需要参与教育活动,与学校一同为学生成长提供良好的外部环境。从这个意义上说,家长应当,也必须是学校治理的一环。

江州世界外国语学校家长的来源结构比较特殊。学校的学费较高,家长一般是有一定经济实力,拥有中等以上社会地位的中产阶级。建校早期,家长来源主要为一些当地做生意起家的老板。随着江州经济社会的发展,外来人员涌入,家长逐渐变成一些高知群体,如律师、医生、教师、企业白领与中高层管理者。在这样的背景下,家长有很多典型的特征:(1)对孩子的教育期待很高。家长花重金将孩子送来,是为了享受更优质的教育服务,使孩子获得更好的发展。(2)家长具有一技之长,或熟悉某个行业。家长往往是行业内的佼佼者,这为学校提供了很好的课程资源。(3)大部分家长重视孩子教育,乐于参与与孩子相关的教育活动。家长都很愿意参与学校组织的家长活动。以上这些特征使得家长成为一个学校治理中不可或缺的力量。

(一)家校联系的制度:家长委员会章程

国家政策将民办学校界定为民办非企业单位,但在具体运作模式上,民办学校即使不能说是企业,也类似企业模式。自负盈亏使民办学校必须以稳定生源为基础,家长是民办学校的衣食父母,因此家校联系是民办学校的重要工作。江州世界外国语学校很早就设立了家校联系中心,负责家校联系工作。除了业务上联系,邀请家长部分参与学校事务成为一种迎合家长的方式。因此学校很早就建立了家长委员会制度。

家长委员会究竟何时成立的? 我并没有查到可考证据,在档案室中找到一份落款为 2000 年 4 月的家长委员会章程。章程规定了组织家长委员会的目的,家长委员会产生方式和相关的权利、义务。

江州世界外国语学校家长委员会
章　程

一、总则

江州世界外国学校家长委员会是由在校学生家长代表组成的群众性组织，是学生家长参与和促进学校工作的重要组成部分。

江州世界外国语学校家长委员会建立的目的是发挥学生家长在学校管理和教育中的作用，加强学校和学生家长之间的联系，理解和支持学校的各项工作，推动学校的全面发展。

二、组织机构

1. 江州世界外国语学校家长委员会委员由学校与学生家长代表协商以后产生，每一年级有2—5名委员。

2. 江州世界外国语学校家长委员会设主任一人，副主任二人，均由学校与学生家长协商以后产生，学校办公室指定学校一名老师担任联络员。

3. 江州世界外国语学校家长委员会主任负责主持委员会的全面工作。

4. 江州世界外国语学校家长委员会每届任期一年。

三、权利和义务

（一）权利

1. 听取校长的学期工作计划和工作总结报告，并提出自己的意见和建议。

2. 参加学校的大型活动。

3. 每月开放日到学校了解有关工作、学习和生活情况，并同学校有关部门交换意见。

4. 每月定期收取学校的工作简报和信息汇总材料。

5. 经学校邀请，列席校务工作会议。

（二）义务

1. 了解、宣传和支持学校的办学思路、办学特色、指导思想和各项工作措施。

2. 向学校反映家长的意见、建议和要求。

3. 积极参加学校的各项活动。

4. 了解和注意社会各界对学校的评价等舆论，并能及时向学校有关部门反馈。

5. 每学期对学校工作做出书面评价。

四、其他

1. 家长委员会直接与学校办公室协调工作，并通过学校办公室与其他部门建立联系。

2. 学校有权对严重违反本章程的委员会成员做出解聘的决定。

江州世界外国语学校家长委员会

2000 年 4 月 8 日

（P-Z-06）

从《家长委员会章程》可以看出，江州世界外国语学校对家长参与学校治理比较重视。不过家委会仅是部分家长代表参与，并非全体家长都能进入家长委员会。家委会作为一个正式的家校联系机构，其工作程序规范化、模式化，并不能融入校园生活的日常。家长对学校治理的参与还有更多的形式。

（二）课程建设：家长作为课程资源

尽管家长常常作为"消费者"反馈学校的种种不足，但家长具有非常多元的背景。家长的多样性是学校的一大资源，并且能深入学校的课程建设。

家长来自各行各业，大多是各行业的中高层管理者，或者业内青年精英。关于这一点教师特别自豪。

> 我们的家长可厉害了，什么样的家长都有。医疗、教育、城市
> 管理、环境设计，我们幼儿园做的很多活动课程，许多家长在某些
> 领域比我们老师都专业。（F-L-F-20200608）

将孩子送到江州世界外国语学校的家长一般都非常重视孩子的教
育，所以愿意参与到学校活动，帮助孩子成长。邀请家长参与学校的活
动，起初只是一些亲子类活动。后来，发展成了家长读书会、家长沙龙，
家长对参与孩子教育非常积极，尤其是低龄段的孩子家长。

> 我孩子5岁，去年刚到江州世界外国语学校幼儿园就读。我
> 们都是第一次为人父母，并不知道怎么教育孩子。学校组织了家
> 长沙龙，这是个很好的活动。让不同的家长交流育儿经验，互通有
> 无。每次沙龙都能学到很多新的东西，所以我经常来参加。（F-J-
> F-20200824）

当然，有一些家长工作繁忙不能参与家长活动。不过校领导慢慢
地发现家长是一个非常好的课程资源，在课程建设中常常会将家长纳
入其中。

> 家长是课程资源的一个提供者，甚至是课程的参与者，为什么
> 呢？因为我们的家长来自不同行业。我们的课程，有的时候探究，
> 比如说探究交通工具，孩子要对车进行探究，我们家长有的是4S
> 店的，有的家长是汽车修理厂的。假如讲水资源，那么家长，有的
> 是自来水厂的或污水治理厂的，等等，他们是课程很好的参与者。
> 我们就会让他们过来参与我的课程，给我提供资源。还有些家长

专业度比较高，会主动要求过来给我们做讲座，给我们的孩子讲科普知识。我们的老师可能对这一块还不是很专业，我请专业的人进课堂送教，其实这也是家校服务的一种形式。当我们这样做了之后，家长会更理解学校的一些教育理念，才能够引起他的共情，才能支持我们的一些做法。

（F-L-F-20200608）

为了让家长深度融入江世外，让家长走进课堂，江世外开设了家长讲堂。家长是孩子的第一任老师，也是孩子成长之路的引导者。家庭教育是孩子的起点，伴随人的一生，对一个人的成长至关重要。

家长讲堂是家校联系的桥梁，也是家长们的一座舞台，为校园文化注入新的活力，丰富了教育资源。

家长讲堂片段

第一讲是由一(10)班吴同学妈妈带来的《健康生活 快乐成长》。吴妈妈列举了垃圾食品的危害，针对学生科学饮食、健康饮食、安全饮食方面提出了具体建议，希望同学们既能感到"好吃"又能吃得"安全"，养成科学饮食、安全饮食的习惯。（P-N-03）

第二讲是由一(9)班邹同学的妈妈带来的《茶的起源与历史文化》。茶因人而添香，人因茶而增色。中国是茶的故乡，茶性纯洁，客来敬茶，是我们中华民族的优良传统。邹妈妈为大家现场演示了茶的冲泡方法，还邀请同学上台品茶，同学则以热烈的掌声表达了对邹妈妈的感谢。（P-N-03）

（三）家长作为客户反馈

民办学校的家长有一定特殊性，从市场关系来看，家长是江州世界外国语学校的"客户"。若将该校视为一个企业，那么江世外的家长确实充当着客户反馈的功能。学校重视家长反馈对改进学校教育服务质量的作用。

廖校长在任时,将服务作为学校发展战略,并将服务作为学校发展质量的生命线。服务意识贯穿于学校的方方面面,比如很早就提出了"三全育人",即"全员育人、全过程育人、全方位育人"。提出"三全育人"是为了强化从教学到后勤的每一位员工为学生与家长服务的意识。在班级中,建立的班级发展小组制度,以强化任课老师对学生的育人责任。每个班级都有自己的班级发展小组,由班主任任组长,每位班级发展小组①成员分管 10 人左右的班级小组,组内的每一位学生的学习状况、生活状况,班级发展小组老师都需要关心,出现任何问题要及时跟组长沟通,必要时与家长汇报。

> 廖校长在工作会议中和我们讲到,我们民办学校工作的主要任务是服务,我们的所有工作都要围绕为学生与家长提供更好的服务为出发点。学校的每一位职工都要时刻牢记"服务、服务还是服务!"我一直记得廖校长说这三遍"服务"时的语气和表情。自此之后服务意识成为我们学校职工文化的重要内容。(F-Z-M-20200725)

为了贯彻服务意识,学校制定"首遇负责制"。"首遇负责制"是家长在任何时候都可以向学校的任何工作人员投诉,哪位员工接到家长投诉,就要对家长的投诉负责。由首遇投诉的员工联系相关部门解决家长的诉求,不能及时解决的问题,也要将此事交给学校相关部门。相关部门要在 48 小时内主动与家长联系,说明情况,并及时提供解决方案。

---

① 班级发展小组,江州世界外国语学校独创的班级管理形式。

家长的反馈性参与能优化学校治理：第一，家长的反馈性参与为学校提供了许多"产品优化建议"，家长的体验是办学质量的直接反映。家长作为客户的反馈不断优化着学校的服务体系。第二，家长是校内、校外的链接，作为一个社会的窗口，家长充当着联系学校与社会的纽带。从家长的反馈中能了解学校的社会声誉。第三，家长具有较高的专业性，家长往往是行业的中坚力量，家长提供了丰富的社会资源支持学校办学。

四、高校对学校治理的支持性参与

2019年6月22日，江州启航民办学校发展研究院在该校成立。江州启航民办学校发展研究院隶属于江州启航投资集团，旨在通过开展民办教育研究引领学校高品质发展。

江州世界外国语学校十分注重内涵建设。2008年之后，学校进入快车道。2011年后，学校开始规模扩张，走出江州办学，先后在哈尔滨、青岛、南通等地办学。学校办学规模扩大和民办教育形势的复杂，让江世外领导人开始思考未来民办教育可能面临的风险。为了能在复杂的民办教育市场和政策环境下适应民办教育的变化，董事长施校长想成立一个民办学校发展研究院，汇聚教育领域的专家为江世外的未来发展把脉诊断。

在研究院成立大会上，研究院院长鲍校长这样勾画着研究院的发展蓝图：

> 研究院将按照"新实践、新理念、新平台、新作为"的要求开展工作。研究院将为民办教育学校发展打造八大平台：1.打造基础理论研究平台。探索民办学校建设与发展的基础理论、优化方案、基本范式。2.打造核心技术研发平台。为民办学校事业发展、内涵建设、质量提高研制创新发展的思路和举措。3.打造教育改革指导平台。为民办学校教育教学改革实践提供学术支持、理论指

导。4.打造学术主张引领平台。为民办学校搭建办学主张平台，推动学校特色发展，塑造学校教育平台。5.打造合作组织建设平台。引导民办学校开展交流合作，达成资源共享、优势互补，促进共同发展。6.打造专业发展引领平台，为民办学校提供师资和管理人员的专业培养与输出平台，提高民办教育队伍的专业化水平。7.打造办学咨询服务平台。为有办学咨询需要的社会团体提供咨询，助其突破发展瓶颈，提高办学水平和教育质量。8.打造行业发展报告平台。计划发布《民办学校发展年度报告》，调查全国民办学校发展现状，整体把握民办学校发展动态，科学引领民办学校发展方向，有效促进民办学校科学发展。（P-W-09）

鲍校长构想的八大平台是江世外领导层对江州启航民办学校发展研究院的期待。创立民办学校发展研究院，不仅仅在于服务江世外本身，更要服务于江州民办教育和整个民办教育行业发展。研究院搭建了江世外与高校、政府官员、教育期刊媒体的联系平台。

在研究院筹备会议上，N大学相关领导表示N大学将大力支持研究院建设：

N大学将在五个方面与江州启航民办学校发展研究院展开合作，其一，围绕江州世界外国语学校的需要，发挥N大的科研力量，参与江世外重大科研项目；其二，为江州世界外国语学校的教师专业发展、骨干教师培养、核心教师团队打造提供强有力、高水平的师资支持；其三，研究所团队要深入江世外现场，深入学校、校长、年级、班级管理之中，积极推进教学、课程等方面的研究改革发展。其四，发挥研究所的研究专长，为中层以上的领导共同研究办学治校中的问题，提升教育教学质量。其五，凝聚N大学研究所的科研力量，协助江州启航民办学校发展研究院开发《民办教育年

度发展报告》,为江州民办教育发展工作提供咨询。（P-N-04）

研究院成立后,与 N 大学签订合作项目"卓越学校发展研究",邀请 N 大学的专家为卓越学校建设贡献力量。卓越学校发展研究项目是江州启航投资集团发起的旨在为学校发展提炼卓越学校内涵、制定学校发展规划、设置办学标准,促进学校教育内涵深化,提供学校整体和长远发展的路径。该项目深入学校课程体系和教育教学实际,为学校教师量身定制学习和发展计划,通过各种形式的理论和实践培训,推进课程与教学改革,实现学校教育教学创新性发展。

针对儿童和教师发展,开发幼儿课程、进行教师培训,研制创造性的儿童发展课程体系,打造现代化的幼儿教师队伍;为凝练学校发展历史中的核心价值,设计符合学校气质的校园文化体系和文化标识,提升学校品质。

项目共分为四个子项目进行,具体分工如下:

表 5-3　卓越学校发展研究项目

课　　题	负责人	单　　位
江州世界外国语学校二十五年发展历史梳理及校园文化构建	郑教授、沈教授	N 大学
江州世界外国语学校卓越学校建设及办学标准研究	程教授	N 大学
江州世界外国语学校课程与教学改革发展研究	孙研究员	江州教育科学研究院
江州世界外国语学校儿童成长与幼儿教师专业发展研究	田教授	江州师范学院

按照郑教授的计划,四个子课题是"虚实并重",以"虚"引"实",以"虚"促"实"的理念。校史梳理、学校教育哲学、学校发展规划是对卓越学校建设"务虚"的两个课题,课程与教学改革、儿童成长与幼儿教师专业发展是两个"务实"的课题。

四个项目在 N 大学和江州世界外国语学校的共同合作下有序推进,表 5-4 为四个项目 2020 年度的进度安排表。

表 5-4　江州启航民办学校发展研究院课题进度表

子课题一:江州世界外国语学校二十五年发展历程梳理及校园文化构建

1	课题组在江州世界外国语学校官方微信公众平台发布主题为"我与江世外共成长!"的 25 周年校庆征文公告。向江世外学生家长、在职或离职教师、历届校友等人征集与学校相关的文章,为《江州世界外国语学校 25 年发展》书稿编写征集素材。	2020 年 1 月 12 日
2	课题组完成《江州世界外国语学校教育哲学》(初稿),该文稿梳理办学治校 25 年来形成的关键词,介绍学校教育哲学的概念及内涵,提炼学校的本体观、属性观、目的观、人性观、实践观,以及学校的核心理念、组织定位、品牌定位、核心素养、发展愿景、教育精神、校训、教育原则、管理原则。	2020 年 4 月 20 日
3	课题组成员完成《迈向卓越:江州世界外国语学校发展 25 年》书稿的初稿,共计 10 万余字。整本书稿有纵横两条逻辑线,纵向上,项目组对 25 年办学历程进行初创期(1995—2000 年)、转型期(2001—2010 年)、发展期(2011 年至今)的三段分期;横向上,书稿从管理思想、办学制度、教学实践、学校文化、校园生活这几个方面分别呈现学校的发展态势。	2020 年 5 月 2 日
4	课题组完成《江州世界外国语学校教育哲学》(第三稿)、《唤醒·卓越:江州世界外国语学校发展 25 年》(第三稿)。根据校领导的想法完善学校教育哲学,并补充师生誓词和学校宣言内容。在《唤醒·卓越》书稿中加入 2019—2020 年的年度大事记。并且,对两份材料进行详细的文字校对,最终定稿。	2020 年 8 月 10 日

子课题二:江州世界外国语学校卓越学校建设与办学标准研究

1	该课题负责申报的"高质量发展背景下民办学校卓越建设路径研究"课题在 J 省①教育科学"十三五"规划 2020 年度课题中成功获批。	2020 年 1 月 13 日
2	上午 9 点,"卓越学校发展研究"项目"课题组内部文本修改讨论会"在腾讯会议平台召开。会议由郑教授主持。课题组成员对《规划》文本修改计划做了介绍。决定将《规划》的中心词由"共建高品质卓越学校"改为"唤醒·卓越"教育,会议要求各位成员尽快完成修改,尽早定稿。	2020 年 5 月 16 日

---

① J 省为化名。

3	"卓越学校发展研究"项目推进会在小学部国际英才楼3楼会议室举行。课题组成员和校领导再次对《唤醒·卓越——江州世界外国语学校卓越发展规划（2021—2025）》文本进行研讨，形成细节性修改共识。	2020年7月13日
4	课题组成员完成《唤醒·卓越——江州世界外国语学校卓越发展规划（2021—2025）》（第三稿），规划最终形成与学校实际较契合的内容，包含时代机遇与现实需求，发展战略与目标定位，发展任务与发展路径，重点工程与建设项目，建设举措与保障条件五个部分，内容结构完整。设计并美化封面封底，规划文本基本成型。	2020年7月26日

子课题三：江州世界外国语学校课程与教学改革发展研究

1	课题组成员负责申报的"核心素养引领的学校课程创新实践研究"课题在J省教育科学"十三五"规划2020年度课题中成功获批。	2020年1月13日
2	课题组成员杨教授、孙老师参加"核心素养引领的学校课程创新实践研究"会议。会上，鲍校长介绍"核心素养引领的学校课程创新实践研究"课题研究计划，与会人员结合各学部情况发表建议，杨教授谈及课题推进工作、江州世界外国语学校指南编写工作，并明确下阶段课题组在课程方案、教学指南、学科教学纲要和课例四个方面的任务分工与行动计划。会议商定，课题组6月底安排1—2天的时间，专门集中讨论课程方案、教学指南、学科教学纲要、课例这几个文本，并形成终稿。	2020年5月5日
3	"卓越学校发展研究"项目组成员孙研究员等4位老师，开展教研活动，研讨主题为"核心素养引领的课程与教学创新实践"。此次会议研讨《江州世界外国语学校义务教育课程规划方案》，与会专家和老师对其提出修改意见；论证《义务教育"五四"学制教育实验构想纲要》可行性，并研讨编制构想；本次会议还商定课题组拟于12月上旬开展的"核心素养引领的学校课程创新实践研究"观摩展示活动的方案。	2020年11月17—18日

子课题四：全球化视野下双语幼儿园教师专业发展园本支持系统研究

1	江州师范学院学前教育学院常老师受邀在线上开展主题为"儿童视角的幼儿园创意美术活动"的专题研讨活动，江州世界外国语学校幼儿园园长、骨干教师等六十余人参加此次线上学习和交流。常老师以江世外幼儿园包老师的展示课"魔术画框"为切入点，深入浅出地分析了创意美术活动的特点，并结合小班"滴水成画"和中班"剪刀的写生添加想象"两节创意美术活动。本次活动使老师对儿童视角的幼儿园创意美术活动有更深一步了解和认知，针对性地解决教师面临的困惑，为如何开展创意美术活动奠定良好基础。教师须充分领会游戏内涵和精神，聚焦儿童的积极性、创造性，促进幼儿多感参与多样性的活动，教师的儿童视角尤为重要。	2020年5月21日

2	江州师范学院学前教育学院欧阳老师、常老师前来学校进行第五次园本培训活动。活动的主题是"指导一线幼儿教师教学水平及教育教学论文写作水平"，旨在促进幼儿教师专业发展。	2020 年 11 月 5 日
3	课题组成员，江州师范学院学前教育学院王老师、常老师受邀来到江世外幼儿园进行图画书教育教学相关研讨和培训。活动中，王老师观摩了江世外幼儿园李丽老师的儿童绘本课《蜡笔小黑》，此次活动，王老师帮老师梳理和分析图画书的结构和背后隐含的意义，还针对儿童故事类图画书的体系进行论文写作指导，帮助老师树立教学资料搜集意识，并梳理撰写此类论文的研究框架。	2020 年 11 月 16 日
4	课题组成员，江州师范学院学前教育学院史老师、常老师赴江州世界外国语学校双语幼儿园开展课程观摩与园本培训活动。8 日，双语幼儿园的两位老师分别展示中班社会领域与小班美术领域的幼儿园课程，全体双语幼儿园的教师及课题组成员参与评课讨论。	2020 年 12 月 8 日

资料来源：《江州启航民办学校发展研究院"卓越学校发展项目"2020 年度工作总结》。

江州启航民办学校发展研究院为江州世界外国语学校带来高校专家团队的学术资源，以学术力量助力高品质学校建设。研究院在较短的时间内就取得丰硕的成果，表 5-5 是研究院 2020 年工作成果：

表 5-5　江州启航民办学校发展研究院 2020 年工作成果

序号	内　　容	数量
1	著作：《唤醒·卓越：江州世界外国语学校发展 25 年》	1 套
2	学校教育哲学：《江州世界外国语学校教育哲学》	1 套
3	学校发展规划《江州世界外国语学校卓越发展规划(2021—2025)》	1 份
4	课程规划《江州世界外国语学校义务教育课程规划方案》	1 份
5	校本培训	6 次
6	省级课题立项	2 项
7	指导发表学术论文	6 篇
8	指导微型课题立项	30 余项
9	指导读书报告	20 余篇
10	形成活动纪要	9 份

资料来源：《江州启航民办学校发展研究院"卓越学校发展项目"2020 年度工作总结》。

江州启航民办学校发展研究院给江州世界外国语学校的发展带来许多新机遇：第一，研究院凝聚了一批专家团队，为民办学校发展贡献学术力量。研究院为学校凝聚了一批学术界的专家学者。在与老师平时的闲聊中，他们表示研究院成立后学校就多了许多专家学者的讲学。除此之外，N大学的硕博士研究生参与了学校的发展建设。在我驻校期间，我曾组织过两次规模较大的调研活动。我作为N大学的常驻代表，策划和组织了该微型课题的实施。学术力量的凝聚为该校提供了发展的新动力。第二，研究院帮助学校产生了一系列研究成果，引领学校内涵式发展。研究院成立之后，以项目为导向开展研究，成功获得两项省级课题立项，发表了一组"欣赏型探究"的专题论文，研制学校发展规划、学校教育哲学、学校办学历程等多个文本。未来研究院还将以更多的学术产出助力高品质民办学校建设。第三，研究院形成高校与民办学校合作的新机制，开创了一种以民办教育智库为平台，高校与民办学校合作的新机制。

五、 教育局对学校治理的引领性参与

教育局和民办学校的关系是微妙的。《民办教育促进法》对民办学校的十六字方针是"积极鼓励、大力支持、正确引导、加强管理"。这十六字方针包含着"扶持"与"监管"两层含义，为地方教育行政部门管理民办学校提供了很大的伸缩余地。

（一）忽视：教育局"养子"的无奈

我在访谈一位江州世界外国语学校的领导时，他无意间跟我提到民办学校就是教育局的"养子"。这个表达恰当地反映了民办学校和教育局之间亦近亦远的关系。"养子"的隐喻具有两面性，一方面民办学校是教育局的管辖范围，若学校办得好，是地方教育局的业绩。一所好的民办学校能吸引好的生源、师资，带动区域发展，其附带的隐性利益是巨大的。因此地方教育局希望本辖区能有几所优质的民办学校。另一方面，民办学校并非教育局公共财政支持的学校，民办学校的人事、财政、教育教学等方面都相对独立，民办学校有教育局难以涉足的地方，相比而言，公办学校显然比民办学校"亲得多"。正是这种相互关联，又有一定疏远的关系，使得民办学校在一个地区的教育生态中表现出一些另类特征。

教育局对民办学校有一种天然的忽视感。这种忽视并非一种工作失误，或者挤兑，而是由于民办学校与公办性质的差异带来的工作"惯习"（Habitus）。教育局对民办学校的忽视表现在教师职称评选、教研活动、公开课执教机会等资源分配上。

> 往年，区里有评区级三好学生，我们民办学校是直接被忽视的，没有名额。但是我们学校办得很好，我们这里的学生也很优秀，我们领导、师生都不舒服。于是，我们总校长就联系了教育局领导，要求分配给我们部分名额，我们在去年才有了少量名额。但是今年，我们没有跟教育局说，名额就又没有了。民办学校就是这样，区里有啥评比，就需要动用各种关系争取，有时候争取了，也争取不到，但是不争取肯定是没有的。（F-L-F-20210122）

对于部分的评优、评奖，民办学校动用一下当地的关系，也许还能争取得到，但是在教师发展这一块，民办学校几乎没有任何参与公办学校的教研活动与公开课展示的余地。这是民办学校与公办学校最大的差异。

> 每年区里公开课，我们学校老师是没有资格参与的，区里的教研活动，江州世界外国语学校老师没有参与名额。评职称又必须有公开课执教经历，这使得我们学校的老师，即使能力再突出，也够不着评职称的条件。这几年稍微好了一些。江州世界外国语学

校是属于江州市属学校，这几年我们能参与一些市属公开课活动，但名额也有限。（F-L-F-20210122）

对于公开课执教机会的分配并不完全是教育局对公办学校的偏袒，也有其他因素。民办学校与公办学校在教学方式上存在不同，许多民办学校有自己的课程体系，并不完全使用统一的国家教材、地方教材，在教研上存在差异，更难与公办教师一起研讨。

教育局对民办学校刻意的忽视表面上看是一种对民办学校的冷落，但在有些方面这并不是对民办学校的打压，而是对民办学校自主办学的支持。

我们国家最大的问题，不是政府不管民办学校，而是我们政府管得太多、管得过死。政府对学校什么事情都要管，大事、小事一把抓，让学校没有任何自主的余地，校长就是教育局下派的执行人。改革的主要目标是放权。政府把办学权力下放给学校，学校有权才能对学校办学负责，权和责是统一，没有权力就没办法负责。从这个意义上说，政府不管民办学校，恰恰是对民办学校最大的支持，把办学自主权还给做教育的人，不好吗？（F-L-M-20200602）

我国当前教育领域仍然存在部分地方政府部门对教育越权，乱用权，政府对学校管得过多、管得过死。

我在公办学校做校长的时候，平均每2天就要接到一个教育局的文件，接一个文件就要办一件事，意味着一年300多天，天天都在应付上级交代的任务。名义上我是正校长，实际上我只是教育局派下来的一个"办事员"，我根本就没有精力关注学校的教育教学。学校的教育教学、科研、德育具体都是分管校长在做。我做的事情就是他们需要什么资源,需要对外联络,我就帮他们去寻求外部支持。

(F-L-F-20210122)

无论是民办学校,还是公办学校,对教育局总是一种迎合的姿态,教育局是本地教育事务的主管单位,教育局对本地教育资源的配置和学校发展起到关键的导向作用。一所民办学校的兴衰,常常与政府对它的态度相关。政策若支持学校发展,学校就能在短期内获得一系列学校发展的资源,实现跨越式发展;若政策不支持,则学校就会陷入孤立无援的境地,完全靠自身发展是很难的。

江州政府对民办教育还是非常支持的,一位外校的民办学校校长曾这样跟我说:

我去过江州,参与过一些江州民办教育的会议,江州政府对民办学校还是比较支持的。江州政府对民办学校政策上比较开放,会有部分经费用于支持民办教育发展;但是我们这边的情况就不太一样。我们这边的政府就比较保守,他们很怕担责任,民办教育发展太好,怕出事。把民办学校比喻成"养子"还是比较客气的,我们这儿直接说民办学校是教育局的"私生子"。(F-L-M-20200729)

教育局的导向对民办教育发展具有重要意义。在支持民办教育发展的地方,民办学校能获得教育局的支持,获得自身的发展空间;在政府不太支持民办学校发展的地方,民办学校就沦落到了"私生子"的地步。在公办学校的势力范围外,获得一点残羹,这是当前民办学校的生存状况。在建校初,江州世界外国语学校一直扮演着公办教育托底的

角色,为上不了公办学校的孩子提供补偿型教育服务。这一状况直到
2008年以后,才有所好转。

教育局对民办学校的引领,既有积极的引领,也有消极的引领①。
教育局对民办学校的忽视是一种放权。教育局的忽视表面上是不作
为,实际上也是对民办学校的支持。

（二）支持：高铁新城实验学校的诞生

教育局作为地方教育行政管理机构,不仅仅充当着地方教育政策
实施与监管的角色,常常引领着地方民办教育的发展方向。地方教育
局对辖区内民办学校的扶持,凸显了教育局对当地民办教育事业发展
的期待。教育是地方公共服务事业,教育水平的好坏反映着一个地区
的文化软实力。建设一所高品质学校,直接效益是能吸引一批优质的
生源,此外民办学校带来的外溢效益是不可估量的,如吸引高端人才的
涌入,周边产业的发展与升级。尽管这些附带的社会效益,并不是高品
质民办教育的直接产物,但民办教育在这个过程中扮演着不可或缺的
角色。江州高铁新城实验学校就是在这样的背景下诞生的。

1. 背景：高铁新城建设的出现

开发新区、建设新城是我国近十几年兴起的大规模城市建设潮流,
各类名目的新区、新城如雨后春笋般遍及我国各大主要城市。此类新
区/新城建设往往围绕某一概念凝练主题,彰显新区特色。交通是城市
发展的命脉,便捷的交通是一个城市活力的源泉。在高铁强国的背景
下,围绕高铁建设涌现了一个个高铁新城。江州高铁新城的概念也是
在这样的背景下提出的。

2011年京沪高铁开通运营,正处于京沪高铁线上的江州迎来了首
个高铁站——江州北站。江州北站地处江州东北方,江州北站的出现
带动了周边的发展。为统筹规划江州北站片区发展,江州市政府将江

---

① 此处消极的引领不是指政府对民办学校带来损失的负向引领,而是指忽视、不作为
的潜在引领;消极引领的不作为是表面的,实际上是保障民办学校的办学自主权。

州北站片区划为江州"一核四城"发展中的北部新城。2012年,江州市政府公布了以"国际化、现代化、信息化"为总体要求,以"高铁枢纽、创智枢纽"为特色的江州高铁新城发展规划,旨在打造"江州新门户、城市新家园、产业新高地、江州风格现代都市城区、枢纽型高端服务区、低碳生态可持续示范区"的新区。2014年,江州成立高铁新城管理委员会。高铁新城管委会在成立之初就定下了"一年成势、三年成形、八年成城"的发展目标。

2. 高品质教育助推新区建设

江州市政府将高铁新城作为江州东北片的核心新区建设。江州高铁新城建设拉大了江州城区的北向发展,扩展市域面积,打造江州发展新一极。引领一个新区的发展,政府的主要功能是招商引资,做好基础设施与服务建设,其中教育和医疗是两个大的方面。高铁新城实验学校就是在这样的背景下酝酿诞生的。政府对高铁新城实验学校的定位是办一所高水平的民办学校,覆盖幼儿园到高中,采用民办学校的运营方式。之所以采用民办学校的方式,江州市政府考虑的是一方面江州经济发达,居民可支配收入水平高,对民办教育有较高的接受能力和期待,另一方面,民办学校体制灵活,不用受公办学校的体制束缚,能有更多的自主办学空间。

> 我们尽管是民办学校,但我们学校创办是在政府主导下创办的。当时,规划高铁新城,江州市政府将高铁新城看得非常重,对标虹桥商务区建设的。一个区域的发展,产业引进、人才吸引是主要支撑,产业可以通过政府招商引资引进来,那人才怎么来？怎么把这些人才留住,这得靠区域的吸引力,好的医疗环境和教育资源是留住人才的重要因素。因此,江州市政府就规划了我们学校和旁边的医院。

(F-L-F-20210122)

"产业引人—教育留人—人才强区"是江州市政府发展高铁新城的规划思路。

3. 高铁新城实验学校的建立

> 我们学校办学的目标只追求社会效益,并不考虑盈亏问题。当初,我面试的时候,这边的校长跟我说的就是,你只管好好办学,不用考虑盈亏的事情。办这所学校的目的就是给江州高铁新城创办一所优质学校,学校品牌和社会声誉是学校优先考虑的问题,早期的亏损不用担心。(F-L-F-20210122)

教育是一项见诸长效的事业。民办学校建设早期需要投入大量的资金用于校舍建设、基建采购、师资引进与培养,民办学校初期的巨额亏损是不可避免的现象。许多民办学校在建校初期,为了回笼资金,填补建校投入,不得不采取扩大招生规模,增加收益的办法。不过短时间内的扩大生员规模意味着将一些基础较差的学生也招进学校,这样势必影响学校在各项考核中的学业表现。学业表现不好,又会影响学校声誉,这是两个相互作用的因素。民办学校管理者必须在"盈利"与"质量"之间做出某种均衡的选择,以保证新生民办学校整体的平稳发展。这个问题在江世外表现为"做大做强"与"做强做大"的讨论。同样的问题,在高铁新城实验学校却有了另外一种方案。

高铁新城实验学校为保证学校生源质量,在招生上采取严进严出的方式,即严格筛选学生的数量。在第一年招生500人报名中,高铁新生实验学校初中部只招了48名学生,可见其对生源质量的严格把关。

> 我们学校有两个国企投资,但两个国企并不对学校的经营状况有利润上的要求。近几年学校的亏损额度,由江州市政府拨款,但是即使亏损,江州市政府也没有对我做出盈利上的要求,只要求

我们保证学校办学质量。表面上看,江州市政府和国企在这比投资上是亏损的,但实际上我们学校带来的社会效益远大于市政府给我们的投入。(F-L-F-20210122)

教育具有公益事业的典型特征,收益见效长,伴生连带社会效益多。在政府支持下,"不怕亏损"是高铁新城实验学校最大的优势。在这样的条件下,学校以办学质量和社会效益为第一追求,使得高铁新城实验学校在建校短短5年内就取得良好社会声誉,由此带来的伴生效益助力高铁新城的建设。教育局与民办学校的这样一种共谋是高品质民办学校建设的另一路径。

这样的民办学校更像是教育局的"义子"。"义"体现为教育局在学校规划与建设中起着主导的作用。教育局对学校的扶持使学校免受了初期亏损的压力,民办学校的持续发展带来了巨大的社会效益。

在我国开放民办教育市场初期,社会资本进入民办教育市场需要承担初期建校的大量资金投入,并且在短期内难以收回。因此,2003年之前参与办学的民办教育企业都选择赞助费的形式回笼资金,充实企业现金流,防止资金链断裂。但是赞助费的做法存在巨大的金融风险,2003年的《民办教育促进法》规范了民办教育企业的这种非法集资行为,赞助费的风潮很快熄灭。没有了赞助费的支持,很多民办教育企业出现融资问题,形成一大波民办学校倒闭潮。在这过程中,政府是想规范民办学校办学行为,并不是完全一棍子打死民办教育。

政府主导体现了政府对民办教育的治理参与。政府对民办学校的治理参与有一定优势。民办学校发展最大的矛盾是市场的营利性与教育的公益性之间的矛盾。法律体系的完善改变不了资本力量对学校教育的裹挟。作为市场主体的民办学校无法抛弃营利性特征,政府对民办教育的参与能很好地改变这一现状。政府通过亏损弥补与价值引领制约民办教育的营利性因素。尽管亏损补偿的经费是政府对民办教育不计成本的投入，但"办好一所学校"带来的社会效益，远高于其投入价值。政府对民办教育的投资是一笔回馈可观的投资。

> 尽管政府在我们学校投入了 10 个亿的资金，但政府实际上并没有亏。因为我这学校办得越来越好，这周边的地价迅速攀升。光这周边一圈的地，就卖了不止 50 个亿，你说政府对民办教育的投入亏吗？（F-L-F-20210122）

除了地价上涨，"办好一所学校"带来的直接收益是为高铁新城留住了很多人才。高铁新城实验学校的社会声誉良好，很多高新产业人才都集聚到高铁新城。高铁新城实验学校成为这些高新人才子女就读的首选。"谁赢得人才，谁就赢得未来"，高新技术人才的集聚促进了高铁新城产业的优化与集聚。这背后的社会效益无法用简单的经济收益来估量。总之，一个新区的建设与发展，需要优质的教育资源。政府对高铁新城实验学校的支持，不仅培育了一所高品质民办学校，更为高铁新城的长远发展提供了优质教育的支持。

政府的亏损补偿让高铁新城实验学校度过新生民办学校初期的困境。但民办学校的营利性是一种资本的天性，长期存在于民办学校发展的各个阶段。在有了一定社会声誉之后，高铁新城实验学校依然会扩张生源，增加收益的期待。政府通过价值引领，压制高铁新城民办学校的逐利诉求。高铁新城实验学校实行的是理事会领导下的校长负责制，理事会包括投资股东、政府代表、N 大学专家等。政府通过理事会参与学校治理。政府代表始终在理事会中表达"社会效益第一"的理念，监督学校办学规模的有序扩张。

> 理事会始终没有对我们有营利上的要求，因此我们就专心于学校教育质量的提升。我们学校目前并非处于赢利状态，但这并

不是说我们学校不能盈利,而是我们没有这方面的追求。在初中部,我们有 4 个班级,其中有两个班级是没有收费的,主要是吸引优质的生源和奖励品学兼优的学生。若我将这两个班也收费,我也能做到这样规模的生源,并且可以实现盈利,但办学质量和社会声誉始终是我们学校的第一追求,所以我们一直是在"办教育",而非做企业。(F-L-F-20210122)

(三) 共谋:公民同招中地方政策空间

共谋行为(collusion)源于经济学对寡头市场的解释,即几家大的寡头公司私下协定价格,瓜分市场等垄断行为。寡头间的共谋违背社会利益,违反社会法令,妨碍市场自由竞争,常常是一种隐蔽的非正式行为。经济学认为寡头通过协议共谋,以非竞争手段获得超竞争市场利润,实现利益最大化。此后,组织学研究将共谋行为纳入组织行为学分析,认为由于信息不对称,委托方无法有效控制经理(管理者)与员工(代理者)之间的共谋现象。周雪光用共谋现象解释基层政府与它的直接上级政府配合,用各种策略应对更上一级政府的检查与考核。[①]组织中的共谋现象源于组织规模扩大中不可避免地存在三个悖论,即政策统一性与执行灵活性悖论、激励强度与目标替代悖论、官僚制度非人格化与行政关系人员化悖论[②]。在共谋行为中存在徇私舞弊等渎职行为,但这与组织社会学中研究的共谋行为不同,本研究不将其纳入共谋行为范畴[③]。李根根据委托代理理论提出共谋分为上层共谋(the upper-tier collusion)和底层共谋(the lower-tier collusion)[④]。上层共谋是指组织领导链中,上层领导与外部行政主体间的共谋,通常表现为

---

① ② ③ 周雪光:《中国国家治理的制度逻辑——一个组织学研究》,三联书店 2017 年版。

④ Lee. K. *Chinese Firms and the State in Transition:Property Rights and Agency Problems in the Reform Era*, Armonk(New York):M. E. Sharpe, 1991.

地方政府与企业的共谋。底层共谋是组织领导链下端的企业经理与员工间的共谋。蒂若尔认为组织从单一层级发展为多层级的复杂关系，即形成多层委托代理关系网络关系时，共谋就会成为组织内的一种潜在行为①。组织结构越复杂，层级网络越庞大，共谋行为发生的概率就越大，共谋的形式也越复杂，甚至出现上层共谋与底层共谋并存，同一主体双面共谋的现象。共谋行为的出现存在两个前提条件，一是参与共谋的主体利益收益可观，二是共谋行为被揭发后面临的处罚不严重，被揭露的风险不大。②共谋现象形式上看似偏离中央统一政策，但实际上是国家治理的重要组成部分，国家政策在制定过程中不可避免地出现"一刀切"，共谋行为是国家统一政策在地方的灵活执行，是大国治理中必要的政策手段。

在上述分析中，我们看出共谋行为产生于上级决策，层层下推过程中某一段的三级关系中。其中的委托方、管理方、代理方都是相对的，任何一个科层制的三级关系中都可能会出现下两级对上级的共谋行为。在民办教育领域，教育部、地方教育、民办学校三方是一个典型的三级管理关系，地方教育局与民办学校的共谋也就成为一种普遍现象。

1. 公民同招的冲击

2020年，国家出台公民同招政策，要求民办学校不得提前招生，报名民办学校的学生需要通过摇号方式，随机分派。公民同招政策主要是针对长期以来民办学校招生不规范，教育行政部门监管不到位等问题。掐尖招生与跨区域提前招生破坏了教育生态，一所品牌影响力大的学校掠夺式地抽取一个地域内的优质生源。这是一种破坏教育生态的恶性竞争，倾一城之力发展一所学校，不利于区域内教育资源的均衡

---

① Tirole J. Hierarchies and Bureaucraies: On the Role of Collusion in Organizations, *Journal of Law*, Economics, & Organization, 1986, 2(2).

② 刘晶：《高校异地办学的"共谋"行为与跨行政区治理》，《高等教育研究》2020年第3期。

配置。公民同招政策的指向非常明确,限制民办学校异地招生、提前招生、掐尖招生等破坏教育生态的行为,要求民办学校与公办学校在同一起跑线上招生,均衡教育生态。

对于同样一个政策现象,不同主体有不一样的解释。民办学校认为公民同招显然是袒护公办学校的做法,因为民办学校办学声誉好,挖走了原来填报公办学校的优质生源,教育行政部门通过公民同招,维护公办学校的生源状况。民办学校与公办学校是同行竞争关系,政策是一种利益格局的权威性再分配,在生源分配这块蛋糕上,公民同招政策有扭转民办学校抢夺优质生源的考虑,这基于均衡教育生态,促进教育公平的政策理性考量。

2. 保留余地:不往死里打

国家政策到地方执行,中间会经过很多变动。国家政策会给地方政府实际执行留有余地,地方则会根据本地的具体情况选择性地执行国家政策。

> 公民同招政策确实总体是打压民办学校的,这个谁都看得出来。但是你要知道,江州市教育局也不会把民办学校往死里打。国家政策并不是要取消民办教育,江州市教育局也不会让江州世界外国语学校饿死,如果真的这样了,老百姓都不会同意。所以对于江州世界外国语学校这样的老牌民办学校,公民同招政策的冲击是有的,但不会到致命这种地步。江州市教育局在制定江州的公民同招政策时,会考虑江州民办教育的情况,会给每个民办学校留有一定余地,不会一棍子打死。(F-L-M-20200617)

江州是国内经济水平排名前 20 的强市,经济基础优越使江州的民办教育特别发达。在这样的背景下,国家出台公民同招的政策对江州的冲击是很大的。重大冲击下,地方教育局的态度就显得十分重要。

相比于江州，部分地区的教育对民办学校很不友善。我在一位外地校长的访谈中，看到教育局对民办学校的另外一种态度。

> 我们这边的教育局观念比较保守。他们觉得公办学校是他们自己的单位，代表着他们的业绩，民办学校不是自己的，民办学校太好了，是不是侧面反映教育局的工作做得不够好，所以公办学校比不过民办学校？他们会这么想，所以我们这边的民办教育发展不起来，主要是政府对民办教育不够支持。别说支持，不挤兑你就不错了。（F-L-M-20200729）

3. 民办学校的小动作

国家教育中政策的出台为避免一刀切，会主动给地方政府留有政策空间。地方政府会利用国家保留给地方的政策空间，灵活执行国家政策。民办学校作为政策的承受者，会主动寻找政策中的漏洞，用一些小动作，规避政策带来的冲击。

> 你要知道每个政策，都是有政策漏洞的。这些漏洞有些是政策设计者的失误，有些则是政策设计者故意给下面执行留下的余地。每个政策出台，我们几个校领导都会反复钻研政策文本，找找有没有可操作的余地。（F-L-M-20200617）

在我访谈负责江世外招生的邓校长时，正好一个电话打来，是一个外地的学生家长（异地生源）①过来咨询报名的情况。

> 你看刚刚这个家长，就是 N 市的学生，按规定我们是不能招

---

① 异地生源，按公民同招政策，江州世界外国语学校不能异地招生。

的。不过有一些灵活的方式可以处理。我们学校有自己的宿舍，我就给这位家长办个暂住证，这就不是外地生源了。找个熟人办个暂住证很容易。不过，这样的生源不能很多。如果太多了，你肯定会被举报，所以一些个案，我们可以灵活处理，规避政策。(F-L-M-20200617)

对于民办教育，江州市教育局整体是鼓励发展的态度。因此，江州市教育局希望有更多的社会资源投入民办教育，为江州提供更多的优质民办教育资源。

第三节　参与型治理：概念与意义

一、概念：参与型治理

参与型治理是为了避免学校领导由于信息不足而导致的治理失败，用参与思维将学校的相关利益群体纳入学校治理的范型。参与型治理观念是参与思维，其核心观念为组织权利分布与信息分布匹配是有效治理的条件。

江州世界外国语学校的学校治理中并非刚开始就有参与型治理，参与型治理是在学校不断壮大过程中逐渐形成的。江州世界外国语学校形成参与型治理的原因有以下几点：其一，学校在发展过程中规模不断壮大，内部治理结构日益复杂。办学规模的扩大伴随行政职能部门的管理负荷变大，原有的科层管理结构无法适应日益庞大的组织规模。其二，学校二级部门规模的变大，使得二级部门有获得更大管理权限的诉求。其三，学校的领导积极推动组织结构变革，促进行政部门权力的下放。其四，学校为多元主体参与学校治理搭建了许多平台，为参与型治理提供制度保障。学校的参与型治理分为两个方向，一个是向下放权，一个是向外寻求支持。向下放权是指向教师、家长、学生下放部分职权，让他们获得参与学校治理的权力，共同参与学校治理。向外寻求支持是向学校外部寻求支持，主要是加强与教育局联系，寻求教育局在资源、政策上的支持，以及加强与高校的联系，寻求高校的学术支持。

1. 治理观念：参与思维

参与型治理的治理观念是参与思维，具体表现为共治导向、对话式民主、协商式决策。

共治导向是指参与型治理追求利益相关者对学校的共同治理。共治的直接目的有两个：一是大规模学校需要共治来解决随着组织规模扩大无法做到有效治理的困境①。二是学校高品质发展需要多元主体为学校治理贡献全面的信息与智慧。前者是江州世界外国语学校治理的缺失性需求，后者是江州世界外国语学校治理的发展性需求②。组织规模的扩大带来组织中心职能部门的超负荷决策，由于组织的领导距离基层较远常常不能获得最准确、全面的信息，以致做出错误的决策。为了避免此类决策失误，下放权力，向次级职能部门下放权力是提高组织决策有效性的必要手段。江州世界外国语学校的部为实体改革是这样一种取向的组织结构改革，随着外部环境的日益复杂，民办学校行业竞争日益激烈，民众对高质量的民办教育服务越来越挑剔。使得内部的放权赋能改革不足以应对当前的学校治理危机，学校一方面进一步下放权力，将教师、学生等基层纳入学校治理中，另一方面向外开放，将家长、校外专家等外部群体与高校等外部组织纳入学校治理体系。

对话式民主和协商式决策是江州世界外国语学校参与型治理中的两个主要观念。学校的许多治理行为是以对话式民主和协商式决策作为行动原则的。对话式民主就是要以沟通、对话的形式进行讨论、

---

① 周雪光：《中国国家治理的制度逻辑——一个组织学研究》，三联书店 2017 年版。

② 马斯洛将需要分为基本的生存性需求（或称为缺失性需求）和发展性需求。

磋商。

2. 治理内容：专业领域

参与型治理的治理内容不是一个固定的领域，而是根据每个参与主体涉及的专业领域确定的。江州世界外国语学校的教师的专业领域为教育教学，教师的治理内容为教育教学水平的提高（包括个人的与集体教研组的教学水平）。家长的主要专业领域为教育服务的反馈，家长的治理内容为学校教育服务的反馈性纠偏；部分家长在工作领域具有一定的专长，这部分家长可以参与课程建设等支持性领域。学生本身的治理能力有限，因此学生只能参与力所能及的校园生活，发挥自我管理、自我服务、自我教育的积极意义。高校作为学术研究机构，具有学术引领的作用，高校的学校治理内容为民办学校的学术支持。教育局对民办学校具有政策引领的导向作用，民办学校的治理内容为政策引领。参与型治理是一种开放的治理范型，随着治理主体的多样，参与型治理的内容也随之不断拓宽。

3. 治理方式：生态化治理

参与型治理是生态化治理。治理主体的多样性，不可避免地带来治理主体间的冲突，每个治理主体必须在学校治理活动中找准自身的生态位。

生态位（ecological niche）是生态学的概念，指某个种群在生态链上的所属位置。生物只有找准自身在生态系统中的生态位置，才能规避叠位物种间的恶性竞争，在有限的资源下获得物种的延续与发展。[①]不同的生态位之间存在一定的联系，存在互利性、自由性、适应性、势能性等特征[②]。生态位的重叠会引起叠位物种间争夺生态位的竞争。生态位错位就会引起上下级关联生态位之间的冲突，引发生态系统中的

[①] 成雁瑛：《我国高校生态位研究：概念、应用及发展趋势》，《大学教育科学》2016年第4期。

[②] 李丹丹：《对生态位及生态位伦理的几点思考》，《学术交流》2019年第4期。

风浪。1976 年,克雷明在《公共教育》中提出了教育生态学,生态位的概念也随即被广泛地运用于教育研究。[①]

不同主体的学校治理参与代表着治理主体在学校治理中的地位。不同主体之间也会产生治理冲突,譬如,家长作为反馈性参与的主体,其参与的治理内容只能是校园生活等反馈性事务,若关涉教师的教学事务就会出现学校治理生态位冲突。教师抱怨学校在处理家长与教师的矛盾中袒护家长。从治理生态的视角看,这里的冲突是家长从反馈性治理试图越位,侵占教师专业治理生态位。这势必引发教师的不满与治理危机,许多教师因为不满家长的过分刁难,选择离开学校是治理生态位冲突引发的学校治理失败。因此,学校在处理家校矛盾的时候,一方面迎合家长,另一方面也保持警惕,对不讲理的家长,采取了不理会、劝退等做法。越来越多的学校治理研究者倡导将教师纳入学校治理,但许多人都关注教代会等制度建设,试图通过制度完善,保障教师对学校重大事务决策的参与。此类研究大多流于形式,收效甚微。原因是教师的学校治理生态位并非宏观决策,而是教育教学专业发展。将教师纳入学校重大事务决策的理念,是学校治理民主化的美好理想,但并不符合学校治理实际,教师的学校治理是一种专业性治理,教师通过提高教育教学水平,投身卓越学校建设,为学校治理作出贡献,才是符合教师学校治理生态位的切实做法。参与型治理的治理主体要找准自身的生态位。《中庸》说"天地位焉,万物育焉",学校治理系统中,每个治理主体各安其位,才能以共治实现治理。

二、 参与型治理对江州世界外国语学校发展的意义

参与型治理是一种支持范型,吸纳多方主体支持民办学校治理建设。参与型治理对江州世界外国语学校发展具有积极的意义:

[①] 转引自成雁瑛:《我国高校生态位研究:概念、应用及发展趋势》,《大学教育科学》2016 年第 4 期。

1. 参与型治理给学校带来更多的资源支持。参与型治理扩大了学校治理主体，将老师、学生、家长、专家、高校、教育局等相关群体纳入学校治理体系，使得学校获得很多的资源支持。各行各业的精英家长成为学校丰富的课程资源。在新冠防疫工作中，有学生家长是从事口罩等防疫物资生产工作，在第一时间给学校送来 20 箱口罩和消毒液。高校与江州世界外国语学校的联系为学校提供了强大的学术支持，许多课程由教育管理、校园文化建设专家亲临学校授课，N 大学硕士、博士研究生进校开展科研工作。参与型治理打通了学校办学发展过程中的各方渠道，使学校的资源渠道从单向的直线式转变为伞状的放射型资源网。

2. 参与型治理推动了学校综合办学水平的提高。参与型治理让学校获得新的发展，学校不仅在教学水平上获得较高水平，还在综合实践活动、外语教育、科技创新教育、社会服务等多方面取得不错成绩。多元主体参与学校治理出现多点位发展。不同主体根据自身对好的教育的认识，通过治理参与影响学校的发展。学校的高品质办学是多维度的，不仅是教育教学水平的高位发展，更是教师专业发展、家校联系、社会服务等方面的多中心的高品质发展。

3. 参与型治理增强了教师、家长、学生对学校的归属感、责任感。"任何一个人都会天然地对自己的发声产生意义与价值感。"参与型治理主张扩大学校社会参与度，形成教师、家长、学生、高校、专家及其他相关人员多主体共同参与的学校治理系统。多主体的治理参与加强了参与主体对学校的归属感、责任感。归属感与责任感是组织承诺的关键要素，参与型治理在提升学校组织凝聚力，提升集体感、组织感具有重要意义。

参与型治理为江州世界外国语学校带来了丰富的发展资源，不过任何一种治理范型都有其局限性，参与型治理也并非一剂万能良药。参与型治理的消极意义在于：

1. 参与型治理中存在"中心—边缘"结构，并非完全的平等与民主。 参与型治理是以平等和民主的理念获得认可，但所有的平等都是相对的，而不平等却是绝对的。张康之批评参与型治理中依然存在"中心—边缘"结构，所谓的对话式民主、协商式决策，都是嵌套在一定的差序等级结构中的，对话过程中民主的话语权是有差异的，协商过程中的决策权也是有差异的。比如家长委员会中，家委会的组织结构是科层结构，一些社会地位相对较高的会被推举为家委会主任。在具体的协商对话中，不同主体的话语权存在一定差异，如家长与教师的关系中，民办学校会对家长存在迎合的倾向，因此在处理家长的投诉或者其他会议中，校领导会更关注家长的诉求与意见，教师则更多地处于倾听与理解的地位。

2. 参与型治理过程中存在决策拖延，利益难以均衡的局面。 参与型治理主张对话式民主，协商式决策，对话和协商都是需要耗费大量的时间和精力。对话和协商的过程需要很多的管理成本，协商需要邀请各个利益主体，校内的人员时间比较好协调，但校外的家长的时间就很难协调。不同家长有不同的工作，每个人的生活节奏都不一样，一次协商式决策需要很多的管理成本。比如江州世界外国语学校曾经就校内能否停车的问题召开家长代表座谈会，阐明本校为什么要限制家长车辆进校园，仅仅这一次座谈会就协调了一个多月才找到了学校领导、教师代表和家长代表都有空的时间。会上，家长意见不一。协商是一个利益协调的过程，但是不同的利益主体很难放弃自身的权益，有的家长认为自己交了这么多学费，来一次学校都不让停车，还需要停旁边收费的广场，难以接受。由于利益间的差异，造成协商效率低下，决策拖延，给学校治理带来了许多麻烦。

3. 参与型治理存在参与主体生态位紊乱的风险。 参与型治理的治理方式是生态化治理，每一个参与主体都有相对应的生态位。若参与主体出现错位、越位等情况，参与型治理就会失去参与的积极意义，激化不同主体间的矛盾。在江州世界外国语学校的家校沟通中，家长对教师的教育教学工作进行过投诉。这是一种家长的消费者生态位对教师的专业服务者生态位的越位。由于学校对家长的投诉采取一种迎合的态度，因此教师常常会因为一些家长的无理投诉而受到批评，严重的，要受到处分。这导致教师对学校的管理方式不认同，让很多教师选择离职，推高了教师流失率。

参与型治理给江州世界外国语学校带来了多方位的办学资源，实现了学校多维度的高品质发展，提高了参与主体的组织承诺。这些优势的凝聚促成该校在2011年以后的高速发展。面对参与型治理可能存在的风险，学校治理应该更加注重治理结构的扁平化设计，在多元主体的协商对话中，避免中心权力凸显，扩大话语权的均衡性，力求让每一个主体发声，共谱学校治理的"交响乐"。在多元主体治理参与过程中，要严格划清各主体治理的边界，面对一些越位、错位的发声，学校要建立相应的干预措施，规避治理主体越位、错位的行为。

小　结：如何以共治求公共利益最大化？

以共治求公共利益最大化是学术界对学校治理的一个趋向。不过，共治是否就一定能实现公共利益最大化？这显然是否定的。共治是指治理的形式，即多主体共同参与治理；公共利益最大化是过程，是指学校多方面的高质量发展。形式能影响产生的结果，但形式并不决定结果的产生。

共治既可能产生公共利益最大化，也可能会产生乱治、恶治。当学校治理中多主体的对话、协商中出现严重的权力中心、话语中心，那么协商式决策、对话式民主就流于形式，会出现不均衡的共治，严重者就会变成统治。如果江州世界外国语学校所有涉外事务都通过协商讨论,就会产生巨大的决策成本与时间拖延。决策的时效性就难以保证,共治就变成了一种不治。如果参与主体之间存在生态位的错位、越位,就会导致不同主体间的权力关系失去平衡,共治就变成了一种乱治。可见,并非共治就能产生公共利益最大化,甚至很多共治不仅会不会产生公共利益最大化,还会适得其反地产生统治、不治与乱治。

以共治求公共利益最大化是一种价值选择,如何实现以共治求公共利益最大化是问题的关键。多主体共治是一个治理生态系统,各治理主体要找准自己的生态位。多主体的善治需要做到以下几点:第一,错位发展。不同主体有自身的专业领域和擅长的治理领域。教师以教育教学能力为专业领域的,教师对学校治理参与主要体现在专业发展上。学生是治理参与者,主要体现在校园生活的自主管理、自我教育上;家长则注重于用户反馈和相关专业领域的资源支持。高校通过学术引领与学术资源支持助力学校发展;教育局主要表现在政策引领和支持。不同主体间的治理错位、重叠就会引起学校治理的失序,造成统治、不治、乱治等结果。第二,联合行动。多主体共同治理的目标是学校的高品质发展,这需要多主体之间的相互协同、联合行动。教师与家长、教师与学生、高校与江州世界外国语学校、教育局与江州世界外国语学校之间要密切配合,相互支持,共同为学校发展贡献力量。第三,良性循环。治理生态是一个动态发展的过程,学校治理生态需要各主体相互促进,共同进步,将学校治理体系导向循环向上发展的良性循环,避免恶性竞争,相互挤兑,陷入学校发展的恶性循环。

公共利益最大化不是一个结果,而是一个不断持续发展的动态过程,不是一个确定的目标,没有具体的指标。学校的公共利益最大化是多主体联合行动,共同发展的持续过程。

第六章

"多声部"的学校治理：走向复调组织

> 复调音乐：让每一个"声部"都清晰可见。
>
> ——肯尼斯·格根《关系性存在：超越自我与共同体》

　　行文至此，本研究通过深入扎根现场，梳理了江州世界外国语学校学校治理中的三种治理范型，分析了各治理范型的治理意义与优缺点。范型这一概念对分析民办学校治理问题有什么样的解释力？本章将从范型概念的解释力入手，讨论范型对民办学校治理的理论解释力。在此基础上，本章将进一步分析民办学校三种治理范型的内在冲突、深层关系。借助肯尼斯·格根（Kenneth Gergen）关系性存在的理论，研究者探讨了关系视角下民办学校治理的实质。最后，本章将从组织论的视角，探讨如何通过民办学校组织重构，实现民办学校的公共利益最大化。

第一节　范型的解释力：一种可能的尝试

　　范型是解释、分析民办学校治理的一种可能视角。本研究将范型（type-model）视为治理现象中具有某一类（type）典型特征的治理观念与行动模式（model）。从概念可知，范型的两个特征是具有某种典型的聚类特征（治理观念）和相应的行为模式（治理方式）。民办学校治理现象是纷繁复杂的,实地研究的精神是通过深入实地,从杂乱的现象中抽丝剥茧,探寻复杂现象背后的可能逻辑①。我从 2019 年 12 月来到江州世界外国语学校实地扎根,一年多来,我与师生同吃同住,参与学校工作会议,与领导深度交流。在调研过程中,给我的直观感受为江州世界外国语学校是企业与学校的复合体。从空间上看,江州启航投资集团位于学校的一个角落。江世外通过一个门禁将集团与学校划分为两个相互独立的空间,形成了两个组织在领地上的区隔。不过,空间上的区隔并没有把集团和学校变成两个组织。空间、人事、财务上的独立衍生出了两种治理范型——企业型治理和教育型治理。乍一看似乎企业型治理是集团的,教育型治理是学校的。不过,企业型治理并不完全存在于集团管理,在校长负责的学校事务中存在市场思维的印记。同理,集团总体上是一个教育集团,集团的运行不能完全离开育人思维。校长治校、育人为本均是集团管理的核心价值理念。两种治理范型的碰撞与融合,让江世外的学校治理表体现出一种既冲突,又融合的复杂图景。

好的理论能对复杂现象所反映的问题产生深度解释力②,遗憾的是并非所有理论都能有效回应现实问题。不少理论对现实问题的回应晦涩难懂,解释力不足。好的理论要对问题提供有高度、深度、广度、力度的有效回应。③范型这一概念能对学校治理提供三方面的有效解释:第一,范型提供了一种看待学校治理问题的新视角。视角是人看到事物的角度、方位。任何事物并非抛到人的面前,而是在一定视角下敞开自身。④

---

① 之所以说是一种"可能"逻辑,而非一种"必然"逻辑,是因为实地研究只能提供对某种社会现象的理解的一种窗口。质性研究无法通过个案考察看到必然的事实,或者得出必然的结论。

②③ 程晋宽:《学校管理难题求解——基于概念、构念与解释力的视角》,《江苏教育》2021 年第 8 期。

④ 曾文婕:《文化学习引论——学习文化的哲学考察与建构》,华南师范大学 2007 年博士学位论文。

视角决定了人看什么、不看什么以及怎么样看。看学校治理问题，可以从范式（paradigm）、范例（example）、模式（model）等不同视角看。从范式的视角看，研究者能看到宏观意义上的学校治理，如学校治理史上的几种经典学校治理范式，或是一个国家、一个地区的学校治理范式。从范例的视角看，研究者看到的是一个个学校治理事件的典型案例。研究者能从中分析具体人物、行为的治理意义。从模式的视角看，研究者看到的是不同治理模式的行为方式与行动逻辑。范式的视角能宏观地把握整个学校治理的历史演进脉络，范例的视角能细致地分析每个案例的特征、类型，考察治理事件的前因后果，模式能分析不同类型治理模式的适用条件、优势与不足。对于一所民办学校治理的分析，范式的概念显然过于宏大，范例则过于具体，模型的概念相对尚可，但治理模型侧重于治理行动的描述，缺少观念层面的表达。每一个概念都有其相对应的概念位（concept site），概念位决定了概念的适用情景。范型是适合研究学校治理的概念。第二，范型揭示了江州世界外国语学校复杂的治理现象背后的行动逻辑。学校治理是一个复杂现象。学校治理的本质是不同主体间的利益博弈。民办学校治理涉及企业家、校长、教师、学生、家长等诸多主体。每个主体间有着复杂的脉络关系。不同主体间的利益冲突与错综复杂的脉络关系，又衍生出层层嵌套的人物关系与波浪激荡的关键事件。范型能将复杂的治理现象置于不同范型之下，将复杂的治理现象简化为不同范型间的冲突与矛盾。江州世界外国语学校的学校治理是不同治理范型在不同理念与价值诉求主导下的行动逻辑。每种治理范型对学校的发展都产生了深刻影响。江世外顾客即上帝、产业兴校、以营利为目的等行为背后的逻辑是市场思维；育人为本、科研兴校、专家治校等行为背后的行动逻辑是育人思维；多元共治、民主对话、协商决策等行为背后的行动逻辑是参与思维。三种治理范型为江世外的学校治理提供了多种行动逻辑，应对不同情景中的治理危机。第三，范型为学术研究提供了一个可靠的概念工具。

一个好的学术概念的意义不仅仅在于分析现实问题或指导实践，更体现为学术研究活动提供良好的概念工具。治理范型的概念是治理观念、治理内容、治理方式三个要素的组合结构。治理范型的概念结构对研究学校治理活动提供了具有一定理论解释力的概念框架。范型在分析学校治理行为，解释学校治理现象，揭示学校治理逻辑具有参考价值。

第二节　冲突：三种范型间的张力

不同治理范型之间具有不同的治理观念，理念的不同引发不同的行动模式。尽管范型之间可以共存，但共存不意味着就没有冲突。何种治理观念主导学校重大事件的决策意味着何种治理范型占据主导地位。企业型治理、教育型治理、参与型治理三者之间存在一定冲突。范型间冲突的根源是治理观念的冲突。从治理范围上看，企业型治理与教育型治理属于江州世界外国语学校的顶层治理，参与型治理是一种基层治理、外围治理。企业型治理和教育型治理影响学校的宏观决策。范型之间的冲突体现为决策过程中不同的价值取向，治理范型的冲突引发组织管理者之间的争论、博弈、妥协，合理消解治理范型之间的冲突能缓和组织内部矛盾。

一、营利性与公益性：企业型治理与教育型治理的冲突

企业型治理与教育型治理的冲突在于民办学校的营利性与学校教育的公益性。企业型治理中的市场营利性体现为江州世界外国语学校各个阶段办学过程中始终以盈利为中心。企业型治理中的市场营利性在该校发展的不同阶段具有不同的价值取向。在建校初期，江世外的营利性是一种生存取向。那时，该校的主要目标是在公办学校一家独

大的江州教育市场中存活下来。在这阶段，学校的重大决策都是生存取向。比如说在招生问题上，为了尽早收回办学成本，江世外在招生上不设门槛。只要家长有意愿将孩子送来，学校就来者不拒。为了招到更多的生源，学校制定了详细的招生计划，划片驻点招生。在学校的发展方向上，学校主要以国际教育、外语教育、信息技术教育为特色。在发展的第一个高峰期后，学校的营利性转变为发展取向。在这个阶段，江世外的发展目标从维持学校生存变成构建完善的学校发展体系。江世外的盈利用于完善学校教育体系。江世外建立了英语课的模式课考核制，长期聘请校外专家，构建教研体系，逐步完善从幼儿园到高中的办学体系，建立教师海外研学制度。为了迎合不同类型家长、孩子的需求，学校建立了不同班型的课程套餐。2003年以后学校经历了长达5年的衰退期，在这期间学校的营利性又转变为一种救亡时期的生存取向。产业的反哺挽救了学校，为学校的发展提供了新机遇。2008年以后，学校开始进入第二个快速发展的高峰。在这个阶段，企业型治理体现为产业链的延长与办学规模的扩张。学校不仅在江州扎稳脚跟，还在省外地区开办分校。学校的营利性从生存取向转变为扩张取向。一方面，江世外不断在江州外办分校，扩大在民办教育行业中的市场份额，另一方面，学校与联合学院（UWC）合作创办了的高端品牌肯特国际学校和沃达斯幼儿园。学校不仅停留于民办学校的发展，还创办了全国首家依托于民办学校的民办学校智库——江州启航民办学校发展研究院。学校在规模、品牌、业务范围等多方面实现了扩张，力求打造全国性的民办教育高端品牌。企业型治理在各个阶段为学校提供了新的发展机遇。这个过程是企业型治理与教育型治理两种范型相互冲突的阶段。企业型治理与教育型治理的冲突体现为企业型治理中营利性过溢会妨害教育的公益性。在建校初期的做大与做强的争论中，方校长按照育人为本的理念，提出了"先做强，再做大"的发展路线，不主张在办校初期盲目扩大办学规模，应当严选生源，限制规模，做强品牌，再发展学校规模。然而,董事会最终采取了"先做大,再做强"的发展路线,注重发展规模。这是企业型治理与教育型治理的较量。企业型治理给学校带来的初期的辉煌,但这并不意味着教育型治理是失败的。2003年后,盲目扩张带来的问题日益凸显,学校的生源质量良莠不齐,成了一些公办学校"弃儿"的收容所。学习氛围差、学风不好、学生基础差、不认真学习让学校的教学质量长期无法提高。学校陷入了"生源差—师资差—成绩差—社会声誉差"的恶性循环。产业反哺给了学校最后的喘息机会。华洋学校的兴起让江州世界外国语学校意识到教育型治理的重要性。学校开始尊重专家治校,让懂教育的人办教育,控制办学规模,严选生源,规范校纪校规,改善校风。学校开始注重教学强校,以教学改革推动教学质量提高。此后,通过规模、品牌的扩张,企业型治理让学校获得了新时期的高速发展。企业型治理与教育型治理是在相互冲突中,共同推动学校的发展。

二、 集权与分权：企业型治理与参与型治理的冲突

企业型治理与参与型治理的冲突是组织结构中集权与分权的冲突。企业型治理在治理观念上表现为以营利为目的的市场思维,市场思维注重决策与行动的效率。高效率意味着获得更高的利润,赢得更多的发展资源。参与型治理是一种主张多主体共治、协商对话的治理。企业型治理要求高效决策,就常常出现决策局限于少数精英的现象,不能扩大学校治理的参与面,参与型治理则需要利益相关者广泛地参与学校治理。江州世界外国语学校的发展中都存在着决策权力间的激烈争夺。建校初,关于做强与做大的争论是以校长为代表的专业群体与以董事会为代表的所有权群体间话语权的争夺。企业所有权与经营权的分离会带来代理风险。为防止代理人控制,学校董事会长期对校长为代表的经理人群体采取了防范措施,将校长的治理权限制在教育教学等专业领域。不过,企业型治理的市场思维要求遵循顾客导向,顾客

即上帝。顾客(家长、学生)通过用户反馈,以市场需求的形式间接影响学校的决策。这是一种间接参与学校治理,分享学校治理权力的途径。集权和分权是一个动态的过程,并不仅仅是一个静态的结构①。随着,学校规模的不断扩大,面临的管理工作庞杂,开始主动将一些权力下放给次级职能部门。学校的分权有以下两种形式:第一,下放权力,将部分功能委派到具体的职能部门,减少学校层面的管理负担。2002年开始部为实体改革,将教育教学、师资选拔与培养的权力下放给各学部,赋予学部自我管理的实际权力。第二,设置专门的职能部门分解集团的管理职能,如外语中心的成立是新设立校级的职能部门分担学校外语教学改革、课程建设、师资培养等工作。外语中心的成立突出了外语教学在学校的重要地位。马克·贝雷认为组织中的权力分布与组织中的知识分布是匹配的,权力是跟随知识走的②。在一个组织中知识与权力的匹配程度能决定组织决策的合理性,知识分布与权力分布能影响组织决策的效率。知识是一种具有严密逻辑的结构性内容,在具体的组织管理中,影响组织运作的不仅仅是知识,还有信息,信息是一种前知识结构。从这个意义上看,权力是与信息相匹配的。在江州世界外国语学校发展的后期,领导层逐渐意识到,很多关于市场的信息掌握在教师、家长手中,在教育教学方面,与教学改革相关的知识和信息更多地分布在教师身上。参与型治理开始受到重视。为了避免信息不对称带来的损失,学校开始为多个利益相关主体设立次级组织,邀请多个群体参与学校治理。比如,为了引导学生参与学校治理,实现自我服务、自我教育,学校很早就成立了学生市;为了邀请家长参与学校管理,学校成立了家长委员会,组织家长讲堂;为了让每一位教师参与班级管

---

① 贝磊、蒋凯、李娅玲:《教育控制:集权与分权问题及其张力》,《教育研究》2006年第6期。

② 程德俊、蒋春燕、陶向南:《知识的分布与组织的集权和分权》,《外国经济与管理》2001年第3期。

理,每个班都成立了班级发展小组。此类的组织还有江州启航民办学校发展研究院、江州世界外国语学校专家委员会等等。企业型治理与参与型治理在冲突中寻找到了共同发展的均衡点。

三、 专业性与社会性：教育型治理与参与型治理的冲突

教育型治理与参与型治理的冲突是教育的专业性与学校的社会性之间的冲突。教育型治理要求专家治校,包括校长治校和名师施教。参与型治理将学校视为一个社会性组织,民办学校是社会的一部分,充当着社会的某一功能单元。学校嵌套在社会环境之中,学校的发展需要社会提供资源,学校应该是一个多主体共同治理的组织。教育是个专门职业,需要懂教育的校长、懂教育的教师发挥专业性;同时,学校,尤其是民办学校,是一个社会组织,无法脱离社会支持而独立存在。治理的本意是多主体共治,但治理的过程是一个排他的过程。从过程来看,尽管治理一词具有浓厚的共治底蕴,但各个主体在治理过程中,对权力具有强烈的排他性诉求。故此,民办学校治理的各个主体都有试图独占民办学校某一领域权力的欲望。从治理领域看,教育教学工作是一项专业性工作。专业性工作必须经过专门的理论学习、技术训练才能胜任。教育教学是一个校长和教师等教育人的治理领域。但是,民办学校的很多工作具有公众性,需要公众参与。学校不仅仅有教育教学工作,还有后勤、家校联系、校园生活、社会服务等非专业性工作。在日益强调学校与社会联系的当下,学校的非专业工作越来越受到重视。同时,学校的教育教学工作也具有一定的公众性。学校的教育教学是为社会培养人,本质上是为社会服务,对社会负责。作为过程的教育教学工作是一个专业性工作,不应该受到非专业人士的干扰,但作为结果的教育教学工作,受过学校教育的学生是学校服务社会的结果,应该受到公众的监督与反馈。

图 6-1 反映了企业型治理、教育型治理、参与型治理三种治理范型

图 6-1　三种范型关系

之间的冲突。营利性与公益性、集权与分权、专业性与社会性三对矛盾
是江州世界外国语学校学校治理活动的三条主线,厘清这三条主线就
能把握江州世界外国语学校治理的总体面貌。

第三节　共舞：范型间的联合行动

营利性与公益性、集权与分权、专业性与公众性构成江州世界外国
语学校学校治理场域中的三对矛盾。矛盾引发了不同治理范型之间的
冲突,同时也内嵌着学校治理发展的张力。将范型间的冲突转化为学
校治理的动力,需要处理好学校治理中的三对矛盾。肯尼斯·格根从
关系的视角提出了关系性组织与关系性领导的概念,为学校组织变革
提供了新思路。

一、关系性组织与关系性领导

肯尼斯·格根在《关系性存在:超越自我与共同体》中从社会建构
论的视角提出了关系型组织与关系型领导。在传统的观念中,世界是
一个心灵与世界、主观与客观、自我与他者的二元分离的有界存在。
从有界存在的视角,组织内部是一个充满差异、对立、冲突、矛盾的综
合体,建构秩序抑制混乱,平衡秩序与变动的关系是组织研究的长期
诉求。关系性存在拒绝了二元对立的世界观,超越嵌套在社会与组

织中的种种界限壁垒,通过赋予组织更多的关系意义,充实组织内的
价值。

我们生活在一个相互构成(co-constitution)的世界。个人和组织
的价值源于个人与组织间的关系丛(relational clusters)。组织内各种
关系的正向流动(affirming flow)是组织活力的重要来源。关系型领
导源于对组织内不同观点和声音的肯定。一旦人们开始相互肯定,组
织便成了参与热情的存储器。组织内就形成了共同参与的联合行动
(co-action)。关系型组织强调组织内每个成员对组织的参与。人们对
于自己参与创造的东西总是怀有天然的热情。

图 6-2 《鹊桥居》①

资料来源:[美]肯尼斯·格根:《关系性存在:超越自我与共同体》,杨莉萍译,
上海教育出版社 2017 年版。

肯尼斯·格根在解释关系性存在的时候用雕塑家斯内尔森的作品
《鹊桥居》来说明一个系统内特定关系带来的组织力量。图 6-2 中的钢
材与不锈钢片并没有特殊的粘合,通过一种特殊的几何形式,形成一个
联合行动(co-action)的系统,它能对抗地吸引力。

———————————————

① 该图为雕塑家斯内尔森的作品《鹊桥居》。

关系型组织注重组织中的对话，每一次对话都是一种新关系的开启。

格根将关系性组织定义为以关系性决策（Decision for relation）、关系性领导（Relational leading）、关系性评估（relational valuing）等方式运作的组织。关系性决策是一种去中心化、去层级化的决策方式，即决策为了关系的协调。关系性决策是一种基于欣赏型探究的决策，决策过程分为发现（Discovery）、梦想（Dream）、设计（Design）、行动（Destiny）四个阶段。关系性领导（Relational leading）是一种基于合作、赋权、对话、分享的领导过程。关系性领导的过程分为积极分享（positive sharing）、注入价值（adding value）、建构现实（reality building）。关系性评估是一种价值性评估，从传统的诊断评估转向欣赏评估，以欣赏的价值取向为出发点，发现"我们理想的关系是怎么样的？"

二、 从复调音乐到复调组织

复调音乐是西方音乐的一种形式，几个独立意义的旋律声部同时进行，构成丰富多样的音乐形式。[1]复调音乐建立在横向思维的基础上，将具有独立意义的多层次旋律线，按照对位法则加以纵向结合而构成的多声部音乐结构。[2]在横向关系上各个声部的节奏、力度、高潮、强音、终止以及旋律线的起伏等，曲调不同但是各自保持独立性；在纵向的关系上，各个声部能够形成良好的和声关系。复调音乐不仅是音乐、创作技术问题，同时也映射着西方世界的精神和文化。[3]它产生于西方宗教统治一切的社会背景，蕴含着西方多元民族融合的文化期待。只

---

[1]　孙洋、刘乃歌、罗兆麟、张辉：《复调音乐分析中二维谱的优势体现》，《艺术教育》2019年第1期。

[2]　于苏贤：《复调音乐教程》，上海音乐出版社2001年版。

[3]　唐晓甜：《教堂里的历史沉淀——浅谈宗教文化下的西方复调音乐（一）》，《黄河之声》2020年第8期。

有当西方的不同民族被融合在基督教世界的精神团体中时，他们才获得一个共同的文化。①复调音乐蕴含着一种声部附加多个声部的包容性，复调的本质就是附加。②

复调不仅是一种音乐的形式，文学小说也存在复调的表现形式。巴赫金(Mikhail Bakhtin)定义了"复调小说"。复调小说是有着众多的各自独立而不相融合的声音和意识，由具有充分价值的不同声音组成真正的复调。复调小说之所以是"复调"的，在于同一个作品里包含"众多的不相融合的意识"。③复调的实质在于不同声音在这里保持各自的独立，作为独立的声音结合在一个统一体中，这已是比单声结构高出一层的统一体。复调小说与西方复调音乐之间既有某种共性，强调交锋与和谐、多元与一元、对峙与模仿、未完成性与完满收束等许多方面的统一。④

肯尼斯·格根根据复调音乐的隐喻衍生出了复调组织(Polyphonic Organization)或者多音组织(Many Voiced Organization)的概念。⑤所谓的复调组织是在一个组织内部允许多个声音共同发声的组织。当一个组织能够认可并赞赏组织内部的差异，组织内就会出现不同声音。格根区分了两种不同的多音(polyphonic)。一种是传统的有界表达(bounded expression)的多音，即带着有界存在传统观念的组织中习惯将我的观念、我的态度、我的意见视为注意力不集中、思维混乱、能力低下、自我怀疑的表现。这种有界存在的观念制约了组织多重发展可能的潜力。在无界表达(unbounded expression)的组织中，允许不同声音，相对对立的价值观的表达。创造条件让所有组织成员自由而充分

---

① 唐晓甜：《教堂里的历史沉淀——浅谈宗教文化下的西方复调音乐(一)》，《黄河之声》2020 年第 8 期。

② 唐晓甜：《教堂里的历史沉淀——浅谈宗教文化下的西方复调音乐(二)》，《黄河之声》2020 年第 8 期。

③⑤ [美]肯尼斯·格根：《关系性存在：超越自我与共同体》，杨莉萍译，上海教育出版社 2017 年版。

④ 钱浩：《复调小说与复调音乐》，《文艺理论研究》2018 年第 4 期。

地表达不同的价值观,能激发组织内部潜在的无限可能。

三、 三种范型间的关系

从范型的视角,通过实地研究发现存在于江州世界外国语学校学校治理过程中的三种治理范型。本研究中发现的三种范型在民办学校治理中具有不同的性质,在学校治理过程中发挥了不同的功能。

教育型治理是民办学校治理的本位范型。在江州世界外国语学校的治理过程中,教育型治理坚守教育使命,声张育人理念,注重教学与科研,提升学校教育教学质量。教育型治理在民办学校治理过程中发挥了防范民办学校营利性过溢,保持民办学校办学公益性的本位功能。

企业型治理是民办学校治理的发展范型。在江州世界外国语学校的治理过程中,企业型治理以市场为导向,关注客户(家长)体验,实现产业和教育的共同发展。企业型治理在民办学校治理过程中发挥了激发办学活力,形成办学特色的发展性功能。

参与型治理是民办学校治理过程中的支持范型。在江州世界外国语学校的治理过程中,参与型治理,吸纳了多元治理主体,使该校获得广泛的发展资源,激发主体治理参与积极性,为卓越学校建设贡献了不同主体多方位的支持力量。参与型治理在民办学校治理中发挥了争取多方主体支持学校发展的支持性功能。

表 6-1　三种范型关系

结构＼范型	企业型治理	教育型治理	参与型治理
治理观念	市场思维	育人思维	参与思维
治理内容	集团管理	学校教育	专业领域
治理方式	公司化治理	学校化治理	生态化治理
范型的性质	发展范型	本位范型	支持范型

三种治理范型中,企业型治理与教育型治理属于学校高层治理,而

参与型治理属于校内的基层治理与校外的外围治理。高层治理是针对学校办学路线、宗旨、理念、规模等方案的宏观决策中的学校治理,基层治理与外围治理是针对教育教学、校园文化、课程假设等内涵性治理。理论意义上,企业型治理、教育型治理也是不同主体对学校的治理,但由于企业型治理与教育型治理属于高层治理,参与型治理主要针对基层和外围的支持性主体的学校治理参与,因此,企业型治理与教育型治理并不属于参与型治理范畴。企业型治理与教育型治理是学校治理的核心,参与型治理是民办学校发展的多方位支持。

一所卓越民办学校的建设不能是一类治理范型的一家独大,民办学校的发展需要本位范型、发展范型、支持范型的相互补充,共同发展。

四、 范型间的共舞

共舞是不同主体间的联合行动,不同范型之间能相互补充、支持,实现范型间的共舞。

1. 企业型治理与教育型治理的共舞。企业型治理用市场思维、公司化治理为学校发展调动充足的市场资源。学校的发展需要充足的资源,与公办学校相比,江州世界外国语学校是一所纯民办学校,处于资源调配的不利地位。教育是一个投入大、产出少、收益周期长的事业。民办学校在建校初期的主要工作是获取充足的资源,包括充足的办学经费、优质的师资、充足的生源规模和相对优质的生源。在这些资源的调配上,企业型治理发挥着重要作用。市场是一种有效的资源调配手段,江州世界外国语学校在其建校初期通过收赞助费获得充足的办学经费;在师资吸引方面,大力提高教师福利待遇(在当时,该校的工资是公立学校的4—6倍);在生源方面,该校的策略是扩大生源规模,驻点招生,注重学校品牌建设与营销宣传。企业型治理为该校发展提供了充足的办学资源,教育型治理为学校发提供了长久发展的后劲。学校教育是该校的主要业务,教学水平是该校长期发展的支撑。若没有好的教学成果,江州世界外国语学校的社会声誉就会下降,学校的营销策略就会失效。教育型治理保证了专家治校、名师施教,让懂教育的人办教育。2008 年之后,通过教学强校,大幅度提高了学生学业水平,挽救了陷入重重危机的江世外。2012 年以后,企业型治理与教育型治理的相互补充、共同促进,引领了该校在新时期的高质量发展。

2. 教育型治理与参与型治理的共舞。教育型治理是旨在通过育人思维主导学校办学。社会的发展需要各行各业的优异的人才,教育是一项专业性工作,多主体的社会参与能引导江州世界外国语学校教育服务质量改善,但专业的教育教学工作需要专业的课程体系、师资队伍。学校是为社会培养人才,因此学校教育质量最终要通过社会评价来检验学校教育的水平。社会通过办学声誉、家长口碑等形式对江世外进行社会评估,影响家长的教育选择。学校是嵌套在宏观社会环境中的,卓越的学校教育需要打开校门,与社会深度融合。校外的社会资源能为学校课程建设、教学改革提供丰富的资源支持。家长为学校提供了茶道、户外运动等校本课程资源,疫情严重时期,从事口罩生产行业的家长赠送防疫物资,助力学校的防疫工作。教育型治理与参与型治理能相互补充、共同发展。

3. 企业型治理与参与型治理的共舞。市场思维与参与思维具有互补性。市场思维的核心理念是盈利,参与思维的核心理念是共同利益的最大化。利益是两者观念共通的地方,市场思维的目的是个体利益的最大化,但市场思维是通过利己实现利他。这与参与思维共同利益的最大化是一致的。江州世界外国语学校通过给客户提供高质量的教育服务实现盈利的不断扩大,家长通过各种反馈渠道给予学校全方位的反馈建议。家长反馈信息不断优化着学校的教育服务,形成了学校与家长的联合行动,共同推进教育服务品质的提升。

第四节 复调组织：多声部地发声

"民办学校需要一种什么样的治理?"这是我来到江州世界外国语学校之后一直萦绕在心头的疑问。治理是一个被泛化的十分严重的概念①。治理范型是一个包容性的概念,是组织中某一典型聚类特征治理行为的行动逻辑。范型本身蕴含着不同范型间共存的可能。企业型治理、教育型治理、参与型治理是江州世界外国语学校治理中出现的三种典型的治理范型。三种治理范型冲突与融合反映了该校治理的内在矛盾与张力。

不同的治理范型各有优劣,多种范型间的相互作用、交织,有助于形成一个多样化的学校治理生态。指向共同利益最大化的民办学校治理不是对某一类治理范型的偏执。指向共同利益最大化的民办学校治理是多种治理范型共同发声的多中心治理,即多声部发声的复调组织(Polyphonic Organization)。

一、民办学校成为复调组织的可能性

管理理论与管理观念的丰富,民办学校管理体制的宽松,民办学校人员的多样为民办学校成为复调组织提供了可能性。

复调组织的存在需要一定的环境。首先,复调组织需要多种治理观念的集聚。范型的三要素中治理观念是核心。多种治理范型共生要有多样化治理观念生长的土壤。治理观念源于多种管理理论在民办学校治理实践中的运用。20世纪以来,管理理论多元发展,多种不同的理论相继产生,特质理论、风格理论、X假设、Y假设、权变理论、文化

---

① ［瑞典］乔恩·皮埃尔、［美］B.盖伊·彼得斯:《治理、政治与国家》,唐贤兴、马婷译,格致出版社(上海人民出版社)2019年版。

人假设、复杂人假设等管理学说百花齐放。其次,新公共管理、新公共服务等运动给管理学带来了新的理论动向。在智能时代,复杂治理、技术治理等前沿治理理论的涌现给多种治理观念的生成提供了丰富的理论土壤。

理论丰富是治理观念生长的基础条件,复调组织需要有宽松的治理环境。相比于公办学校,民办学校拥有相对宽松的制度环境。作为教育局的派出机构,公办学校在管理体制上具有严格的科层管理的特征,遵守公办学校管理规章制度,在人事制度、组织制度上相对统一。民办学校内部的组织管理体制相对灵活。江州世界外国语学校能自主地设计组织结构,设立或裁撤次级单位,在人事、招生、财务上具有自主权。民办学校宽松的制度环境允许多种治理范型共同发展。我对江州世界外国语学校管理体制的灵活性印象很深。该校管理体制的灵活,有时候更像是一种随意。以职务为例,我一直没明白该校的"主任"与"副主任"之间的关系。当我了解了主任与副主任之间仅仅是一种地位和待遇的标识,而非一种上下级的隶属制度时,对这种职务制度的随意性表示吃惊。但该校教师并没有因为组织制度的随意化而困扰,反而各司其职,各安其位,表现出了一种高度的工作默契。

江州世界外国语学校的人员构成比较复杂。建校的主要领导人均非教育人员,建校初就聚集了一批企业人员。企业型治理是将企业的管理方式运用于学校治理,企业型人员的注入为学校企业型治理的发展提供了人员基础。企业人与教育人的互动衍生出复合型人员,比如说汤总经理是从一个教师转换到管理岗的人员,教育和企业管理的双重背景让他既懂教育,又懂企业。

二、 民办学校成为复调组织的必要性

多声部地发声是民办学校应对复杂风险,实现学校共同利益的最大化,学校治理体系现代化的内在要求。

多声部发声的复调组织是民办学校应对复杂风险的需要。风险是一种未来发展变动因素及由此带来的损失。当今社会是一个风险时代，乌尔里希·贝克(Ulrich Beck)称之为风险社会，高风险事故的频发，风险的不可控因素增多，引发风险的因素越来越复杂。民办学校办学风险随着风险时代的到来变得越来越复杂。高风险、多风险的办学环境对民办学校治理提出了新要求。风险时代，民办学校不能以一种特定的方式应对多变的风险危机。在多变的环境中，民办学校需要准确识别风险，灵活应对风险，科学降低风险带来的伤害。复调组织能增加组织活力，灵活应对组织可能面临的复杂风险。多声部地发声的复调组织能激发组织活力，提高组织抗风险能力。

多声部发声的复调组织是实现民办学校治理的需要。"什么是学校的治理?"作为制度，学校治理是一套完备的规章、制度。学校的治理需要建立以学校章程为核心的现代学校治理制度体系，完善董事会领导的校长负责制，保障专家治校、科研兴校、民主共治。作为结构的治理，是一种权力分布与信息、知识分布匹配的组织结构，能保证决策的有效性与执行的效率，能充分调动次级职能部门的治理活力。作为过程的治理，学校的治理是能有效解决组织问题，持续提高办学水平，激发办学活力的动态化治理流程。作为治理结果，共同利益最大化是学校高质量的教学水平，良好的社会声誉，卓越的办学品质。不管在何种维度，学校治理是一个持续不断的优化与提升的过程，治理没有终点，只有不断地超越。学校治理不是一种声音的一家独大，是多声部共同发声的交响乐。

多声部发声的复调组织是民办学校治理体系现代化的必然产物。民办学校治理体系是一个不断发展、不断完善的过程。学校治理体系的发展主体是从单一到多元，治理方式是从统治到共治。在学校治理过程中，多种治理观念相继涌现，不同治理观念的相互对话、交流、融合，优化学校治理体系生态结构。在治理过程中，适应新形势的治理观念会不断发展、壮大，形成影响学校整体治理方式的关键治理范型。多种治理范型的涌现构成复调组织的学校治理生态。复调组织是民办学校治理体系不断发展的必然产物。一个好的治理体系具有宽松的氛围，允许新的治理观念产生、发展、壮大和衰亡。复调组织是一个不断更新、不断发展的动态组织。

三、 民办学校如何才能成为一个复调组织？

作为复调组织，民办学校需要在行动变革、制度建设、价值转向等方面开展相应的行动，实现民办学校组织形式的复调组织转向。

（一）行动变革：复调组织的"4D 行动模型"

复调组织是一种关系性组织，民办学校的复调组织转型需要从关系性决策、关系性领导和关系性评估入手。

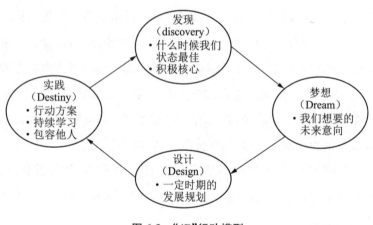

图 6-3 "4D"行动模型

民办学校的发展需要新的声音为学校发展带来新的机遇与突破。弗兰克·约瑟夫·巴雷特（Frank Joseph Barrett）和罗纳德·尤金·弗赖伊（Ronald Eugene Fry）在《欣赏型探究：一种建设合作能力的积极方式》中提出了组织建设的 4D 行动模型，为多声部发声的复调组织建设提供了新思路。不同的声音代表着学校发展的多种可能性。4D行动模型包括发现（Discovery）、梦想（Dream）、设计（Design）、行动（Destiny）四个环节。"发现"是允许不同的声音在组织中发声。治理者在治理活动中发现不同的声音。[1]"梦想"是将发现的不同声音放大，带着对学校未来愿景的憧憬发挥学校治理的想象力，将一个声音扩充为全面的学校发展蓝图。"梦想"有两方面的作用：一是能吸引一批有远见和创造力的教职工来投入工作，二是能让教职工愿意忍受充满艰辛、挫折的改革过程。[2]"设计"是将梦想中的蓝图具体化为治理观念、治理内容、治理方式的行动框架。"实践"是将设计好的行动框架转化为具体的行动。

关系型领导需要积极分享（positive sharing）、注入价值（adding value）、建构现实（reality building）[3]。积极分享是有关组织的美好愿景、理想、价值的观点的分享。分享的过程就是不同主体发声（voice）的过程。积极分享能预见组织未来发展的所有可能。民办学校治理要允许学校内外关于民办学校未来发展愿景的不同观点，鼓励相关主题积极分享对学校发展的未来愿景。注入价值是将积极分享阶段的观点赋予价值的过程，即将那些能调动集体热情（collection excitement），将组织导向正向细化（positive elaboration）的愿景、价值观赋予实在的价值。建构现实是将赋予价值的那些愿景、观念变成实际行动的，从观念转变为现实的过程。

关系性评估是一种价值评估，以欣赏型评估取代诊断取向的评估。在评估民办学校办学水平、教师评价、学生评价等评估活动中发展性的眼光来评估学校发展状况。

---

① ［美］弗兰克·约瑟夫·巴雷特、［美］罗纳德·尤金·弗赖伊：《欣赏型探究：一种建设合作能力的积极方式》，张新平译，上海教育出版社2017年版。

② 胡卫：《民办教育的发展与规范》，教育科学出版社2000年版。

③ ［美］肯尼斯·格根：《关系性存在：超越自我与共同体》，杨莉萍译，上海教育出版社2017年版。

（二）制度建设：复调组织的制度环境

民办学校要成为复调组织，必须建立允许多种治理范型共存，多种声音共同发声的规章制度。

首先，民办学校要在章程性制度中融入多声部发声的理念，完善正式制度中的民主式对话、协商式决策的规则要求。民办学校要形成学校运行的章程。董事会/理事会领导的校长负责制是民办学校主流的组织形式。民办学校组织结构、管理制度上具有较大的灵活性，但不能让灵活性演变为随意性。强化民办学校章程在民办学校治理中的作用，规范董事会议事制度、校务会议事制度、监事会监事制度等规范性制度。

其次，依托学校次级组织建设助力学校制度完善。组织和制度具有相互依赖、相互支持的互构作用。民办学校的制度建设除了完善章程性的治理制度，还有赖于学校次级组织的贯彻落实学校章程性制度的制度精神。在教研组、教代会、家委会等次级组织的运作中要遵循民办学校章程中确立的议事制度，树立多声部发声的理念，允许相互对立的声音共同发声。

最后，重视非正式制度对正式制度的作用。非正式制度是在校园生活中，教师、学生、家长等群体中存在的非正式的习惯、规矩。多声部的发声需要在非正式制度中得到教师、学生、家长等群体的认同，才能实现真正意义上的复调组织。

（三）价值转向：复调组织的价值体系

复调组织的价值系统是包括组织本体论、组织运作论、组织发展论等多个价值领域的价值系统。

组织本体论是关于"组织是什么？"的价值判断。复调组织的组织本体论认为组织是一种关系性存在。组织的结构、人员关系、规章制度是组织的外在形式，组织的本质是嵌套在组织内部的种种关系丛（relational clusters）。组织的存在基础是关系丛的建立。如果没有紧密的关系丛,所谓的组织只是流于形式的松散结构。不同的关系网络是组织内部的黏合剂,它能将单子化的个体联系在一起,在联合行动中将个体的力量凝聚成束状的组织力量。复调组织的民办学校需要建立不同主体间紧密的关系丛,董事会与校务会、领导与教师、教师与学校、教师与家长、高校与学校、教育局与学校之间要形成亲疏远近、均衡有序、张弛有度的民办学校治理关系网。

组织运作论是关于"组织如何运作?"、"组织运作的本质?"等问题的价值取向。复调组织的组织运作论认为组织运作是关系流(relational flow)的变化,包括关系的生成与关系的断裂。组织运作是种种关系的生成与断裂的过程。在江世外的学校治理活动中,存在种种关系的生成与断裂。"方校长的离职"、"黎先生素质教育试验的失败"、"生源危机的产生"是旧的人事关系、理念关系、业务关系的断裂,"靳校长的加盟"、"微型课题的开展"、"咬尾课的产生"是新的人事关系、科研关系、教研关系的生成。关系的生成与断裂汇聚成组织运作的关系流。组织是在关系流中不断生长、发展、变化。

组织发展论是关于"组织如何发展?"、"实现什么样发展"的价值判断。组织运作是关系的生成与断裂,组织的发展是积极关系流的生成。关系是有不同性质的,并非所有的关系都是积极、正向的。组织的发展存在强者愈强、弱者愈弱的现象,组织发展存在良性循环与恶性循环。江州世界外国语学校的初期(1995—2002年)与发展期(2008年至今)是两个组织发展中的良性循环,江州世界外国语学校的衰退期(2003—2007年)是处于组织发展中的恶性循环。良性循环是正向的关系丛不断生成,负向的关系丛不断断裂的过程,恶性循环则是负向关系丛不断生成,正向关系丛不断断裂的过程。组织发展要不断地生成正向关系,断裂负向关系,从恶性循环转向良性循环,实现持续性的积极发展。

小　结：复调组织——民办学校治理的"交响乐"

让弱势群体发声（voice），充分表达利益诉求，并为其提供公共服务，是衡量治理是否到位的试金石。[①]学校治理要允许不同利益群体的发声，学校治理是多声部地发声，多元主体共谱学校治理交响乐的过程。

治理范型间的冲突是江州世界外国语学校不同主体间话语权的争夺。在建校初期，企业型治理对教育型治理的压制是学校治理的最初形态。企业型治理一家独大让学校获得了初期的繁荣，但此时学校办得更像一个教育公司，而不是学校。长此以往，不仅学校办不好，而且以教育为主要业务的江州启航投资集团也将面临破产的风险。此后，企业型治理与教育型治理在学校内部达成某种平衡，一定程度上实现了"让企业人管企业"，"让懂教育的人办教育"。"企业人"与"教育人"的共同发声让学校从一个混杂组织（Hybrid Organization）成功蜕变为准复调组织（Quasi Polyphonic Organization）。建校初期，企业型治理与教育型治理的冲突是初创期民办学校在时代背景下遇到的角色困顿。角色困顿是组织发展过程中面临的发展危机，同时也是组织转型的机遇。许多面临同样角色困顿的民办学校，由于没有处理好两种治理范型的关系而退出了民办教育舞台。有幸的是，江州世界外国语学校妥善处理了两种范型间的关系，找到了两者间的平衡点，最终转型为一所成熟的民办学校。

在后续的发展中，江州世界外国语学校逐渐发现教师、家长、学生以及校外组织等相关主体对江世外的学校治理具有积极意义。于是，

---

① 褚宏启：《追寻教育治理的本意》，《教育发展研究》2020 年第 7 期。

多主体共同治理的参与型治理慢慢形成。从企业型治理一家独大到企业型治理、教育型治理共同发声，再到企业型治理、教育型治理、参与型治理多元共舞，学校治理实现了从单一范型向多元范型的转变。多元范型治理体系的建立让学校成功转型为多主体共同发声（voice）的复调组织（Polyphonic Organization）。

治理是一个动态发展过程，是一个持续提升组织活力，不断超越既有成就，追求卓越品质的过程。复调组织是一个开放系统，允许不同声音发声。在复调组织中，治理范型是一个动态发展的生态系统，范型存在生长、成熟、衰亡的过程。企业型治理、教育型治理、参与型治理是江州世界外国语学校治理中出现的三种典型的治理范型。随着办学环境的变化，这些范型可能会不适用新的治理情景，继而走向衰亡，也可能会出现新的治理范型，引领学校办学的新发展。

江州世界外国语学校的学校治理故事还在继续，复调组织的学校治理正在到来……

附录 1：高层领导访谈提纲

一、基本信息

1. 您什么时候来江州世界外国语学校工作的？

2. 您的职务和工作经历。

二、重大事件

1. 谈谈您所经历的江州世界外国语学校发生的重大事件。

2. 您在领导工作中遇到过什么样的困难，如何解决的？

3. 您认为江州世界外国语学校与其他民办学校在管理方式上有什么独特的地方？

4. 江州世界外国语学校 2003—2007 年的低谷期是什么样的状况？

5. 江州世界外国语学校是如何走出低谷期的，2008 年以后有什么重大的变化？

6. 您认为您在工作中是一种什么类型的领导？

7. 您认为江州世界外国语学校的领导工作中存在哪些不同的领导风格？

8. 您认为"活动单导学案"/"四清"是一项什么样的教学改革？

9. 您如何看待"做大做强"与"做强做大"的争论？

10. 您认为产业兴校/科研兴校对学校治理的影响是？

11. 您认为教师/学生/家长在学校治理中扮演什么样的角色？

12. 您认为高校/教育局对学校治理有什么样的影响？

13. 学生市对江州世界外国语学校有什么影响？

14. 您对江州世界外国语学校未来的发展愿景是什么？

15. 创校人黎先生是一位什么样的领导？

16. 方校长实施的改革有哪些影响？

17. 鲍校长来到后对江州世界外国语学校的影响。

18. 唐校长对江州世界外国语学校有什么影响？

19. 咬尾课的最大的好处是什么？

20. 江州世界外国语学校为什么提拔那么多年轻的校长？

21. 江州启航教育集团与江州世界外国语学校是什么关系？

22. 部为实体改革是怎么推进的？

23. 学部和校级行政部门是什么关系？

24. 学部有哪些实权？

25. 集团的产业与学校是什么关系？

26. 江州世界外国语学校的产业链和办学规模不断扩大是什么样的考虑？

27. 名师工作室是怎么运作的？

28. 家长对江州世界外国语学校有什么样的影响？

附录 2：中层领导访谈提纲

一、 基本信息

1. 您是什么时候来江州世界外国语学校工作的？

2. 您的职务和工作经历。

3. 您为什么来江州世界外国语学校工作？

4. 您此前的工作经历是什么样的？（如果有前期工作经历）

二、 重大事件

1. 您认为在您的经历中江州世界外国语学校发生过的大事有哪些？

2. 您经历的 2003—2007 年低谷期的江州世界外国语学校是什么样的？

3. 作为民办学校，您认为江州世界外国语学校与公办学校相比，最大的管理优势是什么？

4. 您认为江州世界外国语学校现任的几位领导的管理方式各是什么样的？

5. 江州世界外国语学校在新教师的培养上有什么独特的举措？

6. 外语教师在江州世界外国语学校有什么独特的培养方式和待遇？

7. 江州世界外国语学校的外语中心、教育信息化中心、教科研中心与学部之间是什么样的关系？

8. 启航教育集团跟学校是什么样的关系？

9. 您对黎先生的印象是什么样的？

10. 唐校长对江州世界外国语学校的外语教学工作有什么样的影响？

11. 您如何看待江州世界外国语学校当前的教学改革？

12. 您认为江州世界外国语学校在管理方式上还有哪些地方可以改进？

13. 学生市在江州世界外国语学校是怎么运行的？

14. 您认为教师/学生/家长能为学校高品质发展作什么样的贡献？

15. 您认为在与高校的合作中，高校能带给江州世界外国语学校什么？

16. 您如何看待微型课题项目？

17. 您对施校长是什么样的印象？

18. 鲍校长给江州世界外国语学校带来了什么样的大的变化？

19. 在疫情防控上江州世界外国语学校如何应对？

附录3：教师访谈提纲

一、基本信息

1. 您是什么时候来江州世界外国语学校工作的？

2. 您的职称和工作经历是什么样的？

3. 您为什么来江州世界外国语学校工作？

4. 您此前的工作经历是什么样的？（如果有前期工作经历）

二、重大事件

1. 您认为在您的经历中江州世界外国语学校发生过哪些大事？

2. 从教师的角度看，作为民办学校江州世界外国语学校在管理上有什么优势和不足？

3. 您认为教师能为学校高品质发展做什么样的贡献？

4. 您认为咬尾课是一种什么样的教研形式？

5. 微型课题对您的专业发展有什么样的影响？

6. 您如何看待名师工作室制度？

7. 从您的视角看，青蓝工程、菁英教师计划、名师工作室对教师专业发展有什么意义？

8. 哪些江州世界外国语学校领导或者老师对您的影响比较大？

9. 在家校联系中，您是如何与家长互动的？

10. 您认为家长对江州世界外国语学校有什么样的影响？

11. 您如何看待学生市？

12. 您是如何与学生互动的？

13. 外语教师在江州世界外国语学校有什么特殊的待遇？（如果是外语老师）

14. 江州世界外国语学校在教师发展上有什么独特的措施？

15. 您对施校长是什么印象？

16. 您对鲍校长是什么印象？

17. 您认为高校专家来学校对教师专业发展有什么样的影响？

附录 4：学生访谈提纲

一、 基本信息

1. 您是江州世界外国语学校哪一届学生？

2. 您现在的工作是什么？

3. 谈谈您在江州世界外国语学校的学习经历。

4. 您（或者您的父母）为什么选择来江州世界外国语学校求学？

二、 访谈内容

1. 在您求学期间，您对江州世界外国语学校是什么样的印象？

2. 在您那个时候，学生市是怎么运作的？

3. 学生市是如何换届选举的？

4. 学生市主要负责学校的哪些工作？

5. 老师如何指导学生市工作？

6. 同学们都如何评价学生市？

7. 您认为学生市的制度有什么优势或者不足？

8. 学生市工作对您个人的成长有什么样的影响？

9. 现在的学生市和您当时的学生市在管理方式上有什么样的变化？

10. 谈谈您对黎先生的认识？

11. 黎先生对您的人生发展有什么样的影响？

12. 在江州世界外国语学校求学过程中，您印象最深的事情是什么？

13. 江州世界外国语学校哪些老师对您的学习和成长影响较大？

14. 您毕业后再次回到学校是什么样的感受？

15. 您对江州世界外国语学校的管理方式有什么好的建议？

16. 您对江州世界外国语学校未来的发展有什么样的期待？

附录 5：家长访谈提纲

一、 基本信息

1. 您的工作和职务是什么？

2. 您的专业领域是什么？

3. 您为什么选择将孩子送到江州世界外国语学校？

二、 访谈内容

1. 您对江州世界外国语学校的印象是什么样的？

2. 您认为江州世界外国语学校的家校联系工作做得如何？

3. 您对江州世界外国语学校有过什么投诉或者建议吗？

4. 您认为江州世界外国语学校的家长委员会工作做得怎么样？

5. 您有主讲过（或者参与过）家长讲坛吗？

6. 江州世界外国语学校为您提供的服务中，印象最深的是什么？

7. 您对江州世界外国语学校的"首遇负责制"怎么看？

8. 您认为民办学校与公办学校在家校联系上有什么差别？

9. 与其他民办学校相比，您认为江州世界外国语学校在家校联系上有什么优势与不足？

10. 您对江州世界外国语学校的公寓管理制度有什么样的看法？

参考文献

一、 中文期刊

[1] 安杨:《我国民办教育政策法制建设 60 年》,《北京教育学院学报》2009 年第 6 期。

[2] 贝磊、蒋凯、李娅玲:《教育控制:集权与分权问题及其张力》,《教育研究》2006 年第 6 期。

[3] 别敦荣:《论教育家校长的素质》,《教育发展研究》2009 年第 21 期。

[4] 曹雷:《教育产业化的边界》,《经济学家》2000 年第 1 期。

[5] 褚宏启:《教育治理:以共治求善治》,《教育研究》2014 年第 10 期。

[6] 褚宏启:《抓住教育治理的本质》,《中小学管理》2021 年第 4 期。

[7] 成雁瑛:《我国高校生态位研究:概念、应用及发展趋势》,《大学教育科学》2016 年第 4 期。

[8] 程德俊、蒋春燕、陶向南:《知识的分布与组织的集权和分权》,《外国经济与管理》2001 年第 3 期。

[9] 程晋宽:《西方教育管理实证研究范式:形成、原则与贡献》,《外国教育研究》2020 年第 7 期。

[10] 程天君:《从"教育/社会"学到"教育社会"学——教育社会学

研究范式的转换》，《北京大学教育评论》2017 年第 2 期。

[11] 褚宏启：《追寻教育治理的本意》，《教育发展研究》2020 年第 4 期。

[12] 崔宝玉、孙迪：《组织印记、生态位与农民合作社联合社发展》，《北京理工大学学报》（社会科学版）2020 年第 5 期。

[13] 丁敬达、谢瑞霞：《基于生态位宽度的学术期刊评价研究》，《情报理论与实践》2022 年第 1 期。

[14] 代蕊华、李敏：《教育家型校长的角色定位及培养策略》，《教师教育研究》2013 年第 2 期。

[15] 邓凡茂、齐永芹：《关于课程改革理念范型的哲学思考》，《上海教育科研》2005 年第 8 期。

[16] 邓友超、李小红：《"范型—言说"教学策略论》，《教育评论》2002 年第 3 期。

[17] 丁钢：《教育叙事的理论探究》，《高等教育研究》2008 年第 1 期。

[18] 范如国：《复杂性治理：工程学范型与多元化实现机制》，《中国社会科学》2015 年第 10 期。

[19] 范涌峰、宋乃庆：《大数据时代的教育测评模型及其范式构建》，《中国社会科学》2019 年第 12 期。

[20] 方晓田、王德清：《家长主义：一种政府干预民办教育的有效模式》，《教育科学》2014 年第 2 期。

[21] 方晓田：《中国民办教育政府干预逻辑的转换——从政治逻辑、经济逻辑到社会逻辑》，《教育学报》2021 年第 1 期。

[22] 冯建军：《西方教育研究范式的变革与发展趋向》，《教育研究》1998 年第 1 期。

[23] 高鸿源：《教育家校长的职业性伦理与社会性伦理》，《中国教育学刊》2010 年第 9 期。

［24］高文:《教育中的若干建构主义范型》,《全球教育展望》2001年第 10 期。

［25］龚放:《教育产业化:一个似是而非的口号》,《教育发展研究》1999 年第 8 期。

［26］顾明远、孟繁华:《范例教学:举一隅以三隅反》,《教育理论与实践》2008 年第 15 期。

［27］顾小清、黄景碧、朱元锟、袁成坤:《让数据说话:决策支持系统在教育中的应用》,《开放教育研究》第 2010 年第 5 期。

［28］郭建斌、姚静:《"把自己作为方法"——兼谈民族志文本中作者的"主体性"》,《南京社会科学》2021 年第 1 期。

［29］郭建芹:《复杂网络结构范型下的社会治理协同创新》,《中国市场》2019 年第 2 期。

［30］国家教育发展研究中心课题组:《教育产业化不是教育政策的方向》,《求是》2006 年第 7 期。

［31］何月华:《生态位理论视角下的流域与族群——基于明清时期邕江流域的历史考察》,《社会科学战线》2020 年第 10 期。

［32］黄欣祥:《教育产业化的两种视野》,《教育与经济》2001 年第 2 期。

［33］黄忠敬、孙晓雪、王倩:《从思辨到实证:教育公平研究范式的转型》,《华东师范大学学报》(教育科学版)2020 年第 9 期。

［34］姜勇、庞丽娟、柳佳炜:《文化存在论教育学论纲——文化存在论教育学产生的时代背景与基本主张》,《湖南师范大学教育科学学报》2020 年第 1 期。

［35］蒋纯焦、李得菲、张月佳、杜成宪:《61 种中国教育史教材所选入近现代教育人物分析——兼论中国近现代教育家群体的形成》,《全球教育展望》2019 年第 5 期。

［36］杰索普:《治理的兴起及其失败的风险:以经济发展为例的论

述》,《国际社会科学》(中文版)1999 年第 2 期。

[37] 金铁宽:《50 年来民办教育政策回眸》,《北京观察》1999 年第 6 期。

[38] 靳伟、廖伟:《论教育家型教师的内涵与成长路径》,《教师教育研究》2019 年第 4 期。

[39] 凯瑟琳·埃尔金、高振宇:《范例的特征及其在教学中的有效应用》,《教育发展研究》2013 年第 16 期。

[40] 蓝江:《后真相时代意味着客观性的终结吗?》,《探索与争鸣》2017 年第 4 期。

[41] 冷璐、林静:《后真相时代的教育研究——2019AERA 美国教育研究协会年会述评》,《教育发展研究》2019 年第 14 期。

[42] 李丹丹:《对生态位及生态位伦理的几点思考》,《学术交流》2019 年第 4 期。

[43] 李德顺、孙美堂、陈阳、李世伟、韩功华、阴昭晖:《"后真相"问题笔谈》,《中国政法大学学报》2020 年第 4 期。

[44] 李广、孙玉红:《教师教材理解范式的深度变革》,《教育研究》2019 年第 2 期。

[45] 李均:《教育实证研究不可陷入"统计主义"窠臼》,《高等教育研究》2018 年第 11 期。

[46] 李林:《学校市:民国时期一种"学生自治"的实践及得失》,《近代史研究》2020 年第 3 期。

[47] 李琳璐:《教育研究范式的祛魅:思辨与实证的融合共生》,《大学教育科学》2021 年第 3 期。

[48] 李枭鹰:《大学与城市的生态关系范型》,《现代教育管理》2017 年第 9 期。

[49] 林刚、张诗亚:《应用"三角互证法"提升教育技术研究的品质》,《中国电化教育》2014 年第 10 期。

〔50〕林杰:《教育产业化:一个伪概念和假问题》,《上海教育科研》2000年第4期。

〔51〕林良夫:《民国时期教育家群体特征论析》,《华东师范大学学报》(教育科学版)1999年第4期。

〔52〕林小英:《中国教育政策研究:艰难形成中的研究范式》,《教育学术月刊》2018年第12期。

〔53〕刘良华:《教育叙事研究:是什么与怎么做》,《教育研究》2007年第7期。

〔54〕刘庆昌:《论教育家》,《山西大学学报》(哲学社会科学版)2001年第5期。

〔55〕刘铁芳、曹婧:《学校公共生活中的教师:教师作为公民实践的范型》,《教师教育研究》2013年第2期。

〔56〕刘晓红、李醒东:《教育研究过程中的失真性问题反思》,《中国教育学刊》2018年第11期。

〔57〕刘晶:《高校异地办学的"共谋"行为与跨行政区治理》,《高等教育研究》2020年第3期。

〔58〕刘益东:《个体情感:大学治理的微观基础》,《江苏高教》2020年第3期。

〔59〕刘志忠:《现象学:教育技术研究的第三种范式》,《电化教育研究》2020年第2期。

〔60〕龙宝新、焦龙保:《缩微学术训练:文科研究生课堂的理想范型》,《研究生教育研究》2020年第4期。

〔61〕龙宝新:《师生协同共生体:文科研究生日常指导的科学范型》,《学位与研究生教育》2017年第11期。

〔62〕楼成武、谭羚雁:《西方公共治理理论研究综述》,《甘肃理论学刊》2012年第2期。

〔63〕卢朝佑、扈中平:《美国批判教育学的范式》,《教育学术月刊》

2018 年第 4 期。

　　[64] 芦正芝、洪松舟：《"学校市"：杜威"学校即社会"的本土化实践——秀州中学早期办学思想和教育传统研究》，《教育理论与实践》2009 年第 17 期。

　　[65] 陆启越：《德育评价范式：内涵、类型及演变》，《大学教育科学》2021 年第 1 期。

　　[66] 罗德明：《WTO 与高校教育产业化探析》，《经济体制改革》2002 年第 6 期。

　　[67] 罗阳、刘雨航：《学校情感治理机制探究：现实诉求与行动逻辑》，《中国电化教育》2020 年第 11 期。

　　[68] 马凤岐、谢爱磊：《教育知识的基础与教育研究范式分类》，《教育研究》2020 年第 5 期。

　　[69] 马勇军、姜雪青、杨进中：《思辨、实证与行动：教育研究的三维空间》，《中国教育科学》（中英文），2019 年第 5 期。

　　[70] 满忠坤：《教育研究的文化学范式及其方法论阐释》，《中国教育学刊》2021 年第 4 期。

　　[71] 钱浩：《复调小说与复调音乐》，《文艺理论研究》2018 年第 4 期。

　　[72] 钱民辉：《中国教育人类学本土研究的不同范式及意识三态观的提出》，《西北师大学报》（社会科学版）2020 年第 6 期。

　　[73] 渠敬东：《破除"方法主义"迷信：中国学术自立的出路》，《文化纵横》2016 年第 2 期。

　　[74] 石丹理、韩晓燕、邓敏如：《社会工作质性评估研究的回顾（1990—2003）对中国社会工作的启示》，《社会》2005 年第 3 期。

　　[75] 石露洁、杨李娜：《从"三角互证"看案例研究的资料收集——以〈王小刚为什么不上学了——一位辍学生的个案调查〉为例》，《成都师范学院学报》2019 年第 12 期。

［76］宋萑:《质性研究的范式属性辨》,《全球教育展望》2018年第6期。

［77］沈晖:《三角校正法的意义及其在社会研究中的应用》,《华中师范大学学报》(人文社会科学版)2010年第4期。

［78］孙进:《作为质的研究与量的研究相结合的"三角测量法":国际研究回顾与综述》,《南京社会科学》2006年第10期。

［79］孙进、燕环:《全球教育治理:概念·主体·机制》,《比较教育研究》2020年第2期。

［80］孙进:《作为质的研究与量的研究相结合的"三角测量法"——国际研究回顾与综述》,《南京社会科学》2006年第10期。

［81］孙孔懿:《庞大的"家族" 悠远的"世系"——教育家的谱系学研究》,《江苏教育学院学报》(社会科学版)2005年第4期。

［82］孙绵涛、冯宏岩:《教育政策研究范式及其方法论探析》,《现代教育管理》2020年第2期。

［83］孙洋、刘乃歌、罗兆麟、张辉:《复调音乐分析中二维谱的优势体现》,《艺术教育》2019年第1期。

［84］唐晓甜:《教堂里的历史沉淀——浅谈宗教文化下的西方复调音乐》(一),《黄河之声》2020年第8期。

［85］唐晓甜:《教堂里的历史沉淀——浅谈宗教文化下的西方复调音乐》(二),《黄河之声》2020年第10期。

［86］滕星:《书斋与田野——教育人类学研究的方法论、方法与技术》,《苏州大学学报》(教育科学版)2019年第1期。

［87］王逢贤:《中国"教育产业化"热点问题的冷思考》,《东北师大学报》2004年第6期。

［88］王俭:《教育理论的凝炼与个性化办学思想的生成》,《教师教育研究》2014年第9期。

［89］王建华:《创新创业与大学范式革命》,《高等教育研究》2020

年第 2 期。

[90] 王荣生：《语文课程标准所预示的范型转换》，《教育研究》
2003 年第 2 期。

[91] 王善迈：《关于教育产业化的讨论》，《北京师范大学学报》(人
文社会科学版)2000 年第 1 期。

[92] 王淑清：《如何让数据"好好说话"?》，《中小学管理》2019 年
第 7 期。

[93] 王卫华：《教育思辨研究与教育实证研究：从分野到共生》，
《教育研究》2019 年第 9 期。

[94] 王一军：《优质均衡发展：义务教育现代化的质量范型》，《教
育发展研究》2012 年第 22 期。

[95] 王一涛：《教育产业化与教育公平》，《教育与经济》2002 年第
2 期。

[96] 王运来：《试析教育产业化的不可行性》，《上海教育科研》
2000 年第 6 期。

[97] 王战军：《创新评估范式，引导大学评价》，《教育发展研究》
2020 年第 19 期。

[98] 王振宇：《"理论范型创造"教学模式析》，《课程·教材·教
法》1999 年第 5 期。

[99] 吴华：《"教育产业"和"教育产业化"研究》，《浙江社会科学》
2000 年第 1 期。

[100] 吴康宁：《个案究竟是什么——兼谈个案研究不能承受之
重》，《教育研究》2020 年第 11 期。

[101] 吴康宁：《制约中国教育改革的特殊场域》，《教育研究》2008
年第 12 期。

[102] 吴晓英：《概念、框架、范式：中国职业教育学科逻辑的缺失
与走向》，《贵州社会科学》2021 年第 2 期。

［103］夏茂林、冯文全:《教育产业化要"化"掉什么——解读"教育不能产业化"》,《经济体制改革》2005 年第 5 期。

［104］谢立欣:《三角互证(Triangulation)研究方法在教育学研究中的应用》,《中国校外教育》2013 年第 21 期。

［105］徐蕾:《教育家型校长:何以未能,如何可能》,《教育理论与实践》2016 年第 31 期。

［106］阎凤桥:《"教育产业化"不足以作为制订教育决策的理论依据》,《高等教育研究》2000 年第 1 期。

［107］杨东平:《辨析"教育产业化"》,《教育发展研究》2004 年第 12 期。

［108］杨全印:《关于我国 20 年民办教育政策的思考》,《黑龙江高教研究》2002 年第 2 期。

［109］杨世伟、杨雨帆:《基于生态位原理的城市道路交通方式发展的启示》,《现代城市研究》2020 年第 3 期。

［110］杨伟东、胡金平:《教育文化史:新文化史视域下的教育史学新范式》,《大学教育科学》2021 年第 4 期。

［111］姚计海:《教育实证研究方法的范式问题与反思》,《华东师范大学学报》(教育科学版)2017 年第 3 期。

［112］余凯、杨烁:《教育管理研究的范式问题与方法变革:一个技术倡议》,《教育学报》2020 年第 5 期。

［113］余清臣:《论教育思辨研究的时代挑战与应对》,《教育学报》2018 年第 5 期。

［114］袁志刚:《教育产业化三题》,《教育发展研究》1999 年第 8 期。

［115］张华:《"多元文化教育"的理论范型和实践模式探析》,《比较教育研究》1998 年第 3 期。

［116］张康之:《对"参与治理"理论的质疑》,《吉林大学社会科学学报》2007 年第 1 期。

[117] 张炼:《"三角互证"在教育案例研究中的应用》,《教育与教学研究》2014 年第 10 期。

[118] 张人杰:《"教育产业化"的命题能成立吗?》,《教育评论》2000 年第 1 期。

[119] 张羽:《驻校教育研究范式初探》,《清华大学教育研究》2020 年第 3 期。

[120] 张毓芳妃:《论约瑟夫·劳斯"生态位建构"模式下的激进自然主义》,《自然辩证法研究》2020 年第 11 期。

[121] 钟启泉:《能动学习:教学范式的转换》,《教育发展研究》2017 年第 8 期。

[122] 周彬:《大规模学校治理机制研究》,《教育发展研究》2019 年第 2 期。

[123] 周彬:《学校治理现代化:变革历程与建设路径》,《教育发展研究》2020 年第 6 期。

[124] 周洪宇、刘来兵:《70 年教育史学科体系、研究范式与发展反思》,《华中师范大学学报》(人文社会科学版)2019 年第 6 期。

[125] 朱红、朱敬、王素荣:《教育产业化的经济学诠释》,《经济问题》2007 年第 8 期。

[126] 林刚、张诗亚:《应用"三角互证法"提升教育技术研究的品质》,《中国电化教育》2014 年第 10 期。

[127] 曾文婕:《论生态型学习评估范式的建构》,《中国教育学刊》2019 年第 2 期。

[128] 朱正浩、戚聿东、赵志栋:《技术生态位对企业绩效的影响研究:技术宽度和技术重叠度整合视角》,《南方经济》2021 年第 4 期。

二、 中文著作

[1] 蔡拓、杨雪冬、吴志成:《全球治理概论》,北京大学出版社 2016

年版。

〔2〕陈桂生:《中国民办教育问题》,教育科学出版社 2001 年版。

〔3〕陈秋苹:《成长的烦恼——中国民办教育政策评说》,南京大学出版社 2007 年版。

〔4〕陈向明:《质的研究方法与社会科学研究》,教育科学出版社 2000 年版。

〔5〕褚清源:《中国民办教育观察》,山东文艺出版社 2013 年版。

〔6〕董圣足:《从有益补充到共同发展——民办教育改革发展之路》,华东师范大学出版社 2018 年版。

〔7〕龚怡祖:《论大学人才培养模式》,江苏教育出版社 1999 年版。

〔8〕顾明远:《教育大辞典》,上海教育出版社 1990 年版。

〔9〕何亚非:《全球治理的中国方案》,五洲传播出版社 2019 年版。

〔10〕胡大白:《中国民办教育通史·古代卷》,社会科学文献出版社 2019 年版。

〔11〕胡大白:《中国民办教育通史·近代卷》,社会科学文献出版社 2019 年版。

〔12〕胡大白:《中国民办教育通史·当代卷》,社会科学文献出版社 2019 年版。

〔13〕胡卫:《民办教育的发展与规范》,教育科学出版社 2000 年版。

〔14〕黄藤、阎光才:《民办教育引论》,中国社会科学出版社 2003 年版。

〔15〕黄藤:《中国民办教育研究(2016)》,华东师范大学出版社 2016 年版。

〔16〕金生鈜:《教育研究的逻辑》,教育科学出版社 2015 年版。

〔17〕金忠明、李若驰、王冠:《中国民办教育史》,中国社会科学出版社 2003 年版。

[18] 李琳琳等：《从生活到理论：质性研究写作成文》，华东师范大学出版社 2020 年版。

[19] 李宣海、高德毅、胡卫：《上海民办教育发展的实践探索与理论思考》，科学出版社 2015 年版。

[20] 戚德忠、卢志文、董圣足：《温州民办教育发展报告（2010—2015）》，科学出版社 2017 年版。

[21] 石中英：《教育学的文化性格》，山西教育出版社 2005 年版。

[22] 石中英：《教育哲学导论》，北京师范大学出版社 2004 年版。

[23] 石中英：《知识转型与教育改革》，教育科学出版社 2001 年版。

[24] 宋世明：《共治论——中国政府治理体系建构之路》，国家行政管理出版社 2021 年版。

[25] 孙正聿：《哲学通论》，复旦大学出版社 2005 年版。

[26] 陶行知：《中国教育改造》，人民教育出版社 2008 年版。

[27] 王焕斌、李和平：《民办学校管理引论》，重庆大学出版社 2008 年版。

[28] 徐冬青：《公共治理：现代学校制度建设新探索》，江苏教育出版社 2011 年版。

[29] 叶启政：《实证的迷思——重估社会科学经验研究》，生活·读书·新知三联书店 2018 年版。

[30] 于苏贤：《复调音乐教程》，上海音乐出版社 2001 年版。

[31] 俞可平：《走向善治：国家治理现代化的中国方案》，中国文史出版社 2016 年版。

[32] 袁振国、周彬：《中国民办教育政策分析》，中国社会科学出版社 2003 年版。

[33] 张新平、褚宏启：《教育管理学通论》，高等教育出版社 2012 年版。

［34］张新平：《教育管理学的方法体系》，科学出版社 2012 年版。

［35］张新平：《教育组织范式论》，江苏教育出版社 2001 年版。

［36］周海涛等：《民办教育分类管理政策实施与评估研究》，经济科学出版社 2019 年版。

［37］周海涛等：《中国教育改革 40 年：民办教育》，科学出版社 2019 年版。

［38］周海涛等：《中国民办教育发展报告 2019》，科学出版社 2020 年版。

［39］周海涛：《中国教育改革开放 40 年：民办教育卷》，北京师范大学出版社 2019 年版。

［40］周洪宇、付睿：《全球教育治理研究导论》，湖北教育出版社 2020 年版。

［41］周洪宇、李中伟、陈新忠：《中国教育治理研究》，湖北教育出版社 2020 年版。

［42］周雪光：《中国国家治理的制度逻辑——一个组织学研究》，三联书店 2017 年版。

三、 译著

［1］［美］安东尼·唐斯：《官僚制内幕》，郭小聪译，中国人民大学出版社 2017 年版。

［2］［法］奥古斯特·孔德：《论实证精神》，黄建华译，商务印书馆 1996 年版。

［3］［美］彼得·卡赞斯坦、罗伯特·基欧汉、斯蒂芬·克拉斯纳：《世界政治理论的探索与争鸣》，秦亚青等译，格致出版社（上海人民出版社）2018 年版。

［4］［美］B.盖伊·彼得斯：《政府未来的治理模式》，吴爱明、夏宏图译，中国人民大学出版社 2013 年版。

［5］［美］布鲁斯·乔伊斯：《教学模式（第八版）》，兰英译，中国人民大学出版社 2014 年版。

［6］［美］邓穗欣：《制度分析与公共治理》，张铁钦译，复旦大学出版社 2019 年版。

［7］［美］弗兰克·约瑟夫·巴雷特，［美］罗纳德·尤金·弗赖伊：《欣赏型探究：一种建设合作能力的积极方式》，张新平译，上海教育出版社 2017 年版。

［8］［美］格里·斯托克：《作为理论的治理：五个论点》，华夏风译，社会科学文献出版社 2000 年版。

［9］［德］韩博天：《红天鹅：中国独特的治理与制度创新》，石磊译，中信出版社 2018 年版。

［10］［韩］河连燮：《制度分析：理论与争议》，李秀峰、柴宝勇译，中国人民大学 2014 年版。

［11］［日］青木昌彦：《比较制度分析》，周黎安译，上海远东出版社 2016 年版。

［12］［美］肯尼斯·格根：《社会建构的邀请》，杨莉萍译，上海教育出版社 2020 年版。

［13］［美］劳伦斯·纽曼、［美］拉里·克罗伊格：《社会工作研究方法：质性和定量方法的应用》，刘梦译，中国人民大学出版社 2008 年版。

［14］［美］洛伦·S.巴里特、［美］托恩·比克曼、［英］汉斯·布利克、［英］卡雷尔·马尔德：《教育的现象学研究手册》，刘洁译，教育科学出版社 2010 年版。

［15］［德］马克斯·韦伯：《社会科学方法论》，韩水法译，中央编译出版社 1999 年版。

［16］［美］曼瑟尔·奥尔森：《集体行动的逻辑》，陈郁等译，格致出版社（上海人民出版社）2014 年版。

［17］［美］佩罗：《高风险技术与"正常"事故》，寒窗译，科学技术文

献出版社 1988 年版。

[18][瑞典]乔恩·皮埃尔、[美]B.盖伊·彼得斯:《治理、政治与国家》,唐贤兴、马婷译,格致出版社(上海人民出版社)2019 年版。

[19][英]R.A.W.罗兹:《理解治理:政策网络、治理、反思与问责》,丁煌、丁方达译,中国人民大学出版社 2020 年版。

[20][美]塞德曼:《质性研究中的访谈:教育与社会科学研究者指南》,周海涛等译,重庆大学出版社 2009 年版。

[21][美]斯蒂芬·鲍尔:《政策与教育政策制定——政策社会学探索》,王玉秋、孙益译,华东师范大学出版社 2003 年版。

[22][美]斯蒂文·K.沃格尔:《市场治理术:政府如何让市场运作》,毛海栋译,北京大学出版社 2020 年版。

[23][德]尤韦·弗里克:《三角互证与混合方法》,郑春萍译,格致出版社(上海人民出版社)2021 年版。

[24][以色列]叶海卡·德罗尔:《逆境中的政策制定》,王传满译,上海远东出版社 1996 年版。

[25][美]约翰·E.丘伯、[美]泰力·M.墨:《政治、市场和学校》,蒋衡等译,教育科学出版社 2003 年版。

[26][美]约翰·麦克米兰:《重新发现市场——一部市场的自然史》,余江译,中信出版社 2014 年版。

[27][摩洛哥]扎古尔·摩西:《世界著名教育思想家》(四卷本),梅祖培、龙治芳等译,中国对外翻译出版公司 1995 年版。

[28][美]珍妮·V.登哈特、[美]罗伯特·B.登哈特:《新公共服务:服务而不是掌舵》,丁煌译,中国人民大学出版社 2002 年版。

四、学位论文

[1]安亚卓:《西方的国家治理思想研究》,黑龙江大学 2020 年博士学位论文。

［2］白苗：《民国时期职业教育治理经验研究》，天津职业技术师范大学 2017 年硕士学位论文。

［3］陈德胜：《约束下的变通：县域政府教育治理》，南京师范大学 2016 年博士学位论文。

［4］陈菲：《社会组织参与教育治理的研究》，南京师范大学 2020 年硕士学位论文。

［5］陈少阳：《西方高等教育治理模式研究》，陕西师范大学 2017 年硕士学位论文。

［6］陈雯琳：《家长参与学校治理研究》，华东师范大学 2020 年硕士学位论文。

［7］崔俊萍：《全球教育治理视域下联合国教科文组织全球公民教育的理念与实践》，浙江大学 2017 年硕士学位论文。

［8］崔燕敏：《现代学校治理体系中家长委员会参与学校治理问题研究》，内蒙古师范大学 2018 年硕士学位论文。

［9］邓续言：《国际学校治理结构的个案研究》，上海师范大学 2021 年硕士学位论文。

［10］丁笑梅：《大学治理结构研究——基于比较的视角》，华东师范大学 2014 年博士学位论文。

［11］董圣足：《我国民办高校法人治理问题研究》，华东师范大学 2010 年博士学位论文。

［12］杜明峰：《社会组织参与教育》，华东师范大学 2017 年博士学位论文。

［13］段恒耀：《我国县级教育行政组织生态平衡机制研究》，河南大学 2010 年硕士学位论文。

［14］冯捷：《教师参与学校治理研究》，华东师范大学 2019 年硕士学位论文。

［15］冯遵永：《我国大学内部治理中学生参与研究》，中国矿业大

学2019年博士学位论文。

[16] 郭卉:《权利诉求与大学治理——中国大学教师利益表达的制度运作》,华中科技大学2006年博士学位论文。

[17] 郭俊:《学生参与大学治理的权力研究》,华中科技大学2016年博士学位论文。

[18] 郭平:《我国公办大学内部治理结构研究》,西南大学2012年博士学位论文。

[19] 胡俊玲:《高等教育治理中政府、社会和高校关系转变与实现途径研究》,东北大学2012年硕士学位论文。

[20] 胡友志:《复杂范式视域中的教育研究》,南京师范大学2006年硕士学位论文。

[21] 黄洪兰:《非营利性民办高校支持政策研究》,东北师范大学2019年博士学位论文。

[22] 金常飞:《基于博弈视角的绿色供应链政府补贴政策研究》,湖南大学2012年博士学位论文。

[23] 李百艳:《走向现代学校治理的对话机制建设研究——以公办初中JS中学为例》,华东师范大学2019年博士学位论文。

[24] 李琴:《契约学校设计构想——教育治理视域下的现代学校制度研究》,西南大学2017年硕士学位论文。

[25] 李想:《教师教育治理研究》,沈阳师范大学2017年硕士学位论文。

[26] 李新亮:《宪政视野下大学治理结构研究》,武汉大学2012年博士学位论文。

[27] 李亚昕:《企业参与现代职业教育治理研究——基于新制度经济学的分析》,天津大学2017年博士学位论文。

[28] 李钊:《民办高校办学风险防范研究》,华中科技大学2008年博士学位论文。

［29］林宁:《复杂性视域下的教育研究范式探究》,河南大学 2006 年硕士学位论文。

［30］刘博:《山西省 X 县学校治理结构研究》,山西师范大学 2013 年硕士学位论文。

［31］刘春湘:《非营利组织治理结构研究》,中南大学 2006 年博士学位论文。

［32］刘光容:《政府协同治理:机制、实施与效率分析》,华中师范大学 2008 年博士学位论文。

［33］刘莉莉:《中国民办高等教育发展模式研究》,华东师范大学 2002 年博士学位论文。

［34］刘亮军:《非营利性民办高校办学风险防范研究》,厦门大学 2021 年博士学位论文。

［35］刘爽:《民办高校法人治理结构研究——基于权力分割与互动的视角》,吉林大学 2020 年博士学位论文。

［36］刘素英:《中国政府规制研究——以民办高等教育为例》,华东师范大学 2011 年博士学位论文。

［37］刘学民:《分类管理背景下我国营利性民办高校的风险防控研究》,中国社会科学院研究生院 2020 年博士学位论文。

［38］罗建河:《教育管理公平初论》,华中师范大学 2003 年硕士学位论文。

［39］马文婷:《世界银行全球教育治理角色研究》,上海师范大学 2019 年硕士学位论文。

［40］孙艳娜:《学生参与大学治理的有效路径研究》,沈阳师范大学 2017 年硕士学位论文。

［41］田培杰:《协同治理:理论研究框架与分析模型》,上海交通大学 2013 年博士学位论文。

［42］王斌:《中国民办高等教育投资补偿机制研究》,武汉理工大

学 2013 年博士学位论文。

[43] 王诺斯:《营利性与非营利性民办高校分类管理研究》,大连理工大学 2017 年博士学位论文。

[44] 王青:《初中思想政治课范例教学法研究》,洛阳师范学院 2021 年硕士学位论文。

[45] 王诗宗:《治理理论及其中国适用性——基于公共行政学的视角》,浙江大学 2009 年博士学位论文。

[46] 王献玲:《中国民办教师始末研究》,浙江大学 2005 年博士学位论文。

[47] 王馨悦:《自媒体时代社会参与大学治理研究》,湖南大学 2018 年硕士学位论文。

[48] 魏小松:《走向多元共治:我国大学治理模式变革研究》,西华师范大学 2018 年硕士学位论文。

[49] 魏叶美:《教师参与学校治理研究》,华东师范大学 2018 年博士学位论文。

[50] 翁京华:《私立学校风险分析与管理决策研究》,南京理工大学 2013 年博士学位论文。

[51] 吴安新:《民办高校政府干预问题研究——基于经济法视域的思考》,西南政法大学 2015 年博士学位论文。

[52] 伍雪辉:《教育家型教师研究》,华中师范大学 2013 年博士学位论文。

[53] 徐冬青:《市场引入条件下的政府、学校和中介组织——从民办中小学发展看现代学校制度建设中的若干问题》,华东师范大学 2005 年博士学位论文。

[54] 杨红霞:《民办中小学政府干预问题研究》,华中师范大学 2009 年博士学位论文。

[55] 杨然:《"共同利益"理念下教育治理现代化内涵研究》,河北

师范大学 2020 年硕士学位论文。

　　[56] 杨天化:《民办义务教育的功能性研究》,财政部财政科学研究所 2011 年博士学位论文。

　　[57] 杨雪:《乡村教育治理现代化研究》,安庆师范大学 2019 年硕士学位论文。

　　[58] 姚秋兰:《中小学学校治理中的教师参与问题研究》,华东师范大学 2016 年硕士学位论文。

　　[59] 应佳丽:《大学治理中的学生体验:一项质性研究》,浙江师范大学 2019 年硕士学位论文。

　　[60] 查明辉:《中国民办高等教育发展模式选择研究》,南开大学 2010 年博士学位论文。

　　[61] 张兴华:《当代中国国家治理——现实困境与治理取向》,华东师范大学 2014 年博士学位论文。

　　[62] 赵朝辉:《县域基础教育治理研究——以山西省 X 市为例》,山西大学 2015 年硕士学位论文。

　　[63] 赵成:《治理视角下的大学制度研究》,天津大学 2006 年博士学位论文。

　　[64] 赵辉:《中国高等教育治理模式探析》,山东大学 2010 年硕士学位论文。

　　[65] 赵晋颐:《农村中学依法治理研究》,湖南科技大学 2016 年硕士学位论文。

　　[66] 赵旭明:《民办高校治理研究》,中共中央党校 2006 年博士学位论文。

　　[67] 周娜:《学生主体参与大学治理的机制研究》,西南大学 2017 年博士学位论文。

　　[68] 周兴平:《民办义务教育管理体制改革研究——以 H 市民办教育改革为例》,西南大学 2015 年博士学位论文。

［69］周志刚:《大学章程中的"大学治理结构"内容分析》,南京大学 2017 年硕士学位论文。

［70］朱朝艳:《从"管理"到"治理"——高校治理体系的构建》,沈阳师范大学 2016 年硕士学位论文。

五、报刊及电子文献

［1］《办好自己的事,心中要有这"两个大局"》,人民网,https://baijiahao.baidu.com/s? id = 1682046602777688801&wfr = spider&for = pc,2024-09-05。

［2］《北大教授刘云杉:985 学生为什么没有走向竞优,反而走向了竞次?》,搜狐网,https://www.sohu.com/a/681576289_608848,2024-09-05。

［3］李春华:《定量与定性:社会学研究方法的困境与超越》,《中国社会科学报》2012 年 3 月 5 日。

［4］张力:《社会力量办学步入新的发展阶段——学习〈中共中央、国务院关于深化教育改革,全面推进素质教育的决定〉的体会》,《中国教育报》1999 年 8 月 14 日。

六、外文文献

［1］Cochran P. Wartick S. *Govence A Review of Literature*, *International Corporate Governance*, *Englewood Cliffs*, NJ: Prentice Hall,1994.

［2］Donald T. Campbell, Donald W. Fiske. *Convergent and Discriminant Validation by the Multitrait-multimethod Matrix*, *Psychological Bulletin*,1959(2).

［3］Fam E., Jesen M. *Separation of Ownership Control*, *Journal of Law and Economics*,1983(26).

［4］Jennifer C. Greene，Valerie J. *Caracelli & Wendy F. Graham*. *Toward a Conceptual Framework for Mixed-method Evolution Designs*，*Educational Evaluation and Policy Analysis*，1989(3).

［5］Kuhn，T. S. *The Structure of Scientific Revolution*，*University of Chicago Press*，1962.

［6］Lee. K. *Chinese Firms and the State in Transition*：*Property Rights and Agency Problems in the Reform Era*，Armonk（New York）：M. E. Sharpe，1991.

［7］N. Rosenau J，Ernst-Otto Czempiel. *Governance Without Government*：*Order and Change in World Politics*，Cambridge University Press，1992.

［8］Norman M. Denzin. *The Research Act*：*A Theoretical Introduction to Sociological Methods*，New York：McGraw-Hill，1978.

［9］Pope，Thaddeus Mason. *Counting the Dragon's Teeth and Claw*：*The Definition of Hard Paternalism*，*Geargia State University Law Review*，2004(3).

［10］R. A. W. Rhodes. *The New Governance*：*Governing without Government*，*Political Studies*，1996，XLIV.

［11］Tirole J. *Hierarchies and Bureaucraies*：*On the Role of Collusion in Organizations*，*Journal of Law*，*Economics*，*& Organization*，1986，2(2).

［12］Williamson O. *Market and Hierachies*：*Analysis and Antirust Implication*，New York：Free Press，1975.

［13］Yin，R. K. *Study Research*：*Design and Methods*，*Thousand Oaks*，London，New Delhi：Sage，2002.

后　记

拙作是在博士论文基础上修订、增补而来。感谢导师张新平教授当初不嫌弃学生愚钝，将我收入门下，让我有幸能在南京师范大学教育领导与管理研究所沐浴清化。南京师范大学教育领导与管理研究所历来重视实地研究（Field research），关注教育实践中的真问题。起初，我并不适应这种需要深度卷入现场的研究范式。由于前期教育哲学的研究背景，我习惯于概念推敲，热衷于思辨为主的书斋研究，对"田野"（Field）保持抵触和抗拒。为此，在选题时，我曾和张老师"据理力争"。"批判""争辩"是学术的底色，贯穿于我整个博士学业阶段。作为导师"不怎么听话"的学生，我常常让张老师非常操心。有幸张老师是宽容、谦逊的导师，面对我多次的"争辩"，张老师依旧保持学者的宽容和大度。犹记得，我刚去"江州"扎根时，导师嘱托我，"什么都不要多想，先沉下来，好好看"。"看"是实地研究的基本功，我曾花很长一段时间去适应实地研究需要面对的"不确定性"，在模糊、混乱中寻找实地现场背后的"秩序"。我曾对"一地鸡毛"的材料望而却步、不知所措。张老师当时宽慰我，"秀林，你现在觉得做实地很难，做'书斋研究'容易得多；但当你真正扎进实地后，你会发现你觉得'难'的地方，没有你想得那么难，你觉得'容易'的地方，也没有你想象得那么容易。"尽管起初我也习惯性地对导师这"难易辩证法"存疑，但在实地扎根一年半以后，这成了我打开江州世界外国语学校治理叙事的密钥。

学校治理是近几年伴随教育治理研究的热潮兴起的研究领域。不过学校治理研究在很长一段时间都不温不火，其根源在于学校治理没有一套行之有效的概念分析工具。相比于高等教育，中小学规模一般不大，许多中小学可能还没有严格的规章制度。学校治理事件具有突发性，很容易受到突发因素影响，很难用统一的理论、概念模型进行分析。寻求一套解释学校治理现象背后的理论工具成为本研究的一个主要关注点。我研究的灵感源于对库恩范式（paradigm）概念的兴趣，在《科学革命的结构》传入国内后，范式成为席卷人文社会领域的热词。张新平教授早期的著作《教育组织范式论》对范式在教育组织管理中的运用有过系统地引介。尽管库恩在提出范式的概念时，声称范式是包含了操作程序的行动性概念，但是范式在教育领域的"泛滥"，使其不得不成为一线教师望而生畏的宏大叙事。本书范型（Type-model）概念的提出正是基于对范式（paradigm）宏大叙事的不满。笔者的逻辑的起点是对于"paradigm"这样洋概念，范式这样的翻译是否贴切？许多国外译介理论常常因为翻译问题，出现"洋-汉"两张皮的情况。不过由于"范式"这个翻译已经流传甚广，在学界成为 paradigm 公认的翻译，因此笔者无意挑战这一公众权威。陈嘉映 2018 年在南京的系列讲座提到两种语言之间没有绝对的一一对应关系，翻译是在一种语言中损失一部分（意义），从而获得与另外一种语言的等效。于是，寻求与学校治理实践相对贴切的本土化概念成为我思考的着力点，"Type-model"（范型）这样的合成概念就是这样产生的。

民办学校治理有其自身的特殊性。民办学校这一组织形式在我国制度体系里本身就是独特的存在，民办学校是一个企业，还是一个学校？是应该按照企业的方式运作，还是教育的办学逻辑？这一身份角色冲突伴随我国整个民办教育发展历程。从法律上看，我国 1986 年通过的《中华人民共和国民法通则》规定法人机构包括企业法人、机关法人、事业单位法人和社会团体法人。民办学校既有教育的公益属性，又有企业的营利属性。因此，民办学校一直在企业法人和事业单位法人之间徘徊，直到1998年《民办非企业单位登记管理管理条例》将民办学校定为民办非企业单位，这一身份定位才得以确定。不过，"民办非企业"单位这一表述本身就隐含者身份模糊的矛盾。2003年颁布的《中华人民共和国民办教育促进法》并未规定民政部门是民办学校的唯一登记机关。此后，《民办教育促进法》几次修订确立了民办学校按营利性和非营利性两种性质登记，分类管理。自此，在法律意义上，民办学校的身份属性有了较清晰的界定，但是在分类管理实施过程中许多民办学校采取观望态度，迟迟不明确登记为营利性单位或者非营利性单位。为了激励民办学校发展，近几次《民办教育促进法》的修订还增加了民办学校获取"合理回报"的条目。然而，什么样的收益比例是属于"合理回报"？这又成了各方争论的焦点。民办学校的身份冲突是其内在根本矛盾教育的公益性和市场的营利性冲突的外在表现。这在民办学校治理上就表现为企业型治理和教育型治理上的冲突。除此之外，组织管理对民主与效率的追求，衍生出了集权与分权的组织路线冲突，教育的专业性与学校的社会性又转化为专家治校和公众参与之间的矛盾。由此，公益与营利、民主与效率、专家治校与公众参与构成了民办学校治理内部的三对矛盾，具体在学校治理上则表现为企业型治理、教育型治理、参与型治理三种治理范型之间的冲突、博弈、制衡。

尽管"范型"（Type-model）这一概念，仍存在很多争议，不少师友曾与我讨论这个问题，但是这不失为观察民办学校治理的一个全新视角。吴康宁教授在《个案究竟是什么——兼谈个案研究不能承受之重》中提到"不论透过具有何等丰富性、复杂性的个案，都无法呈现社会全体的完整图景，个案说只是研究者用来窥探其自身与个案都安放其中的那个世界的一个窗口"。迄今为止的任何一项研究都只是对世界一种"盲人摸象"式考察，就像牛顿曾谦虚所言，研究者不过"像一个在海边玩耍的孩子，不时为发现比寻常更为美丽的一块贝壳而沾沾自喜"。

所有的研究都不免留有不足与遗憾。不得不说，对民办学校治理范型的研究,本书还尚处于前期探索阶段,还有许多疑问之处,尚待解决:如陈学军教授曾提醒我思考,范型之下,是否还有"亚型"? 本书所调研的学校是一所家族式民办学校,其主要管理者由一个核心家族成员担任,那么"家族型"民办学校和非家族型民办学校的治理范型是否会有差异? 再如,教育型治理,是否也有理论导向、实践导向、政策导向等不同分型的教育型治理? 此外,不同学校的治理范型是否始终如一? 不同范型之间如何演化、转型、发展? 这都是后续有待进一步深入思考的地方。此处留白有待来人增补。

最后,感谢"卓越学校发展研究"项目给了我实地研究的平台,让我能深入扎根一所民办学校。感谢本研究的事主江州世界外国语学校给了我无偿、长期、深入的调研机会,江州世界外国语学校的领导、老师给予我调研过程中无私地支持。遗憾的是,出于学术伦理保密性原则的考虑,我并不能对江州世界外国语学校的领导与老师实名地致谢。感谢孙绵涛老师在教育治理方面给我指导和帮助,感谢阎凤桥、褚宏启、王烽等专家学者对本书写作的指导、关心和支持。

本书部分内容曾发表于《教育发展研究》《中国教育学刊》《教师教育研究》等期刊,感谢上述期刊对文章内容修改的建议,让本书的内容更加充实、生动。本书能在上海人民出版社出版,得益于上海市社会科学界联合会的引荐,感谢上海人民出版社编辑罗俊华老师对我书籍细致地编校,感谢上海人民出版社对本书出版提供的专业指导。

"言无不尽",终有落笔之时。

拙作虽已出版,尚有待斧正之处,恳请诸君批评指正,不吝赐教。

顾秀林

于姑苏·天赐庄

2024 年 12 月

图书在版编目(CIP)数据

"冲突"与"共舞"：一所民办学校的治理叙事 /
顾秀林著. -- 上海 ：上海人民出版社，2025. -- ISBN
978-7-208-19331-4

Ⅰ. G522.74

中国国家版本馆 CIP 数据核字第 2025RB5667 号

责任编辑　罗俊华
封面设计　赵释然

"冲突"与"共舞"：一所民办学校的治理叙事
顾秀林　著

出　版	上海人民出版社	
	（201101　上海市闵行区号景路 159 弄 C 座）	
发　行	上海人民出版社发行中心	
印　刷	上海商务联西印刷有限公司	
开　本	635×965　1/16	
印　张	24	
插　页	2	
字　数	299,000	
版　次	2025 年 3 月第 1 版	
印　次	2025 年 3 月第 1 次印刷	

ISBN 978 - 7 - 208 - 19331 - 4/G · 2208

定　价　98.00 元